ETHNOLOGISCHE PAPERBACKS

Thomas Bargatzky

Einführung
in die Kulturökologie

Umwelt, Kultur und
Gesellschaft

5934

Dietrich Reimer Verlag
Berlin

CIP-Kurztitelaufnahme der Deutschen Bibliothek

Bargatzky, Thomas:
Einführung in die Kulturökologie: Umwelt, Kultur,
u. Gesellschaft / Thomas Bargatzky. – Berlin:
Reimer, 1986.
   (Ethnologische Paperbacks)
   ISBN 3–496–00841–5

© 1986 by Dietrich Reimer Verlag
Dr. Friedrich Kaufmann
Unter den Eichen 57
1000 Berlin 45

Umschlag Thomas Rode / Werner Ost
Frankfurt am Main

INHALT

VERZEICHNIS DER ABBILDUNGEN UND TABELLEN

„Yonder are roots of the great trees tearing the stones apart. Trees and men do not grow together."

Rudyard Kipling: *The King's Ankus* (1895)

VORWORT

Die erste Fassung des vorliegenden Textes enstand im Wintersemester 1982/83 für eine Vorlesung zur Einführung in die Kulturökologie, die ich am Institut für Völkerkunde und Afrikanistik der Universität München hielt. Sie wurde für die Veröffentlichung überarbeitet.

Wenn ein Ethnologe, der keine Ausbildung zum Biologen erhielt, sich zu Fragen der Ökologie äußert, dann liegt es auf der Hand, daß seine Sachkompetenz nur entliehen ist. Doch das Problem der entliehenen Sachkompetenz stellt sich dem Ethnologen nicht nur hier. Eine Wissenschaft wie die Ethnologie – bzw. die Kultur- und Sozialanthropologie – grenzt überall an andere Wissenschaften an und um sein eigenes, engeres Forschungsgebiet bearbeiten zu können, müßte der Ethnologe oft zugleich Botaniker, Zoologe, Genetiker, Linguist, Psychologe, Soziologe, vergleichender Rechtswissenschaftler und noch vieles andere mehr sein. Da dergleichen nicht möglich ist, ist man nur allzu oft darauf angewiesen, sich das nötige Wissen zur Bearbeitung von Forschungsfragen aus anderen Wissenschaften „anzulesen". Daran führt kein Weg vorbei.

Prof. Dr. Hans Fischer, der die Entstehung des Manuskripts aufmerksam verfolgte und mich zur Veröffentlichung ermutigte, stellte auch freundlicherweise Fotografien aus seinem Arbeitsgebiet zur Erläuterung des Textes zur Verfügung. Für beides möchte ich ihm danken. Auch den Kollegen Dr. Günther Schlee und Dr. Roland Mischung sei für die freundliche Überlassung von Fotografien gedankt. Dr. Mischung las darüber hinaus mit großer Sachkenntnis eine frühere Textfassung. Das Kapitel III wurde ferner von Dipl. Biol. Peter Bank und Dipl. Biol. Florian Bemmerlein auf seine Richtigkeit überprüft. Auch wenn ich ihren Ratschlägen nicht in allen Fällen gefolgt bin, so möchte ich ihnen hiermit für ihre zahlreichen, äußerst wertvollen Anregungen und Verbesserungsvorschläge danken. Selbstverständlich bin aber ich alleine für alle Fehler und Mängel verantwortlich, die der Text enthalten sollte.

Herr Dr. Friedrich Kaufmann, der Verleger, schuf durch seine Umsicht und sein Entgegenkommen optimale Bedingungen für

11

den Abschluß der Endfassung des Manuskripts und Frau Anne Brüggemann, die Lektorin, leistete Schwerstarbeit bei der Redigierung desselben. Den Index stellte Herr Alexander Preiter her und meine Frau, Eva Bargatzky, tippte große Teile des manchmal schwer leserlichen Manuskripts.

Ihnen allen möchte ich an dieser Stelle danken.

Zwei Personen trugen, jeweils in eigener Weise, besonders dazu bei, daß sich mein Interesse für natürliche Artenvielfalt im Laufe der Zeit immer deutlicher ausprägte: mein Vater, der Kunstmaler Eugen Bargatzky durch seine schönen Stilleben und meine Tante, Camilla Bargatzky, durch ihren bunten Garten. Diesen beiden möchte ich das Buch widmen.

München, im März 1986

EINLEITUNG

In unseren Tagen, da der Dreibund aus Wachstums-Mullahs, Flurbereinigungsbeamten und Fortschrittsanbetern jedweder politischer Couleur drauf und dran ist, seinen „heiligen Krieg" gegen Bach, Wald und Feld erfolgreich zu Ende zu führen, wendet sich das Interesse allenthalben den Problemen der Beziehung zwischen Kultur und Natur zu. Waldsterben und Umweltverschmutzung sind deutliche Zeichen dafür, daß im Naturverhältnis der Bürger hochtechnisierter Industriegesellschaften etwas nicht stimmt. Vor diesem zeitgeschichtlichen Hintergrund gewinnt die ethnologische Forschungstradition der *Kulturökologie* eine über die Fachgrenzen hinausweisende Aktualität, denn sie untersucht die wechselseitige Abhängigkeit zwischen Kulturen und ihrer natürlichen Umwelt. Sie läßt sich dabei von der Frage leiten, wie weit menschliche Kulturformen durch die Art der Auseinandersetzung mit der natürlichen Umwelt geprägt werden und wie weit diese Kulturformen wiederum ihre natürliche Umwelt prägen. Die hier vorliegende „Einführung in die Kulturökologie" möchte den Leser nun auf breiter Basis mit der gegenwärtigen Diskussion von Umweltfragen in der Ethnologie und Anthropologie vertraut machen. „Auf breiter Basis" bedeutet nicht, daß Vollständigkeit angestrebt wird – dem sind durch den Umfang des Buches und die Komplexität des Gegenstandes Grenzen gegeben. Der Leser soll vielmehr in die Lage versetzt werden, kulturökologische Werke lesen zu können.

Versuchen wir, uns dem Arbeitsgebiet der Kulturökologie zunächst vorverständlich zu nähern. Es geht also um *Kultur* und *Natur*. Was rufen diese beiden Worte nicht für eine Unzahl von Assoziationen hervor – schier hoffnungslos müssen alle Versuche enden, sie auf zufriedenstellende Weise zu definieren! Zu vielfältig sind die Erscheinungen, auf die sie sich beziehen. Was „Kultur" angeht, so bemerkte schon Johann Gottfried Herder in der Vorrede zu seinem zwischen 1784 und 1791 erschienenen Hauptwerk *Ideen zur Philosophie der Geschichte der Menschheit*: „Nichts ist unbestimmter als dieses Wort, und nichts ist trüglicher als die Anwendung desselben auf ganze Völker und Zeiten" (Herder 1985: 39). Über hundert Definitionen enthält der von

Kroeber und Kluckhohn (1952) verfaßte Überblick und es ist nicht meine Absicht, ihnen eine weitere hinzuzufügen (siehe Bargatzky 1985: 35 f.). Nach meinem Dafürhalten ist die Definition, die Edward Burnett Tylor 1871 in seinem Werk *Primitive Culture* gab, immer noch am besten dazu geeignet, des Leser intuitiv an den *ethnologischen* Kulturbegriff heranzuführen. Daher möchte ich sie in deutscher Übersetzung zitieren: ,,Cultur oder Civilisation im weitesten ethnologischen Sinne ist jener Inbegriff von Wissen, Glauben, Kunst, Moral, Gesetz, Sitte und allen übrigen Fähigkeiten und Gewohnheiten, welche der Mensch als Glied der Gesellschaft sich angeeignet hat" (Tylor 1963: 33).

Auch Erörterungen über den Naturbegriff verlieren sich leicht im Uferlosen, daher möchte ich hier zu einer Wörterbuch-Definition greifen, die ein wesentliches Merkmal herausstellt. Kröners *Philosophisches Wörterbuch* (Kröners Taschenbuchausgabe Band 13, 1969; 419) bezeichnet mit ,,Natur" u. a. ,,die Gesamtheit der vom Menschen unangetasteten Dinge". Wenn wir diese Gesamtheit als belebte und unbelebte Materie charakterisieren, dann verfügen wir über unseren intuitiven umgangssprachlichen Naturbegriff.

Die *Ökologie*, als naturwissenschaftliche Disziplin, befaßt sich mit den vielfältigen *Beziehungen* der Lebewesen untereinander und zu ihrer unbelebten Umwelt. Die *Kultur*ökologie bezieht den Menschen in die Erörterung mit ein und interessiert sich für die besonderen Ausprägungen dieser Beziehungsnetze als Folge ihrer Gestaltung durch die menschlichen kulturellen Leistungen. Im Blickfeld der Kulturökologie befindet sich also eine Natur, die nun nicht mehr länger vom Menschen ,,unangetastet" bleibt.

Das Thema ,,Kultur und Natur" gehört seit jeher zu den Arbeitsbereichen der Ethnologie. Den Beginn dieser Forschungtradition kann man bei Friedrich Ratzel (1844–1904) ansetzen. Sie wurde dann von Ethnologen mit oft ganz unterschiedlicher theoretischer Ausrichtung weitergeführt. Als Namen seien hier nur genannt: Marcel Mauss, Daryll Forde, Julian H. Steward, Roy A. Rappaport und John W. Bennett.

Hier muß nun sogleich einem möglichen Mißverständnis vorgebeugt werden. Kulturökologie in diesem Sinne darf nicht mit der ,,cultural ecology" genannten Lehre des amerikanischen Ethnologen Julian H. Steward verwechselt werden, die im nächsten Kapitel besprochen wird. Stewards Lehre postulierte ein reziprokes Verhältnis zwischen einem sogenannten ,,Kulturkern" (cultural core) und den Gegebenheiten der natürlichen Umwelt. Dies Verhältnis führt, Steward zufolge, zu bestimmten Formen der *Umweltanpassung* der Kultur, die an unterschiedlichen Orten und zu verschiedenen Zeiten angetroffen werden können. „Kulturökologie" wird in dem vorliegenden Buch aber in einem viel umfassenderen Sinne verwendet, nämlich einfach zur Bezeichnung derjenigen Forschungstradition in der Ethnologie, die sich um die Aufklärung der Beziehungen zwischen Kultur, sozialer Organisation und natürlicher Umwelt bemüht, ohne dabei einer bestimmten Lehre verpflichtet zu sein (siehe Ellen 1982: 281). In diesem Sinne wird sie beispielsweise auch von Bennett (1976: 24) verstanden.

In den letzten dreißig Jahren erlebte die Kulturökologie einen besonderen Aufschwung, insbesondere in den USA. Sie bedient sich einer Vielzahl von Begriffen und Erklärungsmodellen und besitzt kein einheitliches Gepräge, sondern gliedert sich in eine Reihe von Einzelansätzen, die teilweise im Kapitel 1 skizziert werden. Von *den* Zielen und Absichten *der* Kulturökologie kann man also nur in einem ganz allgemeinen Sinn sprechen. Um aber die tieferen Hintergründe des Aufschwungs der Kulturökologie zu verstehen, bedarf es eines längeren geistesgeschichtlichen Exkurses und eines Ausblicks auf die derzeitige Lage der Ethnologie. Die Herausbildung der Kulturökologie muß vor dem Hintergrund der das abendländische Denken entscheidend prägenden Unterscheidung von Natur und Kultur und den Folgen dieser Zweiteilung für die Einteilung der wissenschaftlichen Disziplinen gesehen werden.

Stellt man die Frage nach den geistesgeschichtlichen Wurzeln unseres heutigen Naturverständnisses, so wird man, dem Theologen Gerhard Liedke (1983) folgend, vier Entwicklungen betrachten müssen:

1. Die Veränderung der Vorstellung von der Natur als *physis* bei den Griechen zur *natura* als Besitz des Menschen bei den Römern,
2. die Entgöttlichung der Natur im jüdisch-christlichen Schöpfungsbegriff,
3. die Aufwertung der Handarbeit im Christentum gegenüber der Antike,
4. die dualistische Metaphysik René Descartes'.

Im Gegensatz zum lateinischen *natura* stand das griechische *physis* für einen Einheitsbegriff. Zur *physis* gehört alles, was sich bewegt. Bewegung ist hier aber nicht nur, wie in der neuzeitlichen Physik, als *Ortsbewegung* zu verstehen, sondern als *Veränderung*; die Ortsbewegung erscheint nur als eine spezielle Form der Veränderung. Die *physis* ist die Gesamtheit dessen, was entsteht und vergeht – also *auch* das, was wir heute mit dem Wort „Natur" zu bezeichnen pflegen. Alles was ist, ist in der Zeit und gehört, als Werden und Vergehen, zur *physis*. So gesehen, stand der Mensch bei den Griechen nicht etwa als geistiges Wesen „außerhalb der Natur", sondern er war eingeordnet und eingebunden in die *physis*.

Das griechische Wort *physis* wurde von den Römern mit *natura* übersetzt und erfuhr damit zugleich einen Bedeutungswandel: so wurde einseitig der Aspekt des Entstehens hervorgehoben und zugleich dem Entstehen der Charakter von etwas *Sachlichem* zugeschrieben.

Liedke erläutert dies anhand des Titels des Lehrgedichtes „De rerum natura" des römischen Dichters Lukrez: „Interessant ist der Zusatz ‚rerum', denn damit dringt ein ganz neuer Zug in das Naturverständnis ein: die ‚res', die Sache. Res ist ... ein juristischer Begriff ... Besitz, res, ist alles, worüber man *verfügen* kann, worüber man Macht hat. ‚De rerum natura' heißt demnach: *über die Entstehung dessen, worüber man verfügen kann*" (Liedke 1983: 38; Hervorhebung dort). Das neuzeitliche Naturverständnis wurde aber nicht nur durch die römische Einstellung zur Welt mitbestimmt, sondern auch durch den jüdisch-christlichen Schöpfungsglauben. Gehörte nach griechischer Auffassung nämlich auch das göttliche, beständige Sein zur *physis*, da es in ihr *erscheint* (auch die griechischen Götter gehören zur *physis*!), so schließt der jüdisch-christliche Schöpfungsglaube den Gedanken aus, daß Gott in irgend einer Weise in der Natur enthalten sein könnte. Der Naturbegriff des Alten- und des Neuen Testaments ist *gottlos*; in den Schöpfungstexten des Alten Testaments wird die Natur entmythologisiert. Die Gestirne sind keine Gottheiten mehr, wie bei den Ägyptern und Babyloniern, sondern wurden von Gott geschaffen, wie alle Lebewesen auch. Das Neue Testament verstärkt diese Tendenz noch, indem dort Jesus als der Weltherrscher herausgestellt wird, der sich alle Mächte und Gewalten unterwirft.

Auch mit der Aufwertung der Handarbeit, die in der Antike Sache der Sklaven war, legte das Christentum, Liedke zufolge, die weltanschaulichen Grundlagen zur Ausbeutung der Natur mit Hilfe der Technik. Die Verwirklichung des *Dominium terrae* – also des „Macht euch die Erde untertan" von 1. Mose 1, Vers 28 – findet sich dann auch klar ausgesprochen bei dem Mönch Hugo von St. Viktor (1097–1141). Francis Bacon (1561–1626) und René Descartes (1596–1650) nahmen diese Denkfigur auf und insbesondere die dualistische Metaphysik Descartes' wurde zum entscheidenden, bis heute nachwirkenden Faktor des abendländischen Welt- und Naturverständnisses.

Descartes unterschied das Sein als *res cogitans* (die „denkende Sache") und *res extensa* (die „ausgedehnte Sache"). Der Mensch ist in Denken und Ausdehnung gespalten; sein Denken ist ausdehnungsloser Geist, *res cogitans*; sein Körper, wie auch die Natur, ist *res extensa*. Ausdehnung ist aber eine *geometrische* Dimension, das Ausgedehnte ist *meßbar*. So vollendet sich in der Neuzeit schließlich die Reduzierung des Naturbegriffs vom Einheitsbegriff der *physis* auf das entgöttlichte, entgeistigte, meßbare Ausgedehnte. Damit ist zugleich auch, wie Liedke meint, die Distanzierung des Menschen von der Natur vollendet, die im römischen Naturbegriff zuerst in Erscheinung trat und in der christlich legitimierten mittelalterlichen Technik praktische Dimensionen annahm. Die *res cogitans* gehört ja nicht zur Natur, da sie ausdehnungslos ist und wenn der Mensch in die Natur eingreift, so greift er folglich in etwas Fremdes ein (siehe Liedke 1983: 53). Fundamentale Denkfiguren unserer Zeit haben hier ihren Ursprung: man denke nur an die Unterscheidungen von *Naturwissenschaften* und *Geisteswissenschaften, Natur* und *Kultur, Naturvölkern* und *Kulturvölkern* – als ob es Völker ohne Kultur gebe!

Die Ausblendung des Nichtmeßbaren hatte eine Einteilung der Gesamtwirklichkeit der Natur in lauter Einzelgebiete zur Folge, die immer kleiner wurden. Spezialistentum griff mehr und mehr um sich und die Zusammenarbeit innerhalb verschiedener Disziplinen der Naturwissenschaften wurde immer schwieriger. Parallel dazu verlief die Entwicklung innerhalb der Geisteswissenschaften. Nicht einmal die einzelnen Disziplinen sind gegen diese Entwicklung gefeit; auch innerhalb der Ethnologie machen sich heute Tendenzen zur Zersplitterung des Fachwissens bemerkbar. Dieser Zustand wird von immer mehr Wissenschaftlern als höchst unbefriedigend empfunden.

Ervin Laszlo schrieb einmal, jeder Wissenschaftler sei nur noch damit beschäftigt, sein eigenes kleines „Gärtchen" zu bearbeiten, die Welt sei aber mehr als nur eine Reihe von Gärten, die von Gärtnern bewirtschaftet werden können, die nicht viel voneinander wissen. Die Welt sei vielmehr ein *Netzwerk*, die Kenntnis eines ihrer Elemente setze daher ein Vertrautheit mit den anderen Elementen voraus (siehe Laszlo 1972: 4).

Wie für den Zustand der Wissenschaften im allgemeinen, so treffen diese Worte auch für den der Ethnologie im besonderen zu: der unübersehbaren Vielfalt der kulturellen Erscheinungen entspricht heute mehr und mehr eine Zersplitterung des Fachwissens und eine Tendenz zur Überspezialisierung bei den einzelnen Fachvertretern. Was verloren geht, ist das einigende Band. – In einem fiktiven Dialog zweier Archäologen führt uns Kent V. Flannery diesen Zustand vor Augen: da ist einmal der Autor selber und sein Gesprächspartner ist ein Kollege, den er den „Old Timer" nennt und dem er im Flugzeug, während der Rückkehr von einem Kongreß, begegnete. Der kulturelle Materialismus, behauptet da der „Old Timer", die „cultural ecology", der französische Strukturalismus, die kognitive- und symbolische Anthropologie – keiner dieser Ansätze würde von mehr als nur einer Handvoll Leuten vertreten, aber:

„ '. . . what holds us together? What keeps us all from pursuing those things until each becomes a separate field in its own right? What is it that makes a guy who works on Maori creation myths continue to talk to a guy who works mainly on Paleoindian stone tools?'

'In my department', I said, 'they *don't* talk any more'.

'Nor in mine', he said. 'But they used to. And they *used* to talk because however obscure their specialities, they all believe in that 'integrated whole', that 'body of shared customs, beliefs, and values' that we called culture'.

'That ist right', I said. 'But now the Paleoindian archaeologist would tell you his stone tools were best explained by Optimal Foraging Strategy. And the Maori ethnologist would tell you his creation myths are the expression of a universal logic inside his informants' heads'." (Flannery 1982: 274)

Der Kulturbegriff war also einmal dieses einigende Band, das – trotz aller Vagheit – die Ethnologen aller Schattierungen dazu bringen konnte, sich allesamt als *einer* Profession zugehörig zu begreifen. Die Einheit, so scheint es, ist heute dahin und es ist sicherlich verfehlt, sie zurückzugewinnen, indem man den Patienten „Kultur" quasi auf der Intensivstation mit definitorischen und hermeneutischen Infusionen künstlich am Leben erhält. Aus dieser Situation heraus entstand in weiten Teilen der Ethnologie der Wunsch, die verlorengegangene Einheit auf neuen Wegen wiederzugewinnen. Auf der Grundlage einer Erweiterung der Ethnologie durch die Ökologie, so scheint es, streben viele Ethnologen diesem Ziele nach. Ihre Versuche, die Aussichten auf einen Erkenntnisgewinn, der damit verbunden ist und die Probleme, die sich in theoretischer und praktischer Hinsicht mit der „Kulturökologie" einstellen – dieses Buch möchte versuchen, sie in kleinstem Rahmen wenigstens vorzustellen. Einer der namhaftesten Vertreter dieser Art von Kulturwissenschaft ist Roy A. Rappaport. Er sieht in der Ethnologie, bzw. „anthropology" sowohl eine Natur- als auch eine Geisteswissenschaft; mehr noch: eine Synthese beider Richtungen der Wissenschaft, denn die Anthropologie hat es sowohl mit dem *Subjektiven*, als auch mit dem *Objektiven* zu tun. Rappaport zufolge sollte es eine der wichtigsten Aufgaben der Anthropologie sein, die *Beziehungen* zwischen subjektiver und objektiver Domäne zu erforschen – also zwischen Absichten, Zielen, Motiven, Gefühlen, Hoffnungen, Befürchtungen, Verstehen und Mißverstehen, Überzeugungen und Werten einerseits und Dingen wie Felsen, Wasser, Tieren, Pflanzen, Stoffwechsel, innerer Sekretion, Ernährung, Wachstum, Verfall, Entropie, etc. andererseits. Der Mensch, sagt Rappaport (1979: 82) gehöre nämlich als „Bürger zweier Welten" beiden Domänen an und diese Tatsache der Beziehung zwischen subjektiver und objektiver Domäne sei sogar „the most distinctive characteristic of the human condition" (ebd.). Sich von vornherein für nur einen der beiden Bereiche zu entscheiden, heißt demnach, als Anthropologe auf die Untersuchung jener die menschliche Situation so grundlegend bestimmenden Beziehungen zu verzichten.

Zwei Folgerungen lassen sich für die Praxis der anthropologischen Forschung aus dem oben Gesagten ableiten. Einerseits wird der Anthropologe Erklärungsmodelle vorfinden und jeweils neu formulieren müssen, die sich auf die subjektive Komponente beziehen: sogenannte „kognitive Modelle" (cognized models). Andererseits werden auch die sogenannten „operationalen Modelle" (operational models) mit ihrem Bezug zur dinglichen Welt für seine Arbeit wichtig. Die Aufgabe einer ökologisch orientierten Anthropologie – also einer „Kulturökologie" – bestünde dann aus der Untersuchung und Verbindung beider Arten von Erklärungsmodellen (vgl. Rappaport 1979: 82–85).

So erfreulich das Aufblühen der Kulturökologie als Folge auch des wiederbelebten Umweltbewußtseins in unseren Industriegesellschaften ist, so zeitigt dasselbe Umweltbewußtsein doch auch weniger erfreuliche Erscheinungen, auf die ich zuletzt noch zu sprechen kommen möchte. Ich meine damit eine bestimmte Form des von mir an anderer Stelle so genannten „geistigen Kolonialismus" (siehe Bargatzky 1985: 13). Was hat es damit auf sich? Seit in den 70er Jahren unseres Jahrhunderts die Gefahren der Vernutzung unseres Planeten deutlich zutage traten, begann man damit, wieder einmal verstärkt den „Traum von den Urkulturen" zu träumen, den Traum „von vollkommenen menschlichen Gemeinschaften, die im Dunkel der Vergangenheit versunken sind, deren Existenz in Mythen und Sagen überliefert ist, deren Spuren in oft unverständlichen archäologischen Funden erhalten geblieben sind" (Hieronimus 1984: 11). Dieser Traum mag wohl „so alt wie die Kultur der Menschheit" (ebd.) sein, aber er wird wohl in Zeiten verstärkt geträumt, die als krisenhaft empfunden werden und er bezieht sich nicht nur auf versunkene Kulturen, sondern auch auf unsere „exotischen" Zeitgenossen. Er führt zur Kulturkritik, wobei der Kritiker die Maske – zum Teil fiktiver – außereuropäischer Betrachter aufsetzt. Diese Tradition literarischer Kulturkritik reicht mindestens bis in das Zeitalter der Aufklärung zurück – man denke nur an Diderots „Supplément au voyage de Bougainville" (geschrieben 1772) oder Montesquieus „Lettres persanes" aus dem Jahr 1721. Insbesondere bei Diderot wird das Bild des „Edlen Wilden" beschworen, der ohne tiefe Konflikte mit Seinesgleichen und der Natur in seiner arkadischen Umwelt lebt. Vom „Edlen Wilden" ist der Weg zu den idealisierten Naturvölkern der „Neuen Romantik" (siehe Barley 1983: 94) nicht mehr weit, auf deren angeblich größere „Nähe zur Natur" Mythen einer heilen und besseren Welt aufgebaut werden. Als Vehikel der Kulturkritik gelangten in unserer Zeit vor allem zwei „Wilde" zur Berühmtheit, die wenn schon nicht fiktiv, so nichtsdestoweniger edel waren: der Häuptling Tuiavi'i aus Tiavea in Westsamoa, von Erich Scheurmann in seinem Buch „Der Papalagi" zum Sprachrohr seiner Kritik an europäischen Zuständen gemacht, und der Häuptling Seattle vom Puget-Sound im heutigen US-Bundesstaat Washington.

Die Tuiavi'i zugeschriebenen Reden enthalten eine generelle

Kritik an unseren Lebensverhältnissen, ebenso wie die Rede, die Häuptling Seattle angeblich aus Anlaß des Vertrages von Point Elliott vom 22. Januar 1855 hielt, der die Landnahme weißer Siedler regeln sollte. Daß freilich Tuiavi'is Worte niemals von einem Samoaner stammen konnten und mit den Realitäten der samoanischen Kultur nichts zu tun haben, sondern aus der Feder Erich Scheurmanns stammten (siehe Cain 1975; Ritz 1983: 117 ff.), störte die alternativen Verlage nicht, die sich mit der Neuausgabe des „Papalagi" eine goldene Nase verdienten, solange der Mythos sich nur gut verkaufen ließ. Ähnlich ist es um die Rede des Häuptlings Seattle bestellt: wie Anna Pytlik und Rolf Gehlen (1984) nachweisen konnten, gibt eine eingehende Betrachtung der verschiedenen Texte Anlaß, allen bekannten Versionen der Rede zu mißtrauen. Seattles tatsächliche Äußerungen lassen sich nicht mehr rekonstruieren. Quelle der bei uns verbreiteten Rede ist die Dichtung des Amerikaners William Arrowsmith, die vor Unwahrscheinlichkeiten und ethnographischen Fehlern nur so strotzt. So wird dort beispielsweise eine „Mutter Erde"-Philosophie verbraten, die den Lachsfischern der amerikanischen Nordwestküste fremd war. Diese Indianer gingen auch nicht, wie ihre Kollegen in den hunderte von Kilometern weiter östlich gelegenen Plains, beritten auf Büffeljagd. „Qualmende Eisenpferde" kannte man 1855 am Puget-Sound auch noch nicht.

Die Verherrlichung des Andersartigen in Form sogenannter „Naturvölker" ist meiner Ansicht nach als „geistiger Kolonialismus" zu bezeichnen, da sie zu einer Verzerrung des Bildes von den Angehörigen fremder Kulturen führt, die somit wiederum ihrer Menschlichkeit beraubt und daher geistig kolonisiert werden. In diesem Sinne ist übrigens auch die Kritik zu verstehen, die Derek Freeman (1983) zu recht an Margaret Meads Samoa-Bestseller (siehe Mead 1928) geübt hat. Es ist sicher kein Zufall, daß Meads Samoa-Portrait einer Gesellschaft glücklicher, nahezu konfliktfrei zusammen- und sich sexuell ohne Eifersucht auslebender, harmonischer Menschen verdächtige Parallelen zu Denis Diderots Beschreibung der Tahitianer aufweist (siehe Diderot 1972: 177 und passim).[1] Wehe, wenn aber die Glorifizierten

---

1 Seine Mead-Schelte trug Freeman die — stellenweise geradezu hysterische — Kritik einer US-amerikanischen Kollegen-Phalanx ein (siehe Brady 1983 als Beispiel), deren Vorgehen sich wohl nach dem Motto „right or wrong — our Mead" auszurichten scheint. Viele dieser Kritiker waren nie-

anders sind als das Idealbild, das man sich von ihnen machte —
dann greifen auch Ethnologen schon mal unter einem Pseudonym
zur Feder, um ihren Haß und ihre Enttäuschung hinauszulassen
(siehe Fuertes de Cabeza 1982).

Der Traum von den Urkulturen steht aber auch dem Verständnis
des menschlichen Naturverhältnisses im Wege, da er u. a. zur Ver-
klärung der Angehörigen von vorindustriellen Gesellschaften
zu „Umweltheiligen" führt. Auch „Naturvölker" begehen nämlich
Fehler im Umgang mit der Natur, die teilweise verhängnisvolle
Folgen für die natürliche Umwelt haben. Nur das Erkennen von
Fehlern ermöglicht es uns aber, umweltschädliches Verhalten zu
vermeiden. Das Mythologem von den in der Harmonie mit der
Natur lebenden „Umweltheiligen" verhindert solch eine Erkenntnis, da es uns vorgaukelt, es gäbe irgendwo eine Art „Königsweg"
des Umgangs mit der Natur. Im Verlauf dieser Einführung wird
daher stets wieder auf umweltschädliches Verhalten hingewiesen
— sowohl bei uns, als auch bei nichtindustriellen Völkern, die
traditionell das Forschungsgebiet der Ethnologie sind. Kapitel 1
vermittelt einen kurzen Überblick über einige der bedeutendsten
kulturökologischen Schulen und Denkweisen. Um aber Kulturökologie aktiv und kritisch zu betreiben, ist es nötig, gewisse
grundlegende Begriffe aus der Biologie und der Systemtheorie
vorzustellen. Dies geschieht in Kapitel 3. Um dem Leser dieses
Kapitel schmackhaft zu machen, habe ich in Kapitel 2 einen
Überblick über verschiedene Formen der Interaktion zwischen
Mensch und natürlicher Umwelt vorangestellt. Ich hoffe, daß
die Lektüre des anschaulichen Kapitels 2 den Leser hinreichend
motiviert, sich auch die etwas abstrakten Begriffserörterungen
von Kapitel 3 zu Gemüte zu führen. Ohne über den entsprechenden Begriffapparat zu verfügen, kann man Kulturökologie letzten
Endes nicht betreiben. Das gilt beispielsweise für das Problem des
Bodenbaus und seiner ökologischen Grundlagen, das in Kapitel 4
vertieft wird. Dieses Kapitel soll u. a. die Grundlagen für ein bes-
seres Verständnis der Wechselwirtschaft schaffen, einer noch
heute in tropischen Regionen weit verbreiteten Form der Produktion von Nahrungsmitteln.

---

mals in Samoa. Das Urteil des samoanischen Dichters und Intellektuellen
Albert Wendt mag da wohl als störend empfunden werden: „he (= Freeman) is restoring to us those other dimensions of being truly human,
dimensions denied to us by Mead" (Wendt 1983: 14).

Kapitel 5 ist ganz einem Fallbeispiel gewidmet: Hawaii. Darin soll gezeigt werden, wie der natürlichen Umwelt im Rahmen verschiedener ethnologischer Kulturtheorien jeweils eine andere Rolle bei der Entstehung von gesellschaftlichen Organisationsformen zugeschrieben wird. Daran anschließend wird im Kapitel 6 die Problematik der Verwendung biologischer Fachtermini in der Kulturökologie besprochen.

Vielfach überschreiten kulturökologisch orientierte Wissenschaftler den Rahmen einer empirisch betriebenen Wissenschaft von Mensch und natürlicher Umwelt und begeben sich auf das Terrain philosophischer Überlegungen. Dies ist an sich lobenswert, da in diesem Vorgehen der Wunsch zum Ausdruck kommt, einen Orientierungsrahmen zu schaffen, der uns dringend benötigte Einsichten bezüglich unserer Stellung in einer von uns bedrohten Natur gewährt. Solch eine Grenzüberschreitung kann aber auch sehr gefährlich sein, da sie womöglich dazu führt, daß Vorstellungen verallgemeinert werden, die nur in einem begrenzten, empirisch faßbaren Rahmen zutreffen. Diese „ökologische Philosophie" könnte zu einer Auffassung des Menschen führen, die einem wesentlichen Merkmale seiner Natur nicht genügend Rechnung trägt: seiner Fähigkeit, Symbole zu schaffen und damit neue, im Tierreich nicht vorhandene Umwelten, die sein Denken und Handeln in entscheidendem Maße prägen. Kapitel 7 über den Zauber der sogenannten „Ökologie des Geistes" ist diesen Fragen gewidmet. Ein letztes Kapitel schließt sich an die in Kapitel 7 begonnene Kritik an der „ökologischen Philosophie" an und stellt einige Gedanken zu ihrer Überwindung und zur Weiterentwicklung der Kulturökologie vor, ohne den Anspruch zu erheben, eine abgeschlossene Theorie vorzutragen.

Im Anschluß an jedes Kapitel befindet sich eine kurze Liste mit Angaben zu weiterführender Literatur. Darin wird auf Werke verwiesen, die solche Probleme behandeln, von denen in dem betreffenden Kapitel die Rede war. Unabhängig davon enthält der Anhang I nochmals eine Reihe von Lektürevorschlägen, die sich auf den gesamten Bereich der Kulturökologie beziehen.

Kapitel I
SCHULEN UND DENKWEISEN DER KULTURÖKOLOGIE

Das Verhältnis von Mensch, Kultur und Umwelt war stets von besonderem Interesse für Ethnologen mit unterschiedlichstem theoretischem Anspruch, daher soll auf den folgenden Seiten ein kurzer Überblick über die wichtigsten kulturökologischen Schulen und Denkweisen gegeben werden.

1. Umweltdeterminismus und Possibilismus

Seit der Antike durchziehen zwei Gedankenlinien das dem Verhältnis des Menschen zur Natur gewidmete Schrifttum: der *Umweltdeterminismus* und der *Possibilismus*. Da anderenorts gute wissenschaftsgeschichtliche Zusammenfassungen dieser Positionen veröffentlicht wurden (siehe Ellen 1982: 1–51; Hardesty 1977: 1–6; M. Harris 1968: 41 f.), beschränke ich mich auf wenige Andeutungen.

Im wesentlichen besagt die Lehre des Umweltdeterminismus, daß menschliches Sozialverhalten, die menschliche psychische Konstitution und auch die körperliche Erscheinung des Menschen auf geographische, insbesondere klimatische Unterschiede zurückgeführt werden können. Auf die Ethnologie wirkte der Umweltdeterminismus besonders durch die von Friedrich Ratzel (1844–1904) begründete *Anthropogeographie* ein, die als systematischer Versuch gelten kann, ethnographische Gegebenheiten mittels geographischer Faktoren zu erklären. Unterschiede im *Habitat* (also dem *Standort*) spielen dabei eine große Rolle, wenn auch Ratzel kulturellen und historischen Faktoren eine gewisse Rolle bei der Gestaltung der Kulturerscheinungen zuzugestehen bereit war.

Die umweltdeterministische Position, mit ihrem Modell der Ursache-Wirkung-Beziehung zwischen Habitat und Kultur kann angesichts der Fülle geographischer und ethnologischer Untersuchungen, die eine viel subtilere Wechselwirkung beider Bereiche aufzeigen, heute nicht mehr aufrechterhalten werden. Es hat sich beispielsweise gezeigt, daß die „natürlichen" Regionen, die eine so große Rolle im umweltdeterministischen Denken spielen, oft erst durch menschliche Eingriffe gestaltet, bzw. umgestaltet wurden. Die angeblichen Korrelationen zwischen Sozialordnung und Umwelt erweisen sich somit als Korrelationen zwischen menschlichem Verhalten und den *Produkten* dieses Verhaltens (siehe Ellen 1982: 14 f.). Auch zeigte es sich, daß das gleiche Biom durchaus unterschiedliche Interaktionsweisen mit der Umwelt zuläßt. So beschrieb etwa Colin Turnbull (1961) die Sozialordnung der afrikanischen Mbuti-Pygmäen des äquatorialen Regenwaldes und zeigte, daß es bei den Mbuti zwei verschiedene Arten von Gruppierungen gibt. Manche Gruppen leben in Lagern zusammen, die bis zu dreißig Kernfamilien beherbergen und die kollektive Treibjagden mit großen Netzen veranstalten. Bei anderen Mbuti, die in viel kleineren Gruppen zusammenleben, wird die Jagd von einzelnen Jägern mit Pfeil und Bogen betrieben. Daß hier die gleiche Umwelt verschiedenartige soziale Organisationsformen und Jagdmethoden zuläßt, wertet beispielsweise Heider (1972: 215 f.) als Argument gegen den Umweltdeterminismus.

Fälle dieser Art führten schon früh in der Geschichte der Ethnologie zur Formulierung einer dem Umweltdeterminismus entgegengesetzten Position, die den Umweltfaktoren keine aktive, gestaltende Rolle zuschreibt, sondern nur eine *begrenzende*. Die Umwelt *ermöglicht* eine Reihe von sich entfaltenden Sozialformen und Strategien der Subsistenzökonomie, sie *determiniert* nicht. Daher wird diese Position *Possibilismus* genannt. Einer der herausragendsten Vertreter des Possibilismus war der amerikanische Ethnologe Clark Wissler. Wisslers Name als Vertreter des Possibilismus ist insbesondere mit dem Konzept des *Kulturareals* (culture area) verbunden (siehe Wissler 1922; 1928; 1929). „Culture area" wird von ihm beispielsweise definiert als „a classification of social groups according to their culture traits" (Wissler 1922: 218). An anderer Stelle werden die Beziehungen zwischen Kulturzügen und der natürlichen Umwelt deutlich: „We see the culture area as a geographical region in which reside a considerable number of relatively independent tribes with similar culture. The similarity lies in a core of important culture complexes held in common" (Wissler 1929: 345). Dabei spielt für Wissler die natürliche Umwelt, also die geographische Region, eine passive, begrenzende Rolle, sie ist nicht selbst Kausalfaktor bei der Ausprägung der Kulturzüge (ebd., S. 339).

Da das Kulturareal-Konzept auf andere Regionen außerhalb Nordamerikas nur unter Schwierigkeiten angewendet werden konnte (siehe Linton 1964: 386 ff.) und auch von mit Nordamerika befaßten Forschern uneinheitlich gebraucht wurde, kommt ihm allenfalls ein beschränkter heuristischer Nutzen bei der Gestaltung von Museums-Ausstellungen zu. Als analytisches, theoretisches Konzept ist es ferner ungeeignet, wenn nicht sogar gefährlich, da es den Gedanken nahelegt, eine Kultur sei eine Anhäufung von einzelnen, unverbundenen Merkmalen (siehe Piddington 1960: 23 f.). Ralph Piddington karikiert denn auch dieses Konzept mit einem trefflichen Vergleich: „Thus we might say that the culture area of Great Britain is characterized by monarchy, the smoking of tobacco, the keeping of dogs as pets, the use of coal and electricity in industry, Christianity, cricket and a high development in the practice ot navigation" (ebd.).

Ein gutes Beispiel für possibilistisches Denken ist ferner Betty J. Meggers' Theorie vom Zusammenbruch der klassischen Maya-Kultur. Meggers (1954; 1957) zufolge hatte sich die klassische Maya-Kultur außerhalb des Tieflandes der Halbinsel Yukatan entwikkelt, die Träger dieser Kultur seien aber irgendwann ins Tiefland eingewandert, wo die ungünstigen Umweltbedingungen schließlich zum Zusammenbruch der klassischen Maya-Kultur führten. Mit dieser Rekonstruktion illustrierte Meggers ihr „Law of Environmental Limitation on Culture", welches besagt: „The level to which a culture can develop is dependent upon the agricultural potentiality of the environment it occupies" (Meggers 1954: 815). Meggers mußte sich aber entgegenhalten lassen, daß gerade „agricultural potentiality" eine kulturell bestimmte Größe ist und ihre Argumentation somit zirkulär sei (siehe Coe 1957; Ferdon 1959; Hirshberg und Hirshberg 1957). Diese Ansicht hat sich offenbar in der Maya-Forschung durchgesetzt (siehe R. E. W. Adams 1973), so daß — auch unter dem Eindruck neuer Forschungsergebnisse über die intensive prähistorische Maya-Landwirtschaft (siehe Harrison und Turner 1978; Harrison 1979; Turner 1974) Meggers' These zu den Akten gelegt werden kann. — Eine Literaturübersicht über die Meggers-Debatte findet man bei Mikesell (1967).

Einwände gegen den Possibilismus lassen sich von zwei gegensätzlichen Ausgangspositionen her aufbauen. Einerseits kann man ihm vorhalten, letztlich die Formbarkeit der natürlichen Umwelt zu unterschätzen. So entwickeln Jonathan Friedman (1979 a: 28 f.) und Friedman und Rowlands (1977: 203 f) ein Modell, das von marxistischen Vorstellungen ausgeht und die Möglichkeit der Umgestaltung der Umwelt in der Folge eines Wandels der Produktivkräfte betont (siehe Bargatzky 1985: 170 f.). Andererseits ist Roland Mischung (1980: 153) geneigt, der natürlichen Umwelt der von ihm untersuchten Bergvölker Nordwest-Thailands mehr als nur einen limitierenden Einfluß zuzuschreiben. In jedem Falle ist Mischung zuzustimmen, wenn er Umweltdeterminismus und Possibilismus als jene zwei quasi „archetypischen Ideen" bezeichnet, die praktisch allen Erklärungsversuchen des Verhältnisses von Mensch und Umwelt zugrunde liegen. Vereinfacht könnte man sagen: alle kulturökologischen Modelle neigen entweder dem einen oder dem anderen Extrem zu, ohne daß sich bislang die Entstehung eines allen Gegebenheiten des komplexen Beziehungsgefüges von Mensch und Umwelt gerecht werdenden Modells abzeichnet.

Mit der „cultural ecology" wenden wir uns nun einer Lehre zu, die eher dem Determinismus zuneigt und dabei zugleich der Rolle kultureller und sozialer Gegebenheiten gerecht werden möchte.

2. Die „cultural ecology" nach Julian H. Steward

Unter „cultural ecology" — also „Kulturökologie" im engeren Sinne — versteht man die auf Julian H. Steward (1955) zurückgehende Lehre. Steward interessierte sich für die Art und Weise, in der der Mensch ein gegebenes Habitat für seine Zwecke ausnützt. Das zentrale Axiom seiner Lehre wird durch das Konzept vom „Kulturkern" beschrieben, der bei Steward eine Reihe von soziokulturellen und demographischen Merkmalen bezeichnet, die zusammen mit den Techniken und Organisationsformen der Subsistenzökonomie einen strukturellen Komplex bilden. Unter soziokulturellen und demographischen Merkmalen sind hier z. B. geschlechtliche Arbeitsteilung, Regelung des Landbesitzes, Familienorganisation, Gruppengröße, Siedlungsweise zu verstehen.

Der Kulturkern entspricht also teilweise der *Wirtschaftsorganisation* der Gesellschaft. In ihm vollzieht sich die Auseinandersetzung mit der natürlichen Umwelt direkt, seine Komponenten dienen also der *Umweltanpassung* der Kultur. Andere Sektoren des soziokulturellen Systems stehen in weniger direkter Beziehung zur natürlichen Umwelt als etwa geschlechtliche Arbeitsteilung und Siedlungsweise, z. B. die soziale und politische Organisation und der Bereich von Religion, Ritus, Weltbild und Kunst. Das bedeutet aber nicht, daß solche Bereiche nicht *auch* am Kulturkern teilhaben können (s. u. S. 28)! Diese Vieldeutigkeit des Begriffes wird als die entscheidende theoretische Schwäche von Stewards Lehre angesehen (siehe Harris 1968: 660f.).

Grundlegende Untersuchungseinheit ist für Steward die *Kultur*. Einzelne Kulturen mit vergleichbarer Umwelt-Situation werden untersucht, um umfassende Regeln der kulturellen Evolutionsprozesse, basierend auf sogenannten „levels of integration" (z. B. family band), zu entdecken. In Stewards Perspektive muß die Annahme einer *Analogie* von kultureller und biologischer Evolution abgelehnt werden, da bei ihm die Abhängigkeit der „Kultur" von der Weitergabe *erlernten Verhaltens* und nicht von Naturgesetzen – z. B. den Vererbungsgesetzen – hervorgehoben wird. Steward wies stets mit Entschiedenheit die Vorstellung zurück, die Humanökologie sei nur eine Spielart der Tierökologie.

Ein grundlegendes Problem in Stewards Lehre ist die Vieldeutigkeit seines Grundkonzeptes, des „Kulturkerns". Steward unterscheidet nämlich *nicht* einfach zwischen einer „Basis" als dem Komplex der subsistenzökonomisch-technischen Faktoren und dem „Überbau", sondern sein „Kulturkern" umfaßt Phänomene aus *beiden* Sphären. Er überschreitet also die Grenzen zwischen Basis und Überbau. Lassen wir ihn selber zu Wort kommen: der „culture core" sei „the constellation of features which are most closely related to subsistence activities and economic arrangements. *The core includes such social, political, and religious patterns* as are *empirically determined* to be closely connected with these arrangements". (1955: 37, Hervorhebung von mir). Darüber hinaus gehören zum Kulturkern auch noch „functionally interrelated esthetic features". Man kann also Steward dahingehend interpretieren, daß es unzulässig sei, einfach eine Unterscheidung zwischen sogenannten Basis- und sogenannten Überbauphänomenen vorzunehmen, sondern man hat *empirisch* festzustellen, welche technischen, ökonomischen, demographischen, sozialen, politischen, ideellen und ästhetischen Komponenten den Kulturkern ausmachen. Mit anderen Worten: es gibt solche sozialen, politischen, ideellen und ästhetischen Merkmale, denen beim Kulturwandel die primäre Rolle als Kausalfaktoren (im Zusammenhang mit den Subsistenz- und sonstigen ökonomischen

Faktoren) zufallen und es gibt andere, die nur Epiphänomene sind und der Forscher hat jeweils anhand empirischer Analysen zu entscheiden, welche Merkmale zum Kulturkern gehören und welche nicht. Dieses Verfahren birgt große theoretische und empirische Probleme in sich. So beschreibt etwa M. G. Bicchieri die Lebensweise der BaMbuti im Ituri-Wald des Kongo, die bestimmte Arten der Jagd- und Sammeltätigkeit erfordern, wobei sich diese Techniken wieder auf die soziale Organisation auswirken. „So closely are the techniques and the social patterns related that it is difficult, at times, to see either one as separable from exploitation (Steward's „culture core")" (Bicchieri 1969: 67).

3. Kulturmaterialismus und „kultureller Adaptationismus"

Die Probleme, die mit der Identifikation der zum Kulturkern gehörenden Elemente verbunden sind sowie theoretische Vorbehalte brachten es wohl mit sich, daß diese Seite des Steward'schen Programmes kaum Anhänger fand. Einige seiner prominentesten „Schüler", bzw. Anthropologen, die sich unter seinem Einfluß befanden, bekannten sich daher eher zu einer kulturmaterialistischen Doktrin als Leit-Paradigma ihrer ökologisch orientierten Untersuchungen, wie z. B. Marvin Harris (1968) und der frühe Sahlins (1958). Kulturmaterialisten wie z. B. Marvin Harris und Barbara Price (1977) unterscheiden weiterhin zwischen technisch-ökonomisch-demographisch- umweltmäßigen Primärfaktoren bei Prozessen des Kulturwandels und der sozialen Evolution. Harris betonte zwar jüngst (1979) durchaus den Rückkoppelungscharakter zwischen „Basis" und „Überbauphänomen", so daß man ihm Unrecht tut, würde man ihm einen mono- und linearkausalen Ansatz unterstellen. Gleichwohl läßt er keinen Zweifel daran, daß er *letztlich*, einen hinreichend großen geschichtlichen Zeitraum vorausgesetzt, den technisch-ökonomisch-demographisch- umweltmäßigen Faktoren die kausale Priorität im Evolutionsprozeß zuweist.
Kulturmaterialisten und Vertreter einer anderen Richtung, die man wechselweise human ecology, systems ecology, ethno-ecology, Neofunktionalismus, oder new ecology nannte, haben bei allen sonstigen Unterschieden dies miteinander gemein: sie erkennen im Kulturwandel einen *Anpassungsprozeß* in Analogie

zum Prinzip der *natürlichen Auslese* in der biologischen Evolutionstheorie; sie betonen den *Systemcharakter* der von ihnen untersuchten Wirklichkeitsebene und sie betonen die *adaptive Rolle* des Ideellen in den soziokulturellen Wandels- und Evolutionsprozessen. Das heißt: *Überzeugungssystemen, Ritus, Werten* und *Einstellungen* werden adaptive Konsequenzen der Populationskontrolle, des Beitrags zur Subsistenz und der Erhaltung des Ökosystems zugeschrieben. Daher kann man Roger Keesing (1974: 75 f.) zufolge Kulturmaterialisten und Vertreter der „systems ecology", etc. auch als „kulturelle Adaptationisten" (cultural adaptationists) bezeichnen. Die Grenze zwischen beiden Richtungen ist fließend, obwohl man behaupten kann, daß wohl „systems ecologists" wie A. P. Vayda, und Roy A. Rappaport die Rolle der ideellen Faktoren stärker hervorheben, ihr Augenmerk mehr auf ökologische Fragen richten und ausdrücklich Anleihen bei der Kybernetik und der Populationsbiologie vornehmen, als generell die Kulturmaterialisten. — Dieser „ethno-ökologische", bzw. system-ökologische Ansatz innerhalb der Kultur- und Sozialanthropologie soll nun noch ein wenig plastischer herausgearbeitet werden und dies geschieht am besten durch seinen *funktionaltheoretischen Hintergrund*.

4. „Systems-ecology" (Neofunktionalismus) und „Individuumvorteil"-Ansatz

Viele sozialwissenschaftliche und kulturanthropologische Theorien gehen von der Grundannahme aus, Verhalten sei am besten durch seine *Funktion*, bzw. seinen *Vorteil* zu erklären. Dabei stellt sich aber sofort die Frage: „Vorteil — für wen?" Zwei Ansätze lassen sich diesbezüglich unterscheiden
    1) der funktionalistische Ansatz, der den Aspekt des Gruppen-, bzw. Systemvorteils betont,
    2) der Individuum-Vorteil-Ansatz, oder die rationale Handlungs- und Entscheidungstheorie (rational strategizing).
Gruppenvorteil-Ansätze gehen davon aus, daß ein organisiertes *Kollektiv* die Einheit ist, der ein bestimmtes Verhalten oder eine bestimmte Institution nützt. Die Einzelinteressen der Mitglieder dieses Kollektivs müssen dabei nicht identisch mit den „Bedürfnissen" oder „Interessen" des Ganzen sein. — Individuumvorteil-

Ansätze stellen das handelnde Individuum als die Einheit dar, die von einer Handlung profitiert.
Man kann nun zwei Spielarten des funktionalistischen, bzw. des Gruppenvorteile-Ansatzes unterscheiden:
1) den strukturalen Funktionalismus,
2) den „Neofunktionalismus" (bzw. die „systems ecology", „ethno-ecology", etc.).
Strukturale Funktionalisten (z. B. Radcliffe-Brown) sehen das *soziale System* in seinen funktionalen Voraussetzungen als den „Vorteilnehmer" an, wogegen „Neofunktionalisten" ein sogenanntes „adaptives System" voraussetzen, das von bestimmten Handlungen profitiert. Diesem adaptiven System fällt quasi die „Aufgabe" zu, die menschliche Population im Gleichgewicht (Homöostasie) mit der natürlichen Umwelt zu halten. Beide Spielarten — strukturaler- und „Neofunktionalismus" — setzen aber die Existenz eines *Mechanismus* voraus, der bewirkt, daß Individuen sich so verhalten, daß es dem sozialen, bzw. adaptiven System nützt, obwohl dies Verhalten den *Individuen* selber schaden kann. Strukturale Funktionalisten sehen solche „Mechanismen" etwa im Bereich der *Sozialisation* am Werke beispielsweise in Form von Sanktionen. Neofunktionalisten tun sich schwerer, jene Mechanismen zu identifizieren, die die sogenannten funktionalen Erfordernisse eines adaptiven Systems mit dem Verhalten von Individuen in Übereinstimmung bringen, wenn dies Verhalten dem Handelnden Nachteile verschafft. Mit anderen Worten: *Neofunktionalisten* tun sich schwer mit dem Problem des *Altruismus*, und *strukturalen Funktionalisten* wurde zu Recht vorgehalten, in utopische Vorstellungen von Gesellschaften als *integrierten Systemen* zu verfallen, in denen es keine oder kaum Konflikte bezüglich Werten und Zielen gibt (siehe Dahrendorf 1958; Wrong 1961). Aber auch der Individuumvorteil-Ansatz ist nicht frei von Defekten: die grundlegende theoretische Schwierigkeit liegt hier in dem Erfordernis begründet, zu erklären, wie eine halbwegs geordnete Gesellschaft oder eine relativ beständige Umweltanpassung aus den Handlungen und Interaktionen von Akteuren abgeleitet werden kann, die als grundsätzlich hedonistisch eingestellt angenommen werden (siehe Peoples 1982: 291—292). Diese Fragen, die gegenwärtig einen der Brennpunkte der anthropologischen Theoriediskussion ausmachen, können gewiß nicht durch Vernachlässigung jeweils eines Aspektes gelöst werden. Sowohl „methodologischer Kollektivismus" als auch „methodo-

logischer Individualismus" sind zu ihrer Lösung notwendig (Dwyer 1982).

Nachdem wir uns nun einen Überblick über die Weise verschafft haben, in der Ethnologen über das menschliche Naturverhältnis *denken*, wollen wir uns im nächsten Kapitel eher mit den Dingen selber befassen und stellen einige typische Interaktionsformen von Mensch und Umwelt vor.

Kapitel II

GRUNDFORMEN DER INTERAKTON ZWISCHEN MENSCH UND UMWELT

1. Einführung

Der Mensch bezieht aus seiner natürlichen Umwelt seine Nahrung und andere, zum Überleben notwendige Rohstoffe. Die Art und Weise seiner Interaktion mit dieser Umwelt wird durch verschiedene Faktoren bestimmt: Die Form der Sozialorganisation seiner Gruppe, die Bevölkerungsdichte, seine Überzeugungen und Einstellungen. Die technische Ausstattung mit Geräten und die Formen der Anwendung dieser Geräte wirken vielfach erst im Verein mit den anderen kulturellen und sozialen Gegebenheiten auf die natürliche Umwelt ein. Dies wird am Beispiel des sogenannten *Grabstockes* deutlich, der zum Lockern und Umbrechen des Bodens verwendet werden kann und kraft der damit verbundenen Hebelwirkung wirkt (siehe Hirschberg und Janata 1980: 251). Aber auch Wildbeuter, die keinen Bodenbau betreiben, benutzen gelegentlich den Grabstock, um etwa Wurzeln auszugraben (siehe Alexander 1969; Forde 1956: 14, 28, 99–100; Service 1979:10). Bodenbau betreibende Völker verwenden den Grabstock dagegen, um das Erdreich für Setzlinge zu lockern. Das Werkzeug ist also in beiden Fällen das gleiche, aber der soziale Kontext dieser Tätigkeiten ist jeweils ein ganz andersartiger (siehe Forde 1956: 379). Die Grundformen der Interaktion zwischen Mensch und Umwelt kann man ganz grob wie folgt einteilen: Wildbeutertum, Hirtennomadentum, Bodenbau und agro-industrielle Landwirtschaft. Diese Formen sollen nun vorgestellt werden, soweit dies in begrenztem Rahmen möglich ist. Zuvor sollen aber noch einige Grundformen der sozialen Ordnung nichtstaatlich organisierter Völker beschrieben werden, da soziale Ordnungen ja den Rahmen bilden, in dem die Mensch-Umwelt-Interaktion gesehen werden muß und man bei nicht-Ethnologen keine Kenntnis von diesen Dingen voraussetzen darf.

2. Auf der Verwandtschaft beruhende Gruppierungen

Damit eine Gruppe sich erfolgreich mit der Umwelt auseinander-
setzen kann, muß sie in der Lage sein, über die Generationen hinweg einen gewissen Grad der inneren Ordnung und Produktivität
aufrecht zu erhalten (siehe Keesing 1975: 56). Soziale Gruppierungen auf der Basis der Verwandtschaft erfüllen diese Grund-
bedingungen in nichtstaatlich organisierten Gesellschaften auf
hervorragende Weise (siehe Mair 1970; Sigrist 1967).[1]
Je nach der Ausprägung der Vorstellungen von Besitz an Land
und anderen natürlichen Ressourcen, begegnen wir unterschiedlichen Formen der Organisation von Verwandtschaftsgruppen.
Dort, wo auf Land oder auch Herdentiere dauerhafte Besitzan-
sprüche angemeldet werden, organisiert man sich beispielsweise
im Form von korporativen Gruppen auf der Grundlage der gemeinsamen Abstammung von einem Vorfahr. Das Recht, der
Gruppe anzugehören, wird jeweils vom Vater auf seine Söhne
und Töchter übertragen und von den Söhnen auf die Enkel,
usw. Töchter gehören zur Gruppe, aber die Kinder der Töchter
gehören zur Gruppe des Ehemannes. Solche Verwandtschaftsgruppen bezeichnet man in der Ethnologie als *patrilineare Deszendenzgruppen*. Sie kommen sowohl bei Wildbeutern, als auch
bei Hirtennomaden und Bodenbau betreibenden Völkern vor.
Statt über den Mann, kann man die Zugehörigkeit zur Deszendenzgruppe aber auch aufgrund der Abstammung von einer Frau
begründen. Solcherart herausgebildete Deszendenzgruppen bezeichnet man als *matrilinear*. Matrilineare Deszendenzgruppen
begegnen uns ebenfalls bei Bodenbauern. Matrilinearität hat
nichts mit dem sogenannten *Matriarchat* zu tun, bei dem es sich
um eine Theorie des abendländischen, utopischen politischen
Denkens handelt, und nicht etwa um einen tatsächlich existierenden Gesellschaftstyp. Auch haben wir keine Hinweise darauf,
daß eine matriarchalisch organisierte Gesellschaft jemals existierte. Bei angeblichen Hinweisen darauf handelt es sich um von
europäischen Sozialtheoretikern falsch interpretierte Mythen
und Legenden (siehe Binford 1982; Wesel 1980). Auch in matri-

---

1 An dieser Stelle kann nur ganz knapp über die Ergebnisse der ethnologischen Verwandtschaftsforschung informiert werden. Siehe Fox (1967)
und Keesing (1975) als Einführungen. Eine Einführung enthält auch Bargatzky (1985: Kap. 3).

linearen Gesellschaften „regieren" die Männer, nur vererbt hier ein Mann seine Rechtsansprüche eben nicht seinen eigenen Kindern, sondern den Kindern seiner Schwester.

Patri- und matrilineare Deszendenzgruppen faßt man unter dem Oberbegriff *unilineare Deszendenzgruppen* zusammen. Die politische Organisation von Gesellschaften mit unilinearen Deszendenzgruppen ist egalitär oder nicht-egalitär. In egalitären Gesellschaften gibt es im *idealtypischen* Fall nur solche Statusunterschiede, die sich auf Geschlecht und Alter beziehen. Ein vererbbares politisches Führungsamt – „Häuptling" – kommt nicht vor. Nicht-egalitäre Gesellschaften verfügen dagegen über Deszendenzgruppen, die nach dem Prinzip der *Seniorität* geordnet sind und die auch vererbbare politische Führungspositionen besitzen. Das Senioritätsprinzip ist beispielsweise bei den patrilinearen und patrilokalen, altai-sprachigen innerasiatischen Hirtennomaden, den sogenannten Turk-Völkern und Mongolen, wirksam. Alle Einwohner eines Herrschaftsgebietes, mit Ausnahme der angeheirateten Frauen, waren dem Selbstverständnis nach Abkömmlinge eines Ahnherren. Der Häuptling oder Fürst konnte seine Abstammung in direkter Abfolge erstgeborener Söhne bis auf den Ahnherren zurückverfolgen. Die Genealogien, die die gemeinsame Abstammung des Fürsten und seiner Untertanen nachwiesen, waren mitunter bis zu 50 Generationen tief. Innerhalb dieser umfassenden patrilinearen Deszendenzgruppen wurden die einzelnen patrilinearen Untergruppen oder Zweiglinien dem Rang nach unterschieden. Als Kriterium diente die Reihenfolge der Geburt des jeweiligen Liniengründers. Die Zweiglinie, die sich vom erstgeborenen Sohn des Ahnherren ableitete, stand beispielsweise im Rang höher, als die auf den zweiten, dritten usw. Sohn zurückgehenden Linien. So konnte der relative Status der Mitglieder der gesamten Deszendenzgruppe der Theorie nach genau bestimmt werden. In der Praxis gab es natürlich stets Auseinandersetzungen um die Interpretationen der Genealogien (siehe Krader 1955: 69 f.).

Für die kulturökologische Betrachtungsweise ist es von Interesse, daß Patrilinearität und Matrilinearität im Zusammenhang mit der politischen Organisationsform (egalitär, bzw. nicht-egalitär) offenbar Folgen für die natürliche Umwelt haben kann. So trifft man beispielsweise in Zentralafrika zwei typische Kombinationen von Umwelt und soziopolitischem System an. Im tropischen Wald findet man eher patrilineare, egalitäre Gesellschaften, in der angrenzenden Savanne dagegen eher matrilineare Königreiche. Es ist interessant, daß dort, wo die Savanne in den tropischen Wald hineinreicht, matrilineare Königreiche vorkommen. Es wird daher vermutet, daß die höhere Intensität der agrarischen Produktion in diesen Königreichen Entwaldung und Vergrasung zur Folge hat (siehe Ekholm 1977: 118).

Es gibt auch Deszendenzgruppen, deren Zusammensetzung nichtunilinear, also *ambilinear* oder *kognatisch* geregelt wird. Im Gegensatz zu unilinear geregelter Deszendenzgruppen-Zugehörigkeit kann sich eine Person in solch einem Falle entscheiden, welcher Gruppe sie angehören möchte. Es kommt dafür sowohl die Gruppe des Vaters, als auch die der Mutter in Frage. Auf der Seite des Vaters besteht wieder die Wahlmöglichkeit zwischen der Gruppe des Großvaters oder der Großmutter, ebenso auf der Mutterseite, usw. – Tritt bei solchen ambilinearen, kognatischen Deszendenzgruppen noch ein Prinzip der Rangordnung der Mitglieder hinzu, etwa das Prinzip der Seniorität, so nennt man solch eine Deszendenzgruppe häufig auch *Ramage*. Das Wort „Ramage" wird übrigens auch von englischsprachigen Ethnologen zumeist nach den Ausspracheregeln der französischen Sprache ausgesprochen. – Ein Beispiel für eine Gesellschaft mit Ramages begegnet uns in Kapitel 5.

Eine Gesellschaft mit Deszendenzgruppen-Organisation und Rangordnungsprinzipien wird, bei hinreichender Bevölkerungsgröße und dem Hinzutreten weiterer Organisationsmerkmale (Besteuerung, arbeitsteilige Spezialisierung, Priestertum, etc.) heute auch als *Früher Staat* (early state) bezeichnet (siehe Claessen und Skalník 1978).

Nach dieser – zugegeben knappen – Darstellung sozialer Gruppierungen in nichtstaatlich organisierten Gesellschaften sollen nun die wichtigsten menschlichen Lebensräume oder *Biome* wenigstens im Ansatz beschrieben werden.

3. Die menschlichen Lebensräume (Biome)

Ökosysteme kann man nach einer Reihe von Kriterien – Klima, Bodenbeschaffenheit, Flora, Fauna – zu größeren Einheiten zusammenfassen. Solche großen Landschaftseinheiten oder Lebensräume nennt man *Biome*. Man unterscheidet unter den Biomen beispielsweise *tropische Regenwälder, Savannen, Steppen, Som-*

mergrüne Laubwälder (temperate deciduous forests), *nördliche, immergrüne Nadelwälder, Arktische Tundren, Ozeane* und *Wüsten* (siehe Czihak 1981; Campbell 1983; Tischler 1979). Die Ozeane werden uns im Rahmen dieses Buches nicht beschäftigen. Einige der wichtigsten Lebensräume des Menschen werden in folgender Tabelle einander gegenübergestellt (siehe Tabelle 1). Auch andere Einteilungen der Biome sind gebräuchlich. So kann z. B. der tropische Wald in zwei Biome mit *äquatorialem*, immerfeuchtem Klima und *tropisch-wechselfeuchtem* Klima untergliedert werden. Das äquatoriale Biom weist die typischen, immergrünen tropischen Regenwälder auf; jahreszeitliche Aspekte fehlen fast völlig. – Das tropisch-wechselfeuchte Biom besitzt dagegen den laubabwerfenden Monsunwald (siehe Czihak et al. 1981: 801). Tischler spricht von tropischen Regenwäldern und hydroperiodischen Tropenwäldern (Tischler 1979: 177 ff., 184). Wechselfeuchte (hydroperiodische) Tropenwälder begegnen uns in Südostasien unter Bezeichnungen wie „hill evergreen", „lower montane forest", u. a. Odum (1980: 614–50) unterscheidet folgende Hauptbiome: Tundra, nördliche Koniferenwaldbiome, feuchte temperierte Koniferenwaldbiome, temperierte Laubwaldbiome, immergrüne subtropische Laubwaldbiome, temperierte Graslandbiome, tropische Savannen, Wüsten, Hartlaubgehölz (Chaparral), Pinon-Wacholder-Waldland (Zwergkoniferen-Waldland), tropischer Regenwald, tropische Strauch- und Laubwaldbiome. Bei der Zuordnung einer Region zu einem Biom herrscht auch nicht immer Übereinstimmung zwischen den Autoren. Vermittels seiner Kultur und seiner Sozialorganisation interagiert der Mensch mit seiner natürlichen Umwelt und jedes Biom stellt ihm besondere Aufgaben, die es zu lösen gilt, will er überleben. Der Prozeß der längerfristigen Mensch-Umwelt Interaktion wird in der Literatur oft als „Anpassung" (engl. adaptation) bezeichnet. Aus Gründen, die später noch deutlicher werden (siehe Kapitel 6) wird in diesem Buch auf diese Sprachregelung verzichtet. Menschen in soziokulturellen Gruppen *interagieren* zwar mit der natürlichen Umwelt, das Produkt dieser Interaktion stellt aber keine *Anpassung* dar, wenn man den Sprachgebrauch der Biologie – von dort wurde dieses Wort übernommen – zugrundelegt. Der Biologe versteht unter „Anpassung" in der Regel ein Muster *artspezifischen* Verhaltens. Alle heute lebenden Menschen gehören zwar einer *Art* an *(Homo sapiens sapiens),* aber menschliche soziokulturelle Gruppen interagieren jeweils auf sehr ver-

Tabelle 1: Übersicht über einige wichtige menschliche Lebensräume (Biome)

Biom	Vorkommen	Niederschlagsmenge (mm/Jahr)	Temperatur (°C) (tägl. Maximum und Minimum)	Böden
Tropischer (äquatorialer) Regenwald	Zentralamerika Amazonas-Becken Westafrik. Küste Kongo-Becken Malaya Philippinen Nordost-Australien Neuguinea Pazif. Inseln	1270–12700 häufige Wolkenbrüche keine Trockenzeit	kaum jahreszeitl. Variation Max. 29–35 Min. 18–27 keine Kälteperiode	hauptsächlich Latosole (Roterde)
Tropische Savannen	Zentralamerika Orinoko-Becken Brasilien (südl. des Amazonas) Nördl. Zentralafrika Ostafrika Südl. Zentralafrika Madagaskar Indien Südost-Asien Nordaustralien	250–1900 Gewitter in warmer Jahreszeit kaum Regen in kühler Jahreszeit Lange Trockenzeit	beträchtliche jahreszeitliche Variation Max. 21–40 Min. 13–27 keine richtige Kälteperiode	variabel Podsole, Latosole

Biom	Vorkommen	Niederschlagsmenge (mm/Jahr)	Temperatur ($^{\circ}$C) (tägl. Maximum und Minimum)	Böden
Steppen der gemäßigten Zonen	Osteuropa bis Mandschurei nordam. Prärie ostargentin. Pampa	300–2000 Hauptregen im Frühjahr/Vorsommer Winterschnee	Winter: Max. −18−29 Min. −28−10 Sommer: Max. 24−38 Min. −1−15	Muttergestein: Löß Tschernosem (Schwarzerde) Kastanoseme
Sommergrüne Laubwälder (Silvaea)	östliches Nordamerika Westeuropa Ostasien	630–2300 gleichmäßig über das Jahr verteilt Trockenzeiten selten	Winter: Max. −12−21 Min. −29−7 Sommer: Max. 24−38 Min. 15−27	Braunerden Rote oder gelbe Waldböden, leicht podsolig
Boreale und montane Nadelwälder (Taiga)	nördliches Nordamerika Nordeuropa Nordasien	400–1000 gleichmäßig verteilt viel Schnee	Winter: Max. −37−−1 Min. −54−−9 Sommer: Max. 10−21 Min. 7−13	Podsole Moore Rohhumus-Bleicherden
Arktische Tundra	nördliches Nordamerika nördliches Eurasien	250–750	Winter: Max. −37−−7 Min. −57−−18 Sommer: Max. 2−15 Min. −1−7	Rohböden, felsig Moore Dauerfrost

nach Campbell (1983: 11); Czihak et al. (1981: 798–801).

schiedene Weise mit ihrer Umwelt. Man kann daher nicht sinnvoll von „kulturellen Anpassungen" an die Umwelt sprechen. Auch innerhalb eines bestimmten Bioms sind sehr viele Möglichkeiten der Mensch-Umwelt Interaktion gegeben, wofür unter anderem auch historische Faktoren verantwortlich sind.

Ein schönes Beispiel für diesen Sachverhalt gibt Roland Mischung (1980; 1984). Die Karen und Meo-Völker Nord-Thailands leben im immergrünen Primärwald vom Typ „lower montane forest". Die Karen, die zwischen dem späten 18. und dem späten 19. Jahrhundert einwanderten, wählten sich feste, abgegrenzte Territorien, in denen sie sich im Laufe der Zeit mit einem System der Sekundärwald-Rodung niederließen. Die mobilen Meo bevorzugen dagegen die Rodung von Primärwald. Die Karen, die das ausgeprägte Territorialprinzip schon mitbrachten, halten an der Sekundärwald-Rodung fest, obwohl dieses System im Vergleich mit der Primärwald-Rodung der Meo höhere Arbeitsleistung erfordert und schlechtere Erträge bringt. Der Grund dafür ist der Zusammenhang des Anbau-Systems der Karen mit anderen Aspekten ihrer Kultur. – Ich komme darauf weiter unten (siehe S. 118 ff.) nochmals zurück.

Nun sollen einige Grundformen der Interaktion zwischen Mensch und natürlicher Umwelt skizziert werden: Wildbeutertum, Nomadismus, Bodenbau und agro-industrielle Landwirtschaft. Jede dieser Grundformen wird mit einer Fallskizze illustriert.

4. Wildbeutertum (Bsp. Shoshone, Nordamerika), Hirtennomaden (Bsp. Nördliche Tungusen), Bodenbau (Bsp. Burdji Süd-Äthiopiens) und agro-industrielle Landwirtschaft (Agri-Business)

Wildbeuter

Wildbeuter erwerben das zum Leben Notwendige durch Sammeln, Jagen und Fischen. Sie sind also auf die Nutzung wild vorkommender Pflanzen und Tiere spezialisiert.

Die Wildbeuterei ist die älteste und bislang erfolgreichste Form der Subsistenzökonomie. In einem 1968 erschienenen Aufsatz schätzen Richard B. Lee und Irven DeVore, daß der Mensch 99 % seiner Zeit auf Erden Wildbeuter war, wenn man davon ausgeht, daß menschliche oder menschenähnliche Lebewesen seit etwa zwei Millionen Jahren existieren. Geht man weiterhin davon aus, daß bereits ca. 80 Milliarden Menschen lebten, dann waren davon 90 % Wildbeuter, 6 % Pflanzer und unter den restlichen 4 % wären wir Angehörige der Industriegesellschaften zu finden (siehe Lee und DeVore 1968: 3).

Nur noch ganz wenige der heute lebenden Völker verfügen über eine wildbeuterische Gesellschaftsordnung und täglich schwindet die Möglichkeit, ihre einzigartige Lebensweise zu untersuchen, da sie starkem Druck zur Akkulturation ausgesetzt sind.

Da rezente Wildbeuter in extremen Habitats und Randgebieten leben oder lebten − tropische Urwälder, Wüsten, die Arktis − können ihre Lebensverhältnisse nur mit großen Einschränkungen als repräsentativ für die Wirtschafts- und Gesellschaftsordnungen des Menschen der entfernten Vergangenheit, etwa der Altsteinzeit, angesehen werden (siehe Ember 1978).

Habitat und Klima bestimmen die Art und Weise der Nahrungsbeschaffung des Wildbeuters. Das heißt aber nicht, daß Wildbeuter nicht mitunter sehr selektiv in bezug auf die natürlichen Ressourcen sein können. Im Gegenteil − die wildbeuterische Lebensweise war alles andere als ein Dasein am Rande des Existenzminimums (siehe Sahlins 1968 a; 1972: 1−39).

In arktischen Habitats, z. B. bei den Eskimo-Völkern, ist fast ausschließlich der Mann der Beschaffer von Nahrungsmitteln und die Frau stellt die äußerst durchdachte und dem Klima angemessene Kleidung her, ohne die der Mann nicht jagen könnte. Männer jagen Rentiere im Inland, an der Küste fischen sie und jagen Wale und Seehunde. Bei den !Kung San-Buschleuten der Kalahari-Wüste (Botswana) dagegen sind 60−80 % der gesamten Nahrungsmittel (bezogen auf das Gewicht) pflanzlicher Herkunft und etwa die Hälfte davon besteht aus stark eiweißhaltigen Mongongo-Nüssen *(Ricinodendron rautanenii)*. Mongongo-Nüsse, Früchte, Wurzeln, Eier und Insekten werden von den Frauen gesammelt, die Männer erjagen kleine und mittelgroße Tiere. Insgesamt stammen 33 % der Nahrungskalorien aus Fleisch, 67 % dagegen aus pflanzlicher Kost (siehe Lee 1968; 1969). Dennoch haben statistische Untersuchungen über Wildbeuter ergeben, daß in solchen Gesellschaften in der Regel die Männer diejenigen sind, die mehr zur Subsistenz beitragen, wenn man die Nahrungsbeschaffung betrachtet (siehe Ember 1978). Männer sind auch stets die Jäger, Frauen die Sammler. Ausnahmen kann es gelegentlich einmal geben, etwa wenn zu wenig Männer in der Gruppe sind, aber sie bestätigen eben die gesellschaftlich anerkannten Regeln der geschlechtlichen Arbeitsteilung. Unter den dafür verantwortlichen Faktoren wäre wohl an erster Stelle die Fürsorge für die Kleinkinder und die Schwangerschaft zu nennen, die beide die Beweglichkeit der Frau stark einschränken. Der Jäger muß aber in hohem Maße beweglich sein (siehe Friedl 1982).

Wildbeutervölker besitzen sehr unterschiedliche Formen der sozialen Organisation. Bei rezenten Wildbeutern überwiegen Gesellschaften vom *Hordentyp*. Die größten Gruppen solcher Horden bestehen aus einer Reihe von zumeist patrilokalen Kern- und erweiterten Familien (siehe Ember 1978), die keinen beständigen politischen Führer kennen. Die Bevölkerungszahl ist gering im Vergleich zu Bodenbauern oder Hirtennomaden. Die Arbeitsteilung erfolgt meist nach Geschlecht und Alter; außer dem *Schamanen* als rituellem Spezialisten gibt es keine weiteren handwerklichen oder sonstigen Spezialisten. Wildbeuter sind in der Regel nicht seßhaft. Sie verlegen ihre Lager auf der Suche nach Nahrung; oft geschieht dies in wohldefinierten, jahreszeitlich bedingten Rhythmen. Andererseits gibt es auch Gesellschaften mit ausgeprägter sozialer Rangordnung, institutionalisiertem Häuptlingstum und komplexem Zeremonialwesen, die über eine wildbeuterische Wirtschaftsweise verfügen. Dies gilt beispielsweise für die Indianerkulturen der nordamerikanischen *Nordwestküste (Nootka, Kwakiutl, Bella Coola, Haida, Tsimshian, Tlingit)*. Die nördlichsten dieser Gesellschaften *(Haida, Tsimshian, Tlingit)* besaßen sogar matrilineare Deszendenzgruppen (siehe Suttles 1968; Riches 1979). Von einem Autor wurde die Vermutung geäußert, daß diese Indianer der Nordwestküste eher ein Beispiel für die mutmaßliche Sozialordnung prähistorischer Wildbeuter sein könnten, als Wildbeuter vom Hordentypus (siehe King 1978).

Wildbeuter zeigen mitunter stark ausgeprägtes territoriales Besitzdenken. Bei den Timiskaming-Indianern, einem Zweig der Algonkin-Gruppe der Ojibwa, schlossen sich mehrere Familien zu Horden zusammen. Jede Horde erhob Anspruch auf ein bestimmtes Jagd-Territorium, dessen Grenzen durch Flüsse, Seen oder Bäume fest markiert waren. Hordenfremden war die Jagd in diesen Territorien untersagt, doch konnte die Erlaubnis dazu erteilt werden, unter der Voraussetzung der Gewährung reziproker Jagdrechte in den Territorien des Bittstellers. Wurde die Erlaubnis nicht erteilt, dann konnte der fremde Jäger getötet werden, falls man seiner habhaft wurde.

Ein entscheidender Faktor für die Herausbildung des Territorialdenkens bei diesen Gruppen scheint die Pelztierjagd gewesen zu sein (siehe Speck 1915), also eine Gegebenheit, die sich erst durch den Kontakt mit Europäern ergab.

Die lockere Form der sozialen Organisation und die Abhängigkeit vom Pelztierhandel bei Völkern wie den Timiskaming führten Elman Service (1962) zu der Annahme, solche Verhältnisse seien Verfallserscheinungen aufgrund des Europäerkontaktes. Julian H. Steward zufolge (1955) war die Entstehung solcher „composite bands" und „family hunting bands" dagegen die Folge der Anpassung an sehr knappe natürliche Ressourcen. Patrilineare, patrilokale Horden seien nicht flexibel genug gewesen, um sich in kargen Habitats zu bewähren. B. J. Williams (1974) dagegen widerspricht Steward und möchte nachweisen, daß die patrilineare, patrilokale und exogame Horde im Gegenteil eine sehr flexible Form der Sozialorganisation ist, die sich vielen verschiedenartigen Umweltbedingungen anzupassen vermag. Die große Mehrzahl altsteinzeitlicher Bevölkerungsgruppen war Williams zufolge auf diese Weise organisiert.

Diese kurzen Ausführungen mögen verdeutlichen, daß das Problem der sozialen Organisation der Wildbeuter auch heute noch kontrovers diskutiert wird (s. a. Lee und DeVore 1968 (Hrsg.)). Auf jeden Fall wird man gut daran tun, den Einfluß von Umweltfaktoren auf die Sozialorganisation und die Siedlungsweise von Wildbeutern nicht zu überschätzen. Woodburn (1972) konnte beispielsweise zeigen, daß die Hadza – Wildbeuter in Nord-Tansania – bei der Verlegung ihrer Lager nicht allein den Zugang zu Nahrung und Wasser bedenken. Soziale Spannungen, Todesfälle, Todgeburten, Furcht vor Krankheit, Befall durch Insekten und anderes Ungeziefer sind ebenfalls Faktoren, die man in Rechnung stellt. Lager werden daher auch dann verlegt, wenn es in ihrer Umgebung noch reichlich Nahrungsmittel zu erbeuten gäbe.

Das nun folgende Beispiel stellt mit den *Shoshone* eine Wildbeutergesellschaft Nordamerikas vor. Diese und die folgenden Fallskizzen bedienen sich der Form des sogenannten „ethnographischen Präsens". Die Darstellung bezieht sich dabei auf die Kultur und Gesellschaft eines Volkes, so wie sie uns in den Quellen überliefert werden, auch wenn das Volk selber oder seine Kultur und Gesellschaft heute nicht mehr existieren.

Die Shoshone

Zwischen der Sierra Nevada und den Rocky Mountains, hauptsächlich auf dem Gebiet Nevadas und des westlichen Utah, liegt die Region des Großen Beckens (Great Basin). Vor der Einführung des Pferdes wurde dieses Gebiet vorwiegend von wildbeuterischen Gruppen der Shoshone-Sprachfamilie bewohnt. Teile der Indianervölker des Großen Beckens wurden im 19. Jahrhundert zu Reitervölkern und Bisonjägern, andere setzten ihre wildbeuterische Lebensweise fort.

Das Große Becken ist eine Trockensteppenlandschaft, Büschelgras und *sagebrush* bestimmen das Bild. Im Süden geht diese Landschaft in eine Halbwüste über, in der Kakteen und Yuccas wachsen. „Nur die höheren Lagen der meridional streichenden Bergketten des Großen Beckens und die Gebirgssysteme der Plateaus tragen dichteren Waldbewuchs (Gelbkiefer, Pinyon, Douglasie, Fichten)" (Lindig 1978: 81).

Die Wanderungen der Wildbeuter werden von den saisonalen Schwankungen im Vorkommen der natürlichen Ressourcen bedingt. Man ernährt sich von Insekten, Grassamen, Wurzeln, Beeren und Pinyon-Nüssen; im Herbst findet auch die Hasen- und Antilopenjagd statt. Während des Frühjahrs und Sommers sammeln vereinzelte Familien – zu denen sich auch andere Verwandte gesellen können – Grassamen, Wurzeln, kleinere Nagetiere und Heuschrecken, aber im Winter bilden bis zu 30 Familien größere Verbände. Sie leben dann von den gesammelten Vorräten an Pinyon-Nüssen. Die Jagd auf Hasen und Antilopen wird von zu größeren Verbänden zusammengeschlossenen Familien unter der Leitung eines Schamanen durchgeführt, ansonsten gibt es keine überfamiliäre politische Führung. Es gibt auch keine festgelegten Wanderwege, da die einzelnen Ressourcen in ihrem Vorkommen zu wenig vorhersagbar sind. Daher gibt es bei den Shoshone – im Gegensatz zu den meisten anderen rezenten Wildbeutern – keine Rechtsansprüche der einzelnen Familien oder Familiengruppen auf bestimmte Gebiete.

Die zur Interaktion mit der natürlichen Umwelt notwendige materielle Kultur besteht u. a. aus Pfeil und Bogen, Speeren, Grabstöcken zum Ausgraben von Wurzeln, Wurfstöcken zum Erlegen von Kleintieren und Körben zum Transport von Früchten. Grassamen und Pinyon-Nüsse werden in Häuten eingelagert und transportiert. Die Hasenjagd im Herbst wird mit langen Netzen zum Einfangen der Tiere ausgeübt. Mit Handwalzen mahlt man auf Steinplatten Grassamen und Nüsse zu Mehl. Heuschrecken werden zu Brei zerrieben; Beeren trocknet man. In Erdkammern wird die konservierte Nahrung während des Winters eingelagert. Körbe werden wasserdicht verpicht und mit heißen Steinen kocht man darin das Wasser, um die Nahrung zuzubereiten. Als Kleidung dienen im Sommer Mokkasins und Lendentücher, im Winter Mäntel aus Hasenfellen. Das kultische Leben ist durch Ritualarmut gekennzeichnet. Das maßgebliche ethnographische Werk über die Shoshone stammt von Julian H. Steward (1938). Siehe auch die Kapitel 6, 7 und 8 seines Buches *Theory of Culture Change* (1955). Kurze Zusammenfassungen findet man bei Lindig (1978: Kap. 5) und Service (1979: 83—85).

Hirtennomaden

Das Wort „Nomaden" wird oft verwendet, um Völker mit nicht-seßhafter Lebensweise zu kennzeichnen, also auch Wildbeuter. In diesem Buch werden aber nur die „eigentlichen" Nomaden so bezeichnet, nämlich die nun zu beschreibenden Hirtenvölker. Die Unterschiede in der Lebensweise zwischen Wildbeutern und Hirtennomaden sind zu zahlreich, als daß man sie unter einen gemeinsamen Terminus wie „Nomaden" gruppieren sollte.
Der Hirten-Nomadismus ist eine Lebensweise, die auf der Haltung von Tierherden beruht. Er ist auf altweltliche Regionen mit geringer Niederschlagsmenge begrenzt, in denen der Bodenbau ohne künstliche Bewässerung schwierig ist. Man findet ihn daher in den Steppen-, Gras- und Tundrenlandschaften Nord- und Ostafrikas, Nord- und Zentralasiens und Nordeuropas. Zuchttiere sind häufig Rind, Ziege und Kamel. Rentiere werden nicht immer *gezüchtet*, d. h. der Mensch beeinflußt nicht in jedem Falle das Fortpflanzungs- und Migrationsverhalten der Tiere.[1]
Nomaden sind nicht-seßhaft; sie folgen beispielsweise ihren nicht-domestizierten Herden auf deren jahreszeitlich bedingten Wanderungen, so wie es die nordeuropäischen *Lappen* teilweise noch

---

1 Die eigentliche Tier*zucht* oder *Domestikation* hat genetische Veränderungen bei der betreffenden Art als Ergebnis der Nutzung durch den Menschen zur Folge (siehe Bronson 1975).

heute zu tun gewohnt sind, soweit man ihnen ihre Lebensräume läßt. Unter „Transhumanz" versteht man dagegen den saisonal bedingten Ortswechsel von Herden *domestizierter* Tiere und ihren Besitzern, etwa zwischen geschützten Tälern im Winter und den Weideplätzen in den Bergen während des Sommers. Dabei bleibt ein Teil der Bevölkerung in festen Siedlungsplätzen zurück und widmet sich anderen produktiven Tätigkeiten, etwa dem Bodenbau. Diese Form der arbeitsteiligen Spezialisierung war und ist im gesamten eurasischen Raum beheimatet, also von Skandinavien und den britischen Inseln über die Pyrenäen, die Alpen, den Balkan, den Kaukasus, das Hochland von Persien bis nach Tibet (siehe Krader 1955 a: 302).

Hirtennomaden verwenden die Milch ihrer Tiere. Das Melken kann als Methode betrachtet werden, die dazu dient, Nahrung in Form von Fett und Eiweiß vom Tier zu gewinnen, ohne daß das Tier dabei getötet werden muß. In diesem Punkt besteht ein großer Unterschied in der Einstellung zum Tier bei jägerischen Wildbeutern und Hirtennomaden. Die Masai der Savannen Kenias und Tanzanias melken ihre Rinder nicht nur, sie entnehmen ihnen auch Blut an der äußeren Halsvene. Die Tiere werden nur zu besonderen festlichen und rituellen Anlässen getötet. Herdentiere sind nicht nur eine ökonomisch nützliche Ressource, sie sind auch stolzer Besitz des Hirten; aus der Verfügung über sie erwächst ihm nicht nur Nutzen, sondern auch Prestige. Das bedeutet, daß die soziale Organisation von Hirtennomaden im allgemeinen komplexer ist, als etwa bei rezenten Wildbeutern. Die soziale Differenzierung bei Nomaden äußert sich beispielsweise in handwerklichem Spezialistentum, Rangdifferenzierung, individuellem Besitz und institutionalisiertem Häuptlingstum. Die Kasaken und Kalmücken waren bis ins 20. Jahrhundert hinein in Aristokraten und gemeines Volk unterteilt. Die Kalmücken besaßen außerdem eine wohlorganisierte Priesterschaft und sogar städtische Zentren mit erheblicher Bevölkerungskonzentration (siehe Krader 1955: 323). Vielfach spielt bei Hirtennomaden auch der Handel eine wichtige Rolle. Falls sie nicht selber den Bodenbau betreiben, unterhalten sie oft enge Beziehungen zu anderen Völkern, die Bodenbau betreiben, um mit ihnen tierische gegen pflanzliche Produkte auszutauschen.

Im rituellen Leben spielen Feste eine große Rolle, die für das Wohl von Menschen und insbesondere Tieren unerläßlich sind,

Abb. 1 Gabbra im kenianisch-äthiopischen Grenzland beim
Beladen der Kamele zum Weiterziehen
(Foto: Günther Schlee)

beispielsweise bei den Gabbra (siehe Abb. 1), einem Volk von Kamelnomaden in Nord-Kenia (siehe Schlee 1984).

Sofern sie sich innerhalb staatlicher Grenzen und nicht im zwischenstaatlichen Niemandsland befanden, wurden Nomaden stets von den Trägern der Staatsmacht als Bedrohung empfunden, da man sie nur schwer kontrollieren konnte. Auch die Regierungen der heutigen afrikanischen Staaten machen darin keine Ausnahme. Früher wie heute versuchte man, die Nomaden seßhaft zu machen. Dabei gleichen sich die Argumente: nomadisierende Lebensweise, heißt es, führe zu Bodenerosion und Umweltschäden durch Überweidung. So argumentierte z. B. bereits die britische Kolonialverwaltung in Kenia. Schlee (1984 a: 152) weist demgegenüber darauf hin, daß auf Fotos von damals und heute keine Unterschiede in Art und Dichte der Vegetation erkennbar sind. „Damals wie heute aber waren Nomaden als angebliche ökologische Schadfaktoren ein geeigneter Sündenbock für das Versagen der Politik" (ebd.). Andere Autoren sehen dagegen die Rolle der Nomaden nicht so positiv und glauben durchaus, von Hirtennomaden verursachte Umweltschäden nachweisen zu können (siehe Campell 1983: 138—45). Bestimmte Formen der auf der *Schafzucht* beruhenden *Transhumanz* können jedenfalls durchaus nachteilige Folgen für die Umwelt haben. So wurde seit dem 13. Jahrhundert in Spanien die *interregionale Wanderschafhaltung* geübt, wobei schließlich gut ausgebaute Weidestraßen von bis zu 75 Metern Breite und bis 830 Kilometern Länge Kastilien durchzogen, auf denen die Schafe einflußreicher Großzüchter im Norden des Landes (z. B. große Klöster) auf die großen Winterweidegebiete im Süden getrieben wurden. Als Folgen dieser Wirtschaftsform stellten sich Entwaldung, Verödung und Entvölkerung großer Landstriche ein (siehe Zöbl 1985).

Natürlich kann man diese interregionale Wanderschafhaltung, bei der die Geldwirtschaft schließlich bis in die entlegendsten Gebiete des Landes Einzug hielt, nicht mit dem Kamelnomadismus der Gabbra gleichsetzen. Worte wie ‚Hirtennomadismus' oder ‚Transhumanz' beziehen sich eben auf teilweise sehr unterschiedliche Wirtschaftsformen, so daß vor Verallgemeinerungen bezüglich der Umweltfolgen einer bestimmten Wirtschaftsform gewarnt werden muß. Dies gilt sinngemäß natürlich auch für ‚Wildbeutertum' und ‚Bodenbau'.

Die Wechselwirkung von Produktion, Verwandtschaft und natürlicher Umwelt wird in jüngster Zeit am Beispiel nilotischer Rindernomaden wie den Nuer (siehe Newcomer 1972; Southall 1976; Verdon 1982) und nordafrikanischer Kamelnomaden (siehe Bonte 1979) intensiv erörtert. So lebten beispielsweise die *Rgey-bat* in denjenigen Teilen der westlichen Sahara, wo der Regenfall für den Anbau von Gerste günstige Voraussetzungen schuf. Vor dem 19. Jahrhundert betrieben die Rgeybat sowohl Bodenbau, als auch „small stock pastoralism". Erst im 19. Jahrhundert wandten sie sich dem Kamelnomadismus zu und erschlossen sich jene „desert pasturages", die für die Kamelzucht günstig sind. Dabei wandelte sich auch ihr Sozialsystem um: so bildeten sich umfassende patrilineare Genealogien heraus, in die auch Fremde einbezogen wurden. Bonte zufolge wandelte sich das Sozialsystem als Folge technologischer Veränderungen („a dominant and sometimes exclusive reliance on camel husbandry"), *neuer Umweltbedingungen* (die Erschließung großer Weideflächen mit nur schwer vorhersehbarem Niederschlag) die erhöhte Mobilität erforderten und neuer politischer Verhältnisse (Aufnahme von Stammesfremden, Entwicklung eines Klientel-Systems, Sklaverei). „No one of these factors, however, is the determining one just as all of them taken together cannot explain the development of their segmentary lineage organization" (Bonte 1979: 225).

Das folgende Beispiel stellt mit den Tungusen Hirtennomaden in einem extremen Habitat vor.

Nördliche Tungusen

Vom nördlichen Skandinavien durch die baumlose Tundra bis zur Tschuktschen-Halbinsel am Bering-Meer erstreckt sich das Gebiet der Rentier-Nomaden. Tungusischsprachige Völker und Rentierzüchter leben in einem weiten Gebiet Nordostasiens. Die südlichen Tungusen der Mandschurei und äußeren Mongolei betreiben den Bodenbau und züchten Rinder und Pferde. Die nördlichen Tungusen sind dagegen Jäger und Rentier-Nomaden. Man findet sie über das riesige Gebiet vom Jenissei bis zur Halbinsel Kamtschatka verteilt. Sie selber nennen sich nicht Tungusen, dieser Name wurde ihnen von den Yakuten gegeben und von russischen Siedlern übernommen. „Tungusen" ist heute ein wissenschaftlicher Terminus technicus für die gesamte Gruppe tungusischsprachiger Völker.

Die nördlichen Tungusen betreiben Transhumanz: Im Winter ziehen sie mit ihren Herden in die Taiga-Wälder und im Sommer auf die Weideplätze in der nördlichen, baumlosen Tundra. Anders als bei den Lappen sind die Rentiere der Tungusen Zuchttiere. Sie werden normalerweise nicht geschlachtet. Man verwendet ihre Milch und benutzt sie als Reit- und Packtiere. Nur zu zeremoniellen Anlässen und im Falle großen Hungers werden Tiere geschlachtet. Fleisch zum Verzehr und Häute zum Tausch gegen Gewehre und Tabak werden durch Jagd auf Rotwild, Elch, Bär und Wolf gewonnen. Pelztieren, Fuchs und Eichhörnchen stellt man mit Fallen nach.

Die kooperative Grundeinheit der Tungusen-Gesellschaft ist die Kernfamilie, die durch Verwandte erweitert werden kann. Arbeitsteilung erfolgt nach Geschlecht und Alter. Zu den Aufgaben der Männer gehört u. a. die Jagd, die Herstellung der meisten Gerätschaften, das Beladen der Packtiere, das Schlagen von Feuerholz, etc. Frauen melken die Rentiere, stellen Kleider und Zeltbedeckungen her, bereiten die Nahrung zu und versorgen die Kinder. Diese Regeln werden aber nicht strikt eingehalten, denn Männer helfen den Frauen auch bei deren Arbeiten, und umgekehrt.

Während des Winters, also gut drei Viertel des Jahres, ziehen kleinere Gruppen von zwei bis drei Familien mit ihren Zelten und Rentieren auf der Suche nach Nahrung umher, doch im Sommerlager finden sich mehrere zu patrilinearen Clanen gehörige Familien zusammen und wohnen in größeren Hütten aus Birkenrinde. Die Clane sind exogam. Einen Clanhäuptling gibt es nicht; Entscheidungen werden von den Haushaltsvorständen in gemeinsamen Beratungen getroffen. Eine der wichtigsten Entscheidungen ist die Neuverteilung der Rentiere auf die einzelnen zum Clan gehörenden Haushalte während des Sommers. Dies ist notwendig, da die Größe der Herden schwankt, denn viele Tiere fallen stets Krankheiten zum Opfer oder werden während des Winters von Wölfen gerissen.

Die einzelnen Clane besitzen angestammte Plätze für das Sommerlager und die verschiedenen Familien folgen bestimmten, bevorzugten Wegen auf ihren saisonalen Wanderungen. Kreuzvetternheirat zwischen einem Mann und der Tochter des Onkels mütterlicherseits gilt als bevorzugte Heiratsform, auch wegen der daraus resultierenden Kooperation der betroffenen Clane. Solche durch Heiratsbeziehungen verbundenen Clane können größere soziale Einheiten bilden, sogenannte *Stämme*. Der *Schamane* ist der Mittler zur jenseitigen Welt; er besitzt besondere Kenntnisse von den Geistern, von denen er besessen wird und die durch ihn ihren Willen kundtun. Er kann die Geister aber auch beherrschen. Die Kulthandlungen des Schamanen kulminieren in der *Jenseitsreise* während eines Trancezustandes. – Sowohl Männer, als auch Frauen können Schamanen werden.

Rentiere liefern den Tungusen Dinge, die ihnen in der harten Umwelt des nordöstlichen Sibirien das Überleben erleichtern, wenn nicht sogar ermöglichen: Eiweiß und Fett in Form von Milch, Häute für die Kleidung und die Möglichkeit zur Fortbewegung und zum Transport von Gegenständen. Man kann die Rentierzucht der Tungusen daher als eine Überlebens-Strategie in der Auseinandersetzung mit einer schwierigen natürlichen Umwelt betrachten (siehe Campbell 1983: 92).

Ethnographische Quellen zu Kultur und Gesellschaft der Tungusen sind Bogoras (1930), Jochelson (1928), Shirokogoroff (1933). Eine ethnographische Skizze findet sich bei Service (1978: 113–131). Umfangreiche Untersuchungen zur Geschichte der Hirtenkulturen stammen von Vajda (1968).

Der Bodenbau

In der Zeit von etwa 8500–6500 v. Chr. setzte im Vorderen Orient (Zagros-Gebirge und Palästina) der Übergang vom Wildbeutertum zum Anbau von Nahrungspflanzen ein (siehe Redman 1978: 2 ff.). Später ging man auch in anderen, weit entfernt gelegenen Regionen dazu über, Nahrungspflanzen anzubauen, z. B. in Mittelamerika und Peru. Man bezeichnete diesen Übergang von der aneignenden zur produzierenden Wirtschaftsweise früher oft als „neolithische Revolution" (siehe Childe 1936) und auch heute begegnet man diesem Terminus gelegentlich, obwohl sich die Anschauung durchgesetzt hat, daß wir es weniger mit einem revolutionären Geschehen, als mit einem allmählichen, viele Generationen dauernden Übergang zu tun haben. Offenbar ist eine der Ursachen für diesen Wandel in einem weltweiten Anstieg der altsteinzeitlichen Bevölkerung zu suchen, wie ein Autor überzeugend behauptet (siehe Cohen 1975; 1977). Die verfügbare Landfläche hätte demnach nicht mehr ausgereicht, Wildbeuter zu ernähren, die zur Aufrechterhaltung ihrer Lebensweise auf viel Land angewiesen waren.

Man unterscheidet *extensive* und *intensive* Formen des Anbaus von Nahrungspflanzen. Extensive Formen begegnen uns beispielsweise in den Spielarten der sogenannten Landwechselwirtschaft (shifting cultivation, siehe Kapitel 4). Dabei wird ein Stück des Waldes gerodet und niedergebrannt; die Asche düngt den Boden. Man pflanzt Nahrungspflanzen an und wenn der Ertrag — aus welchen Gründen auch immer — zurückgeht, rodet man ein neues Waldstück und läßt den Wald auf dem alten Feld wieder nachwachsen. Sehr oft kehrt man nach Jahren wieder zu dem ersten Feld zurück. Diese Form wird „extensiv" genannt, weil der Pflanzer im Vergleich zu intensiveren Formen des Bodenbaus relativ viel Land benötigt. Landwechselwirtschaft ist noch heute in den Wäldern der wechselfeuchten Tropen Festland-Südostasiens und Indiens sowie in den tropischen Regenwäldern der pazifischen Inseln und in Afrika weit verbreitet.

Nähern wir uns dem Verständnis des intensiven Bodenbaus durch einen Definitionsversuch von H. C. Brookfield:

"Strictly defined, intensification of production describes the addition of inputs ... In regard to land, or any natural resource complex, intensification must be measured by inputs only of capital, labour and skills against constant land ... to gain more production from a given area, use it more frequently, and hence make possible a greater concentration of production" (Brookfield 1972: 31).

Anstatt also Arbeit zu verrichten, um das Feld zu verlegen, wie bei den extensiven Formen des Bodenbaus, wird hier Arbeit verrichtet, damit das Feld *nicht* verlegt werden muß — vielleicht weil es aufgrund einer Landknappheit gar nicht verlegt werden kann. Die Produktion von Nahrungsmitteln auf demselben Stück Land wird also intensiviert, etwa durch Maßnahmen zur Düngung oder Lockerung des Bodens. *Terrassierung*, wie im Falle des Anbaus von Naßreis in künstlich bewässerten Feldern auf Bali oder den Philippinen, ist eine der arbeitsintensivsten Strategien zur Förderung der Produktion auf einem umgrenzten Areal. Spencer und Hale (1961) unterscheiden im weltweiten Vergleich 10 verschiedene Typen von landwirtschaftlichen Terrassen. Terrassierung ist nicht auf bestimmte tropische Regionen beschränkt, man begegnet ihr auch in trockenen Gebieten, etwa der Wüste Negev.

So verschieden Terrassen im Einzelfall auch sein können, in einem sind sie sich gleich:

"The placement of any kind of obstruction laterally across a slope will induce accumulation of mineral and organic material

52

behind it, resulting in a flattening of a portion of the slope" (Spencer und Hale 1961: 3).

Die Terrassierung von Berghängen schafft also dort Anbauflächen, wo flaches Land nicht in genügendem Maße zur Verfügung steht, um die Bevölkerung zu ernähren.

In den Tropen betreibt man den Anbau oft mit Hilfe eines *Grabstockes* oder auch *Pflanzstockes*, mit dem das Erdreich gelockert wird, um den Setzling – etwa eine Knollenfrucht wie Taro *(Colocasia)* einzugraben. Auch *Hacken* können zur Lockerung des Bodens benutzt werden. Diese Anbauweise nennt man im Englischen „horticulture" oder „gardening", im Deutschen „Gartenbau" oder auch „Hackbau". Von „horticulture" oder „gardening" spricht man vorzugsweise dann, wenn man sich auf Systeme der Bodenbearbeitung mit einfachen *Handgeräten* wie Hacke und Grabstock bezieht. Sonst spricht man eher von „agriculture" und meint damit jene Anbauweise, die sich des Pfluges oder anderer komplexer Geräte bedient. „Agriculture" wird aber auch als genereller Begriff zur Bezeichnung des Bodenbaus verwendet.

Von all den bislang genannten Anbauweisen, auch von den Intensivierungsmaßnahmen, ist der mit dem Pflug betriebene *Ackerbau* zur Erzeugung von Zerealien wohl zu unterscheiden. Dieser Ackerbau ist mit den altweltlichen Hochkulturen geschichtlich verbunden und setzt bereits einen hohen Grad der gesellschaftlichen Arbeitsteilung voraus. Der Bauer, als Spezialist in der Produktion von Nahrungsmitteln, erzeugt die Nahrung für denjenigen Teil der Bevölkerung, der seine Beschäftigung in Verwaltung, Kultus, Handwerk oder im militärischen Bereich findet und seine Nahrungsmittel nicht mehr selber herstellt. Der Ackerbau ist insofern *extensiv*, als eine kleine Gruppe der Bevölkerung es vermag, mit Hilfe des Pfluges weite Flächen urbar zu machen. Daher sollte der altweltliche Ackerbau nicht als Fortsetzung der agrarischen Intensivierungsmaßnahmen angesehen werden, über die auch nicht-staatlich organisierte Völker verfügen (siehe Straube 1967). – Wenn man die Maßnahmen zur Düngung und die zusätzliche Arbeitsenergie betrachtet, die durch den Einsatz des Zugviehs in den Ackerbau investiert werden, dann kann man ihn wiederum als intensive Form des Bodenbaus betrachten.

Übrigens ist Pflugbau nicht immer zugleich auch Ackerbau. So wird beispielsweise in Südostasien der *Reisanbau* auf Bewässerungsterrassen zwar häufig mit Hilfe des Pfluges betrieben, aber bei politisch relativ undifferenzierten Gruppen ist er dennoch

Bestandteil der Subsistenzwirtschaft. Pflugbau kann also auch mit Subsistenzwirtschaft einhergehen und muß nicht mit dem Ackerbau der hocharbeitsteiligen altweltlichen Hochkulturen verbunden sein.

Völker, die den Bodenbau betreiben, haben ein anderes Verhältnis zum Land, als Wildbeuter. Der Gartenbau in seinen extensiven und intensiven Formen und der Ackerbau sind mit der *Investition von Arbeit* in ein Stück Land verbunden, um auf diese Weise die Nahrung zu *produzieren*. Wildbeuter investieren Arbeit dagegen nicht eigentlich in das Land selber, sondern in die Beschaffung der auf diesem Land bereits vorhandenen Ressourcen, die das Land bereits quasi „produziert" hat. Daher sind die Vorstellungen von Land als *Gruppen*besitz – gelegentlich sogar als Individualbesitz – bei Anbau betreibenden Völkern, im Gegensatz zu Wildbeutern, sehr ausgeprägt. Folglich finden wir auch bei ersteren häufig korporative, patri- oder matrilineare Deszendenzgruppen vor, die die Ansprüche ihrer Mitglieder auf den Zugang zum Land der Gruppe regeln.

Anhand des folgenden, von Helmut Straube (1967; und Vorlesungs-Mitschriften) mitgeteilten Beispiels läßt sich sehr anschaulich der Zusammenhang zwischen Landschaftsform, Siedlungsweise, Bodennutzung und Besitzrecht darstellen.

Die Burdji Süd-Äthiopiens

Die Landwirtschaft vieler Völker Nordost- und Ostafrikas und des Sudan wird durch eine Reihe von Maßnahmen bestimmt, die Straube den „Agrarischen Intensivierungskomplex" nennt. Diese Maßnahmen zielen ab auf die Schaffung kulturfähiger Flächen, die Bodenkonservierung und Verbesserung der Bodenstruktur, die Regelung des Wasserhaushaltes, die Erhaltung und Steigerung der Nährstoffreserven, den Pflanzenschutz und die Verbesserung der landwirtschaftlichen Produktivität. Dieser „Intensivierungskomplex" läßt sich u. a. für die *Burdji* Süd-Äthiopiens nachweisen, die in geschlossenen, auf Hügelrücken gelegenen, ummauerten Dörfern leben. Ein solches Dorf ist in Dorfquartiere und diese wiederum in Dorfbezirke unterteilt. Quartiere und Bezirke sind korporative Einheiten, die über kommunale Einrichtungen, wie Versammlungs- und Dreschplätze, verfügen. Die Mitglieder sind zugleich Angehörige verschiedener Clane. Das Amt des Quartier- oder Bezirksvorstehers ist erblich. Die Vorstände sind für die Durchführung von Gemeinschaftsaufgaben verantwortlich; allerdings wird erwartet, daß sie ihre Entscheidungen in Übereinstimmung mit dem Willen der Einwohner treffen.

Im Dorf selber werden Kohl, Kürbis, Mais, Gerste und Tabak in Gärten und auf kleineren Feldstücken angebaut. Um das Dorf herum gruppieren sich ringförmig drei Wirtschaftszonen. Die erste, dorfnahe Anbauzone trägt Gerste als Hauptfrucht, sowie Hirse und Hülsenfrüchte als Nebenfrüchte. Die Düngung erfolgt durch Fäkalien aus den Dorfaborten und Dung aus den Viehverschlägen der Hütten. – Der zweite, mittlere und tiefer-liegende Anbauring trägt als Hauptfrucht Weizen und wiederum Hirse und Hülsenfrüchte als Nebenfrüchte. In der Weizenzone liegen auch ummauerte Viehgehöfte für die Masse des Groß-viehs, das dort das ganze Jahr über gehalten wird. Der dabei anfallende Dung dient der Mistdüngung. Diese beiden Anbau-zonen werden im Dauerfeldbau intensiv genutzt. – Im dritten, äußersten und zugleich tiefsten Wirtschaftsring baut man Ta-bak, Baumwolle, Fingerhirse (Eleusine) und eine spezielle Sor-ghum-Art an. Hier wird nicht gedüngt.

Der älteste Sohn erbt fast das gesamte Land in den ersten beiden Zonen, das sich in *individuellem* Privatbesitz befindet. Das Land in der dritten Zone gehört jeweils den territorialen Untergliederungen des Dorfes und die nachgeborenen Söhne sind auf die Landreserven dieses Anbauringes angewiesen (siehe Straube 1967: 205; und Vorlesungs-Mitschriften).

Die zonale Gliederung des Landes kann auch in anderen Lan-desteilen nachgewiesen werden, etwa den Nuba-Bergen Süd-Kordofans (Sudan). Dort findet man siedlungsnahe, intensiv gedüngte Felder, sodann Felder am Hang, die weniger inten-siv gedüngt werden und Felder in den Ebenen, die man nicht düngt. Siedlungsnahe Felder und Hangfelder sind terrassiert; sie können zu einer Intensivierungszone zusammengefaßt werden. Die siedlungsnahen Felder werden meist von den Frauen be-wirtschaftet, die Felder in der Ebene dagegen von den Män-nern. Dort wird zumeist extensiver Wanderfeldbau betrieben. Dieser Gegensatz zwischen intensiv in Dauernutzung bewirt-schafteten Feldern und extensiv im Wanderfeldbau genutzten Ebenenfeldern spiegelt sich auch im Eigentumsrecht wider: Intensiv bewirtschaftete Felder sind übertragbares Privateigen-tum, die Außenfelder sind dagegen Gemeinschaftseigentum.

Bei der Mehrzahl der Völker mit dem agrarischen Intensivierungskomplex findet man die Trennung zwischen Privatbesitz an nutzungsintensiven Feldern, in die viel Arbeit investiert wird und Gemeindebesitz an extensiv genutztem Feldland. Auch Weiden und die zur Bewässerung notwendigen technischen Anlagen sind meist in Gemeindebesitz (siehe Straube 1967: 205 f., 207).

Die Grenze zwischen Wildbeutern und Bodenbau betreibenden Völkern ist oft fließend, da auch Bodenbauer häufig noch intensiv die Jagd und das Sammeln betreiben. Andererseits verfügen Wildbeuter oft über in hohem Maße differenzierte Strategien des Erwerbs von Nahrungsmitteln, wobei sie sich eine große Zahl von Arten zunutze machen. Häufig werden Tiere und Pflanzen sogar von den Wildbeutern manipuliert. Ob solch eine „broad-spectrum economy" dem Gartenbau zeitlich vorausgeht, ist eines der heftig diskutierten Probleme der Erforschung des Ursprunges des Bodenbaus (siehe Bender 1975: 29 f.; Cohen 1977). Es ist daher oft nicht leicht, eine Trennungslinie zwischen „reinen" Wildbeutern und „reinen" Gartenbauern zu ziehen. Ein Kriterium wäre die Nichtumkehrbarkeit des Überganges von der aneignenden, wildbeuterischen Lebensweise zur produzierenden Wirtschaftsform: Man könnte etwa versuchen, den Zeitpunkt zu bestimmen, „at which the process has become irreversible – when the environment has been so modified, by forest clearance, etc., that the hunter-gatherer way of life is no longer viable, or when the population has increased to such an extent that it can no longer be sustained by a hunter-gatherer economy" (Bender 1975:2).

Der Übergang von der wildbeuterischen, aneignenden zur produzierenden Wirtschaftsweise hatte tiefgreifende Folgen für die natürliche Umwelt. Schon bei vor-neolithischen Wildbeutern gibt es Anzeichen für Massentötungen von Jagdwild und andere Zeichen deuten auf die Möglichkeit der Ausrottung der eiszeitlichen Großsäuger durch nordamerikanische Wildbeuter der Eiszeit hin (siehe Cohen 1977: 181 ff.). „Overhunting" von Jagdwild wird auch von anderen Autoren in Rechnung gestellt, die solche Praktiken aber dennoch nicht als typisch für Wildbeuter ansehen (siehe Heizer 1955: 8). Der Befund scheint jedoch Anlaß zu geben, die Rolle der Wildbeuter bei der Ausrottung nordamerikanischer Megafauna durchaus als möglichen Faktor in Rechnung zu stellen (siehe Bennett 1976: 78, 134, Fn. 11). Aus historischer Zeit wird uns über Massentötungen von Bisons durch nordamerikanische Plains-Indianer berichtet (siehe Newcomb 1950: 321–26) und das wiederholte Niederbrennen der Vegetation für die Treibjagd könnte für die Entstehung von Grasflächen wie die argentinische Pampa und große Teile der afrikanischen Savannen mitverantwortlich sein (siehe Heizer 1955: 9). Auch Wildbeuter waren wohl nicht immer die „Umweltheiligen" und Mutter-Erde-Fans, zu denen man sie heute gerne stilisiert.

Wie dem auch sei, mit der Wende zum Bodenbau änderte sich wohl einiges in der Einstellung des Menschen zu seiner belebten Umwelt, denn von nun an unterschied er zwischen „nützlichen Pflanzen", die es zu bewahren und „Unkraut", das es auszurotten galt. Tiere wurden gleichermaßen in „nützliche" und „unnütze" Arten eingeteilt. Besonders Raubtiere und Raubvögel wurden nun oft bis zur Ausrottung verfolgt. Robert F. Heizer kann daher behaupten: „Thus, the care of domestic flocks and herds and crops ... increased in another way the enmity of man and nature ..." (Heizer 1955: 9). Tatsache ist, daß der Mensch seine Umwelt beständig verändert und es heute praktisch keine „natürliche" Umwelt mehr gibt, um es einmal überspitzt zu formulieren (siehe Ellen 1982: 14 f.). Der Übergang zur produzierenden Wirtschaftsweise dürfte in der vorindustriellen Zeit wohl der Hauptfaktor bei der Umgestaltung der natürlichen Umwelt durch den Menschen gewesen sein.

So verschieden die bisher besprochenen Grundformen der Interaktion zwischen Mensch und natürlicher Umwelt auch sind, eines haben sie miteinander gemeinsam: Die Ressourcen, die die betreffenden Völker verbrauchen – Feuerholz, tierische Trag- und Zugkraft, Nahrungsmittel aus Tier und Pflanze – können wieder nachwachsen, neu entstehen. Dies setzt diese Formen ab von der Art und Weise, in der Angehörige von Industrienationen mit ihren Ressourcen umgehen. Wenden wir uns nun also der agro-industriellen Landwirtschaft zu, dieser letztlich auf dem Verbrauch von Kohle, Erdöl und Erdgas beruhenden Form der Interaktion mit der natürlichen Umwelt.

Agro-industrielle Landwirtschaft

Geht man von der Arbeitsenergie aus, die aufgewendet werden muß, um Nahrung zu erzeugen, dann kann man die chemisch-technische, agro-industrielle Landwirtschaft der Industrienationen als diejenige Produktionsform bezeichnen, die die meiste

Energie verschlingt. Woran liegt das? Versuchen wir, uns der Antwort auf diese Frage in kleinen Schritten zu nähern.

In der agro-industriellen Landwirtschaft wird die Pflanze gewissermaßen „verwöhnt". Nehmen wir die Treibhaus-Kultur als Beispiel: Nährstoffe in Form von Mineralsalzen werden der Pflanze direkt zugeführt. Zu diesem Zweck werden rasch wirkende, wasserlösliche Düngemittel eingesetzt. Diese *direkte* Pflanzenernährung hat nicht nur zur Folge, daß sich kein *Humus* mehr bildet, sondern in der Regel ist auch das Wurzelwerk der Pflanze zu schwach entwickelt und der Halm nicht stark genug, um die Pflanze zu tragen. Dafür wird ein übermäßiges Größenwachstum im Vergleich zu natürlichen Arten ermöglicht. Die in diesem Sinne „verwöhnte" Pflanze kann außerhalb des Treibhauses gar nicht existieren. Um die Treibhaus-Kultur aufrecht zu erhalten, müssen hohe Mengen fossilen Brennstoffs verbraucht werden.

Im Gegensatz dazu wird in der naturbelassenen Landwirtschaft die Pflanze langsam auf *indirekte* Weise durch den Boden ernährt. Dabei bildet sich ein starkes Wurzelwerk heraus, also ein für den Verzehr nicht geeigneter — oder nicht gewollter — Pflanzenteil. Durch Vertreter zahlreicher Arten von Algen und Bakterien kommt es zur *Humusbildung* bei der langsamen Zersetzung organischen Materials und die dabei frei werdenden Minerale werden von den Wurzeln aufgenommen. Das Größenwachstum der verwendeten Pflanzenteile ist im Vergleich zu den Treibhausgewächsen „normal", da die Pflanze Wurzeln und Halm stärken muß, um in dieser natürlichen Umwelt zu existieren. Die „Kosten" für diese Art der Produktion von Nahrungspflanzen trägt weitestgehend die Natur, die die Energie für den Pflanzenwuchs aus dem Sonnenlicht und den Zersetzungsprozessen im Boden bereitstellt. Die Kosten für die agro-industrielle Landwirtschaft trägt zwar letztlich auch die Natur, aber über einen Umweg und seine Folgelasten: Die Einschaltung eines Energiekreislaufs, der auf der Verwendung fossiler Energieträger beruht. Schildern wir dies kurz am Beispiel des US-amerikanischen „agribusiness", um ein Wort von Marvin Harris (1975) zu verwenden.

Agri-Business

Lassen wir Harris selber zu Worte kommen: „An Iowa corn farmer puts in 9 hours of work per acre, which yield 81 bushels of corn with an energy equivalent of 8'164'000 calories.

This gives a nominal productivity factor of 6'000 calories for every calorie of input. But this is a very misleading figure" (Harris 1975: 250). Was stimmt an dieser Rechnung nicht? Harris führt folgende Gründe an:
1. Wegen des hohen Fleischverbrauches sind ca. drei Viertel der landwirtschaftlichen Fläche der USA für die Produktion von Viehfutter vorgesehen. Bei der — bildlich gesprochen — Umwandlung von Viehfutter in Fleisch gehen aber 90 % der Nahrungskalorien verloren. Das in den USA gezüchtete Schlachtvieh allein verbraucht aber Nahrungskalorien, die ohne den Umweg über die Fleischproduktion 1,3 Milliarden Menschen ernähren könnten. 2. Der agro-industrielle Farmer verbraucht enorme Mengen an menschlicher Arbeitsenergie in Form von Traktoren, Lastwagen, Treibstoff, Pestiziden, Herbiziden und Kunstdünger. „Fifteen tons of machinery, 22 gallons of gasoline, 203 pounds of fertilizer, and 2 pounds of chemical insecticides and pesticides are invested per acre per year" (Harris 1975: 250). Dazu kommt noch die menschliche Arbeitsenergie, die in die Herstellung von Maschinen, Treibstoff und Chemikalien investiert wird. Da die Farmer von dieser Arbeit abhängig sind, die geleistet werden muß, bevor sie produzieren können, stimmt jene Rechnung nicht, die da besagt, ein Farmer ernähre 50 Menschen — eher verhalte es sich umgekehrt, meint Harris. Zwar sind weniger als 3 % der Arbeiterschaft der USA direkt in der Landwirtschaft tätig, aber wenn man auch die gesamte Zulieferungsindustrie berücksichtigt, die zum Komplex des Agribusiness zählt, dann kann man sagen, daß die für die Landwirtschaft benötigte Arbeit weitestgehend aus dem engeren Farmbereich hinaus in andere volkswirtschaftliche Bereiche verlagert wird. Dies alles läßt den Schluß zu, daß US-amerikanische Methoden des Agribusiness nicht für den Rest der Welt taugen, schon gar nicht für die Dritte Welt, wie dies in der sogenannten „Grünen Revolution" propagiert wird. Nehmen wir jene neuen Reissorten zum Beispiel, mit denen den Hungerproblemen dort abgeholfen werden soll.
Neue, „produktivere" Reissorten für die Dritte Welt benötigen enorme Mengen an Kunstdünger, Pestiziden, Insektiziden und Fungiziden und können ohne umfassende künstliche Bewässerung gar nicht gezüchtet werden. Dergleichen Maßnahmen zur agrarischen „Entwicklungshilfe" führen daher letztlich zur Verschuldung der kleinen Pflanzer, die Kredite aufnehmen

müssen, um die Chemikalien erst einmal anzuschaffen. Dadurch verteuert sich das Produkt so, daß es die Bevölkerung nicht mehr bezahlen kann. Agribusiness sei daher „the most energy expensive mode of food production that has ever been devised" (Harris 1975: 454). Würde man die US-amerikanischen Methoden der Nahrungsmittelproduktion überall anwenden, dann wären dazu 80% des gegenwärtigen Welt-Energieverbrauchs nötig! Stellt man nun noch in Rechnung, daß dieses ganze Wirtschaftssystem auf dem Verbrauch nicht wieder rückführbarer fossiler Energieträger beruht, so bedarf es keiner allzu großen Phantasie, um sich vorzustellen, welche Katastrophe bei der Erschöpfung dieser Energiequellen über das System hereinbricht. Von den Umweltschäden im Gefolge des Agribusiness ist dabei noch gar nicht die Rede.

Ein Beispiel für die Folgen des Exports des agro-industriellen Systems der Produktion von Nahrungsmitteln in ein Entwicklungsland wird später in einem anderen Zusammenhang vorgestellt (s. u. S. 99 ff.). – Auch in Harris' Buch „Cannibals and Kings" (Harris 1978: Kap. 15) findet man eine Darstellung der agro-industriellen Landwirtschaft, sowie eine Bibliographie zur weiterführenden Literatur.[1]

Was der Einsatz fossiler Energieträger in der Landwirtschaft für Folgen hat, soll hier mit Hilfe eines längeren Zitats vollends verdeutlicht werden:

„Fossile Treibstoffe erlauben die Verwendung von Maschinen anstelle von menschlicher und vor allem tierischer Arbeitskraft. Rationeller Maschineneinsatz verlangt große gleichartige Nutzflächen und zugleich ein maschinengerechtes Netz tragfähiger Wege, dessen technische Ausbauqualität und ‚Zerschneidungseffekt' ökologisch belastend wirken können ... Große gleichartige Nutzflächen bedingen wiederum, vor allem im Bereich der Landwirtschaft, großflächig und gleichzeitig durchgeführte Bewirtschaftungsmaßnahmen wie Bodenbearbeitung, Düngung, Ausbringung von Bekämpfungsmitteln. Dadurch steigen die störenden Nebenwirkungen dieser Maßnahmen überproportional an ... Der vom Anbausystem erzwungene Herbizid-Einsatz in großflächigen Mais- und Rüben-

---

1 Bezüglich Indonesiens gelangt Schweizer (1980; 1982) allerdings unter *wirtschaftlichen* Gesichtspunkten zu einer insgesamt positiven Beurteilung der „grünen Revolution".

feldern führt zu einer fast totalen Ausschaltung aller Wild-
kräuter und der davon abhängigen Tierwelt (z. B. Niederwild)
und trägt erheblich zum Artenschwund bei" (Haber 1980:
248).
Bei der Besprechung der agro-industriellen Landwirtschaft war
häufig von *Energie* die Rede. Zum Abschluß dieses Kapitels
möchte ich daher nochmals etwas ausführlicher auf den Zusammenhang zwischen Energieverbrauch und der Interaktion von
Mensch und natürlicher Umwelt eingehen.

5. Energie und Interaktion mit der Umwelt

Ob als Wildbeuter, Hirte, Bodenbauer oder Verbraucher fossiler
Brennstoffe, der Mensch als Teil der Nahrungskette schaltet sich
stets in den natürlichen Energiekreislauf ein. Er ist aber mehr als
nur ein Glied der Nahrungskette, denn jeder menschlichen Interaktion mit der natürlichen Umwelt liegen kulturell bedingte Traditionen und Werte zugrunde, sozial und kuturell bedingte Bedürfnisse. Daher produziert der Mensch auch *Güter* und *Dienst-
leistungen*, deren Wert nicht auf ihrer biologischen Notwendigkeit beruht, sondern letztlich auf ihrer symbolischen Bedeutung
im Rahmen eines soziokulturell gegebenen Wertsystems und auf
der Arbeit, die verrichtet wurde, um die Güter herzustellen. Durch
seine Produktion transformiert der Mensch also Energie und gestaltet somit auch seine natürliche Umwelt um.
Diese Umgestaltung erfolgt am stärksten in den heutigen Industriegesellschaften. Einer Schätzung von Earl Cook zufolge verbrauchten im Jahre 1970 die industrialisierten Regionen mit
damals ca. 30 % der Erdbevölkerung 80 % der Welt-Energievor-
räte. Die USA, mit einem Anteil von 6 % der Weltbevölkerung,
verbrauchten 35 % der verfügbaren Energie (siehe Cook 1971).
Auch die agro-industrielle, auf der „Verölung" beruhende Landwirtschaft, trägt zu diesem Trend bei. Außerdem führt sie, wie
wir noch sehen werden, in einen Teufelskreis des Rückganges der
Erträge, des Einsatzes chemisch-technischer Hilfsmittel, aber-
maligem Ertragsrückgang nach kurzfristigem Anstieg der Produktivität, usw. (siehe unten S. 99 ff.). Langfristig führt dies aber
nur zur Erschöpfung der natürlichen Ressourcen (siehe Harris
1975: 249).
Die Tendenz zur Umgestaltung der natürlichen Umwelt ist in den

Industriegesellschaften zwar am deutlichsten zu erkennen, sie ist aber keineswegs nur auf Gesellschaften dieses Typs beschränkt. Wir werden noch mehrmals in diesem Buche Hinweisen auf Umweltzerstörungen durch vorindustrielle Völker begegnen. Sogar Wildbeuter sind, wie bereits angedeutet, in diesem Zusammenhang zu nennen (siehe Bennett 1976: 78, Fn. 11, u. S. 134) und erst recht die Bodenbauer. Wie Hassan richtig bemerkt, trägt der Anbau von Nahrungsmitteln den Keim zu wirtschaftlichem Wachstum in sich. Durch „verbesserte" Nutzpflanzen, Bewässerung, Düngung, Rodung, Terrassierung, Unkrautbeseitigung und − zuletzt − Mechanisierung können die Erträge um ein Vielfaches gesteigert werden. Dies begünstigt wiederum das Anwachsen der Bevölkerung (siehe Hassan 1979: 155).

Der Energieverbrauch in Abhängigkeit von einer bestimmten Form der Mensch-Umwelt-Interaktion drückt sich auch im Umfang der Arbeit aus, die die Menschen verrichten müssen, die an dieser Interaktionsform teilhaben. Der Vergleich von Wildbeutern und Bodenbauern ist hier besonders aufschlußreich (siehe Lee 1968; 1969; Carneiro 1961). Wenn auch gegen Lees Berechnung der Arbeitszeit, die !Kung-Buschleute durchschnittlich in die Subsistenzökonomie investieren − zwei bis drei Tage pro Woche − manches eingewendet werden kann, so würden heute dennoch viele Ethnologen die Ansicht teilen, daß Wildbeuter im allgemeinen ein gutes Leben führten und Bodenbauer bereits vergleichsweise mehr und härter arbeiten müssen (siehe Sahlins 1968; 1972; Carneiro 1961). Die Grenzen der menschlichen Leistungskraft und der Höhepunkt des Menschenverbrauchs im Arbeitsprozeß wurden im Frühkapitalismus des 19. Jahrhunderts erreicht − wer Karl Marx' nach akribischem Studium der offiziellen Quellen verfaßtes Buch *Das Kapital* (Marx 1890) liest, dem kommt das kalte Grausen. Auch wenn diese Verhältnisse zumindest in den westlichen Industrienationen längst überwunden sind, so kann man dennoch sagen, daß die Arbeitszeit, die bei uns zum Verdienen des Lebensunterhaltes aufgebracht werden muß, über derjenigen liegt, die in vorindustriellen, nicht-staatlichen Gesellschaften der Norm entspricht. Dies alles hat freilich nichts mit einer „Herausforderung durch die natürliche Umwelt" zu tun, sondern es entspricht den Erfordernissen des jeweiligen sozialen Systems, das gegenüber dieser Umwelt stets bis zu einem gewissen Grad autonom ist, wenn es auch schwierig ist, den Grad dieser Autonomie im Einzelfall zu bestimmen. Man sollte sich aber auf jeden

Fall davor hüten, den vorindustriellen Menschen allzu bereitwillig als im „Frieden mit der Natur" lebendes Vorbild aufzubauen. Dennoch kann nicht übersehen werden, daß der Welt-Energieverbrauch sich mit dem Eintritt in das industrielle Zeitalter exponentiell erhöhte (siehe Cook 1971: 135–37; Bennett 1976: 51). Dies ist auf die Ersetzung menschlicher Arbeit und handbetriebener Werkzeuge durch energieverbrauchende Maschinen bei gleichzeitigem exponentiellen Bevölkerungswachstum zurückzuführen. In dieser Hinsicht stehen die industrialisierten Gesellschaften sicherlich einzig dar.

Um so mehr lohnt es sich − nicht nur für den Ethnologen − mehr über die Formen der Interaktionen von Mensch und Umwelt bei nicht-industrialisierten Völkern zu wissen. Nicht, um von dort Rezepte für die Gestaltung unserer eigenen Lebensverhältnisse und für den Umgang mit der Natur zu beziehen, denn diese Verhältnisse können wir aufgrund ihrer Eigendynamik nur umgestalten, nicht aber denjenigen vorindustrieller Gesellschaften anpassen. Aber vielleicht können wir durch einen solchen Vergleich die Gefahren, die wir uns geschaffen haben, besser erkennen. So sollten wir beispielsweise wissen, welche Konsequenzen das Abholzen der tropischen Regenwälder um des kurzfristigen Gewinns willen auch für die Volkswirtschaft der betreffenden Staaten hat. Dazu sind Kenntnisse über den Zusammenhang zwischen Bodenstruktur, Artenvielfalt und Primärproduktion notwendig. Dies wird uns ermöglichen, beispielsweise die in diesem tropischen Biom betriebene Landwechselwirtschaft besser zu verstehen und die Möglichkeit der Übertragung der agro-industriellen Landwirtschaft dorthin realistisch einzuschätzen (siehe dazu Kapitel 4). Kulturökologie, in diesem Sinne betrieben, ist alles andere als ein Steckenpferd romantisch angehauchter Aussteiger und Ethnologen.

6. Weiterführende Literatur

Zum Thema der Interaktion zwischen Mensch und Umwelt in verschiedenen Biomen, siehe folgende leicht verständliche und anschauliche Werke:

CAMPBELL, Bernhard: *Human Ecology. The Story of our Place in Nature from Prehistory to the Present.* − London: Heinemann Educational Books, 1983.

FORDE, C. Daryll: *Habitat, Economy and Society.* – London: Methuen, 1956 (erstmals 1934).

Ethnologisches Grundwissen kann in dieser Einführung in die Kulturökologie nicht vermittelt werden, der Abschnitt über auf der Verwandtschaft basierende Gruppierungen soll nur die notwendigsten Informationen über die in der Ethnologie vorwiegend behandelten Gesellschaftstypen geben. Wer sich gründlicher in die Ethnologie einarbeiten möchte, sei auf folgende Werke verwiesen:

FISCHER, Hans (Hrsg.): *Ethnologie. Eine Einführung.* – Berlin: Reimer, 1983.

BARGATZKY, Thomas: *Einführung in die Ethnologie. Eine Kultur- und Sozialanthropologie.* – Hamburg: Buske, 1985.

Einen Überblick über die Gesellschaftstypen Horde, Stamm und Häuptlingstum aus evolutionistischer Perspektive gibt folgendes Werk:

SERVICE, Elman R.: *Primitive Social Organization: An Evolutionary Perspective.* – New York: Random House, 1971 (erstmals 1962).

Folgende Sammelwerke behandeln das Problem der Entstehung von Bodenbau und Viehzucht:

UCKO, Peter J., und G. W. DIMBLEBY (Hrsg.): *The Domestication and Exploitation of Plants and Animals.* – London: Duckworth, 1969.

REED, Charles A. (Hrsg.): *Origins of Agriculture.* – The Hague: Mouton, 1977.

Zum Problem der „Verölung" der agro-industriellen Landwirtschaft, siehe folgende Werke:

COMMONER, Barry: *The Poverty of Power: Energy and the Economic Crisis.* – New York: Knopf, 1976.

PIMENTEL, David; L. E. HURD; A. C. BELLOTTI, et al.: Food Production and the Energy Crisis. In: *Science,* 182: 443–449, 1973.

Kapitel III
GRUNDBEGRIFFE DER ÖKOLOGIE

1. Einführung

Der Grundsatz des ökologischen Denkens lautet: „Kein Organismus kann von sich aus oder ohne seine Umwelt existieren" (Odum 1980: 11). Jeder Organismus stellt bezüglich bestimmter Umweltfaktoren Ansprüche an seine Umwelt. Umweltfaktoren werden in *Materialfaktoren* und *Konditionalfaktoren* unterteilt. Materialfaktoren sind einerseits solche Stoffe, die als Energiequellen und Baustoffe dienen (Fette, Kohlenhydrate, Eiweißstoffe, Wasser, Kohlendioxid), andererseits zählen auch Stoffe dazu, die von großer Bedeutung für den geregelten Ablauf der Körperfunktionen des Organismus sind (Vitamine, Salze, Spurenelemente). Die Konditionalfaktoren Temperatur und Licht garantieren zusammen mit den Materialfaktoren die Lebensabläufe.

Statt in Material- und Konditionalfaktoren kann man Umweltfaktoren auch in *abiotische, trophische* und *biotische* Faktoren einteilen. Abiotische Faktoren sind die allgemeinen chemischphysikalischen Bedingungen der Umwelt eines Organismus. Unter trophischen Faktoren versteht man solche Gegebenheiten, die direkt die Ernährung des Organismus betreffen. Biotische Faktoren sind schließlich jene Komponenten der *belebten* Umwelt, die *nicht* direkt die Ernährung betreffen, also etwa andere Artgenossen.

Die naturwissenschaftliche Ökologie wird in folgende Arbeitsbereiche gegliedert: *Autökologie, Demökologie* und *Synökologie*. Die Autökologie erforscht die Wechselbeziehungen zwischen dem *einzelnen Organismus* und seiner Umwelt. Das Beziehungsgefüge von *Gemeinschaften* gleichartiger Organismen ist dagegen das Arbeitsgebiet der Demökologie oder *Populationsökologie*. Die Synökologie beschäftigt sich mit der Erforschung von *Lebensgemeinschaften*, d. h. mit der Gesamtheit der an einem bestimmten Ort lebenden Organismen und ihren Verflechtungen mit der Umwelt.

Die Kulturökologie, als Arbeitsbereich der Ethnologie, bzw.

Kulturanthropologie, befaßt sich mit menschlichen Lebensgemeinschaften und ihren Beziehungen zur natürlichen Umwelt. Sie untersucht, in welchem Maße menschliche Kulturformen durch die Auseinandersetzung mit der jeweiligen Umwelt geprägt werden und inwieweit sie diese Umwelt selber wieder prägen.

Der Einsicht in die gegenseitige Abhängigkeit von Organismus und Umwelt nähert sich der Ökologie über den Begriff der *Organisationsstufen*. Dabei unterscheidet er zwischen *Genen, Zellen, Organen, Organismen, Populationen* und *Gemeinschaften*. Die Einheiten auf diesen Organisationsstufen stehen mit der Umwelt in Wechselwirkung, wobei sich jeweils charakteristische Funktionssysteme entwickeln: Wechselwirkungen zwischen Genen, Materie und Energie konstituieren genetische Systeme, Wechselwirkungen zwischen Zellen, Materie und Energie konstituieren zelluläre Systeme, usw. Die Ökologie thematisiert die Organisationsstufen Organismus, Population, Lebensgemeinschaft, Ökosystem, Ökosystem-Komplex (Landschaft) und Gesellschaft/Umwelt-System (siehe Abb. 2).

Die Ergebnisse, die man bei der Untersuchung einer bestimmten Organisationsstufe erhält, tragen zwar zum Verständnis anderer Stufen bei, doch können die Besonderheiten dieser Stufen niemals vollständig auf jene andere Stufe zurückgeführt werden: jede Organisationsstufe besitzt also ihre spezifischen, alleingültigen Besonderheiten. Nicht alle Eigenschaften einer höheren Stufe sind also voraussagbar, wenn wir nur die unteren Stufen kennen: mit steigender Komplexität treten also jeweils zusätzliche Eigenschaften auf. Dieser Sachverhalt wird in der biologischen Ökologie das „Prinzip der funktionalen Integration" genannt (Odum 1980: 7). Es hat bedeutende theoretische und vor allem *praktische* Konsequenzen: je nach der Untersuchungsperspektive ist es also angemessen, bestimmte Strukturen unterer Organisationsstufen zu vernachlässigen und sich z. B. allein auf die Wechselwirkungen zwischen den Einheiten auf einer bestimmten Organisationsstufe und ihrer Umwelt zu konzentrieren, ohne zuvor alle Probleme lösen zu müssen, die sich bei der Erforschung von darunter liegenden Organisationsstufen stellen. „So wie die Eigenschaften des Wassers nicht aus den molekularen Eigenschaften von Wasserstoff und Sauerstoff vorausgesagt werden können, können auch die spezifischen Eigenschaften vom Ökosystem nicht aus der Kenntnis isolierter Populationen erschlossen werden" (Odum 1980: 7).

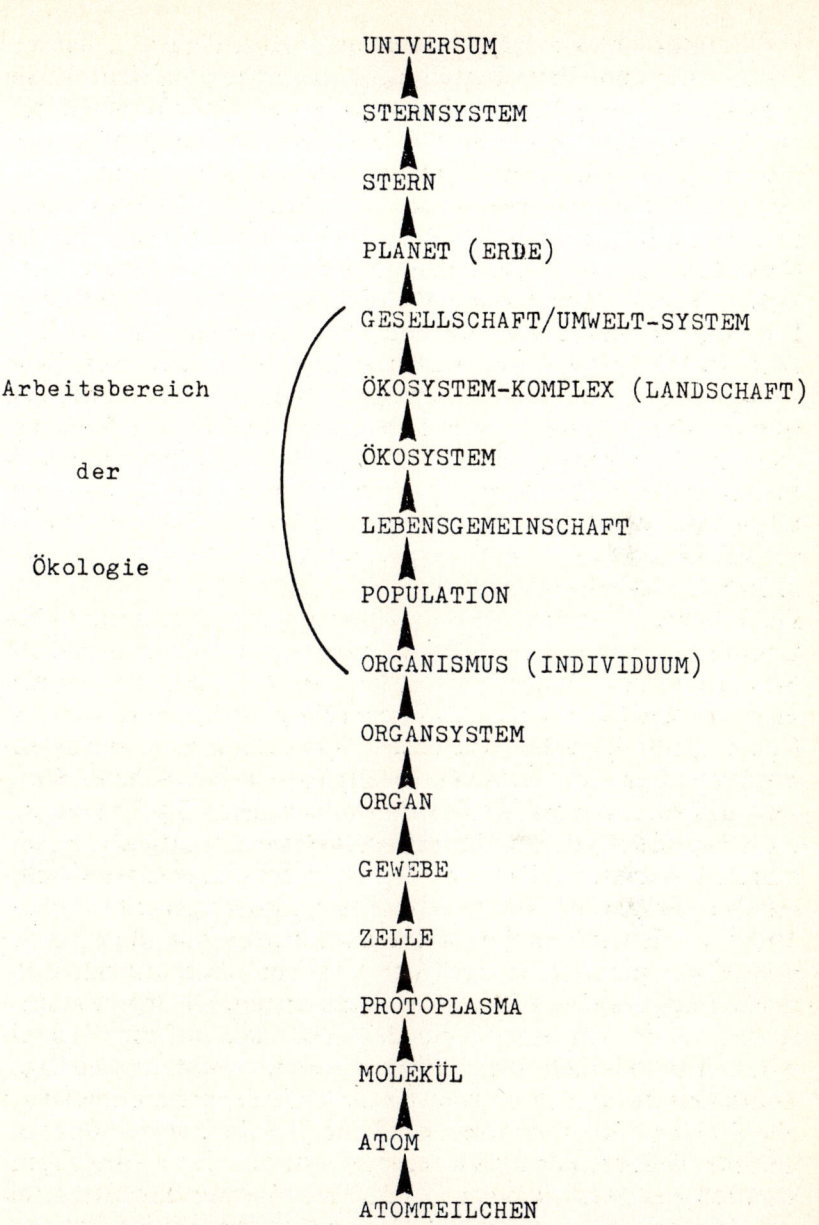

Abb. 2: Die hierarchische Struktur der Materie und
das Arbeitsgebiet der Ökologie (nach Haber 1980: 245)

Wir können uns vorstellen, welche Konsequenzen eine Ablehnung des Prinzips der funktionellen Integration für eine Wissenschaft wie die Ethnologie hätte: es wäre nämlich gar nicht möglich, diese Wissenschaft zu betreiben, wenn wir erst jeweils die unteren Organisationsstufen (Organismus, Organ, Zelle, usw.) vollständig kennen müßten. Das Prinzip der funktionellen Integration besagt nun, daß gewisse strukturelle Besonderheiten unterer Organisationsstufen bei der Untersuchung von Verhältnissen auf oberen Stufen vernachlässigbar sind. Auch wenn zwar alles mit allem zusammenhängt, so hängt doch manches mehr, anderes weniger zusammen – bis auf weiteres wird man also beispielsweise bei der Beschreibung und Erklärung der Regentänze der Zuñi-Indianer auf die Ergebnisse der Erforschung der subatomaren Elementarteilchen verzichten können!

Nach diesen einführenden Worten in den Gegenstand der Ökologie sollen nun einige Grundbegriffe vorgestellt und erläutert werden.

2. Ökosystem

Odum zufolge ist ein „Ökosystem" jede Einheit, „die alle Organismen in einem gegebenen Areal umfaßt und die mit der physikalischen und chemischen Umwelt in Austausch steht, so daß ein *Energiefluß* klar definierte Nahrungsketten, Mannigfaltigkeit der biologischen Beziehungen und Stoffkreisläufe schafft" (Odum 1980: 10). Ein Teich, ein See, ein Waldgebiet, aber auch Laborkulturen sind in diesem Sinne Ökosysteme. Das Ökosystem-Konzept soll dabei zum Ausdruck bringen, „daß gegenseitige Abhängigkeiten und ursächliche Beziehungen, d. h. die Verbindung aller Komponenten, eine Funktionseinheit bilden" (Odum, aaO S. 11).

Der ökologische Ansatz in der Ethnologie begreift den Menschen als Teil eines Ökosystems. Um mit Clifford Geertz zu sprechen: der kultur-ökologische Ansatz (im weiteren Sinne) versucht, zwischen bestimmten menschlichen Aktivitäten, biologischen Transaktionen und physischen Prozessen genauere Beziehungen ausfindig zu machen, indem man sie alle als Komponenten eines einzigen Systems – eben des *Ökosystems* – begreift. Im Rahmen eines Ökosystems behandelt man in der Kulturökologie also biotische, psychische, soziale, ideologische, techno-ökonomische und ästhetische Komponenten als sich wechselseitig beeinflussende Faktoren (siehe Geertz 1963: 3, 9). Solch ein Verständnis vom Ort des Menschen in der Natur ist nicht unproblematisch (siehe Bargatzky 1984) — davon wird im Kapitel 6 zu sprechen sein. Vorläufig soll uns aber Geertz' Beschreibung des kulturökologischen Ansatzes als Hilfestellung beim Einstieg in die Materie genügen.

3. Habitat und Nische

Zwei Konzepte der naturwissenschaftlichen Ökologie, denen man auch in den Werken von kulturökologisch arbeitenden Ethnologen immer wieder begegnet, sind *Habitat* und *Nische*. Mit „Habitat" bezeichnet man den *Standort* eines Organismus, also seine Lebensstätte — kurz, den Ort, an dem sich der Organismus langfristig aufhält, an dem er lebt. Das Habitat ist der Träger der für den Organismus lebenswichtigen Umweltfaktoren. — Mit „Nische", bzw. „ökologischer Nische" bezeichnet man dagegen das *Netzwerk* der Abhängigkeiten zwischen einem Organismus und seiner Umwelt. Man spricht auch von der ökologischen Nische einer *Art*. In der Ökologie hat der Begriff Nische *keine* räumliche Bedeutung.. Die ökologische Nische bezieht sich auf das *Wirkungsfeld* eines Organismus, auf seine funktionelle Rolle in der Lebensgemeinschaft oder im Ökosystem. Man vergleicht daher gerne das Habitat mit der *Adresse* und die Nische mit dem *Beruf* eines Organismus (siehe J. N. Anderson 1973: 209 f.; Odum 1980: 376).
In kulturökologischen Schriften begegnet uns auch häufig der Begriff der *ökologischen Nische einer menschlichen Population*. Dieser Begriff kann höchstens metaphorisch auf menschliche Populationen angewendet werden. Man sollte ihn am besten ganz fortlassen, da er irreführend ist. Im Laufe seiner Lebenszeit steht einem nicht-menschlichen Organismus stets nur eine begrenzte Zahl von Wirkungsfeldern aufgrund der im natürlichen Ökosystem herrschenden Bedingungen zur Verfügung. Im Verlaufe der Evolution verändern sich diese Bedingungen, denn die Arten schaffen sich neue Nischen im Maße der Veränderungen in ihrer genetischen und phänotypischen Ausstattung. Diese Entwicklungsvorgänge benötigen aber in jedem Falle mehrere Generationen, sind also vom Individuum während seiner Lebenszeit nicht mit-

vollziehbar. Kurzfristig gesehen kann jede Art also nur in ihrer Nische erfolgreich leben, außerhalb davon wird sie durch Feinde und Wettbewerb ausgeschaltet. Beim Menschen verhält es sich dagegen ganz anders, denn ein menschliches Individuum ist aufgrund seines kulturbedingten, „offenen Verhaltensprogramms" (siehe Freeman 1978; Freeman o. J.; s. u. S. 212) prinzipiell immer in der Lage, sich bereits zu seinen Lebzeiten neue Wirkungsfelder zu schaffen. Wäre es anders, dann gäbe es die von der Ethnologie in reichem Maße dokumentierten Fälle des rapiden Kulturwandels nicht. Zu solchem Kulturwandel bereits zu Lebzeiten der Individuen, aus denen sie sich zusammensetzen, sind nur menschliche Populationen fähig. Daher erweckt auch die Redensart von der „ökologischen Nische einer menschlichen Population" meiner Ansicht nach falsche Assoziationen; sie ist also irreführend.

4. Population

Nachdem im letzten Abschnitt bereits von der Population die Rede war, ist es nun Zeit, dieses Wort zu definieren. Odum (1980: 253) versteht darunter zum Beispiel eine „Gruppe von Organismen derselben Art mit vollem Austausch von genetischen Informationen. Sie nimmt einen bestimmten Raum ein (und) hat verschiedene charakteristische Eigenschaften". Diese Eigenschaften sind u. a. *Populationsdichte, Geburtsrate, Sterberate, Verteilung der Altersgruppen, Verteilung im Raum* und *Organisationsformen*. Es sind *Gruppeneigenschaften*, die erst durch die Interaktion einer großen Anzahl von Individuen zustandekommen, daher können sie auch als statistische Funktionen ausgedrückt werden. – Über die Reproduktionsfähigkeit hinaus besitzen Populationen auch noch die Fähigkeit zur *Umweltanpassung* und die Lebensdauer einer Population ist länger als die der Individuen, aus denen sie sich zusammensetzt.

Im Zusammenhang mit den zuletzt genannten Eigenschaften stoßen wir auf ein Problem, mit dem wir uns später (s. S. 166) noch ausführlicher beschäftigen werden, nämlich das Problem der richtig gewählten *Untersuchungseinheit*. So könnte man z. B. Anpassung und Reproduktionsfähigkeit statt als Populationseigenschaften auch als *Individueneigenschaften* im Sinne der Darwin'schen Selektionstheorie auffassen. Die Frage, ob die

Population oder das *Individuum* quasi der „Ort" ist, an dem die natürliche Selektion beginnt, beschäftigt seit langem insbesondere solche Kulturökologen, die aus der Kenntnis der Prinzipien der natürlichen Evolution einen Gewinn für die Erklärung der kulturellen Evolution ziehen wollen (siehe Hardesty 1977: 35–38). Daß dies überhaupt möglich sei, wird wiederum von Biologen wie Lawrence B. Slobodkin (1977) grundsätzlich verneint.

5. Biotische Gemeinschaft

Eines der wichtigsten Prinzipien der Ökologie ist das der biotischen Gemeinschaft (auch *Biozönose*), hinfort kurz „Gemeinschaft" genannt. Eine solche Gemeinschaft ist eine „Ansammlung von Populationen, die auf einem fest umrissenen Gebiet lebt. Sie ist eine organisierte Einheit mit eigenen Merkmalen der Struktur und Funktion, die zu den Merkmalen ihrer Komponenten, den Individuen und Populationen, hinzukommen ..." (Odum 1980: 220). Gemeinschaften bewohnen einen bestimmten Teil der Erdkruste und interagieren mit ihrer *unbelebten Umwelt*, auch *Biotop* genannt. Biozönose und Biotop bilden ein Raum-Zeitgefüge durch ein Netz von Rückkoppelungskreisen, also ein *Ökosystem* (siehe Tischler 1979: 88). Fichtenwald, Maisfeld und Gebirgsquelle sind Beispiele für *Ökosysteme*. Um bei der Gebirgsquelle zu bleiben: Dort sind Boden, Wasser, im Wasser gelöste Gase und Mineralverbindungen Elemente des Biotops. Elemente der *Biozönose* sind dagegen Kieselalgen *(Diatomeen)*, Plattwürmer *(Turbellarien)* und Klein-, bzw. Flohkrebse *(Amphipoden)* (siehe Stugren 1978: 50).

Gemeinschaften werden nach ihren *Struktureigenschaften*, nach ihrem *Habitat* und nach *funktionellen Eigenschaften* (z. B. ihrem Stoffwechseltyp) eingeteilt. Eine strukturelle Eigenschaft wäre z. B. in den jeweiligen *ökologisch dominanten Arten* zu sehen. So gibt es gewisse Arten innerhalb vieler Gemeinschaften, die den *Energiefluß* kontrollieren und die Umwelt aller anderen Arten stark beeinflussen – diese werden als *ökologische Dominanten* bezeichnet (siehe Odum 1980: 225, 228 f.). In diesem Sinne tritt der Mensch als ökologisch dominante Art auf.

6. Zur Energetik der Ökosystem-Entwicklung

Alle Lebensäußerungen sind mit der *Umwandlung* von Energie verbunden, auch wenn Energie nicht neugeschaffen oder vernichtet wird *(Erster Hauptsatz der Thermodynamik)*. Lebende Systeme – also auch Ökosysteme – bedürfen sowohl zur Aufrechterhaltung ihrer Struktur, als auch für ihr *Wachstum* und ihre *Entwicklung* der Energiezufuhr und der Umwandlung von einer Energieform in eine andere. „Ohne Energieumwandlungen ... ist Leben und sind ökologische Systeme nicht möglich" (Odum 1980: 53). Dem *Zweiten Hauptsatz der Thermodynamik* zufolge verlaufen Energieumwandlungen *spontan* nur in Richtung einer Gleichverteilung der Energie, d. h. in einem übertragenen Sinn: In Richtung von einem Zustand höherer zu einem Zustand geringerer Ordnung. Diese Zunahme der Unordnung wird durch die Zunahme der *Entropie* ausgedrückt, ein Maß für die Unordnung oder die Menge an nicht mehr verfügbarer Energie in einem System. Lebende Systeme stellen nun im Universum einen Sonderfall dar, da sie *zeitlich befristete Zustände immer* höherer Ordnung zu schaffen und zu bewahren in der Lage sind. Lebende Systeme streben also *Zustände geringerer Entropie* an. Dies ist aber abhängig von der Entwicklung kybernetischer Regelkreise, denn diese allein gewährleisten die Wiederherstellung geordneter Zustände im System, falls ein System z. B. durch plötzliche Einflüsse von außen gezwungen wird, seinen geordneten Zustand aufzugeben.

Für das Verständnis ökologischer Zusammenhänge ist es unerläßlich, energetische Gegebenheiten zu kennen. Daher sollen nun einige Informationen zum Energiekreislauf in der Biosphäre gegeben werden.

Auf die äußerste Schicht der Lufthülle der Erde strahlt beständig Sonnenenergie ein: 8 Joule pro cm^2 und Minute. Von dieser Energiemenge erreicht nur etwa 43 % die Erdoberfläche. Ein erheblicher Teil der Sonnenstrahlen wird dabei wieder zurückreflektiert und nur der Rest vom Boden und den Gewässern absorbiert. Die absorbierte Energiemenge ist von der Beschaffenheit dieser Medien abhängig: so kann z. B. dunkler Ackerboden bis zu 90 % der auftreffenden Energie in Wärme umsetzen (siehe Kulzer 1982: 17).

Bei der *Photosynthese* bauen grüne Pflanzen mit Hilfe der Sonnenenergie aus Salzen, Wasser und Kohlendioxid Körpersubstanz auf. Man spricht in diesem Zusammenhang von *autotropher Ernährungsweise*. Nur Lebewesen mit autotropher Ernährungsweise sind zur *Primärproduktion* imstande, also zur Erzeugung organischen (pflanzlichen) Materials durch die Photosynthese. Tiere sind *heterotroph*, d. h. bis auf wenige Ausnahmen müssen sie *organisches* Material zu sich nehmen. Tiere unterteilt man nach ihrer Ernährungsweise in *Biophage* und *Nekrophage*. Biophage Arten ernähren sich von lebendem organischen Material; sie sind *phytophag* (Pflanzenfresser) oder *zoophag* (Tierfresser). *Omnivore* (Allesfresser) nennt man Arten, die sowohl tierische, als auch pflanzliche Nahrung zu sich nehmen. Nekrophage Arten fressen nur totes organisches Material.

Die in den grünen Pflanzen gespeicherten organischen Stoffe werden von sogenannten *Primärkonsumenten* oder Pflanzenfressern in arteigene Substanz umgewandelt. Pflanzenfressende Tiere werden wiederum von *Sekundärkonsumenten* oder Fleischfressern gefressen, usw. Diesen Weg der Nahrungsenergie, von den grünen Pflanzen oder *Primärproduzenten* durch eine Reihe von Organismen bezeichnet man als *Nahrungskette*. Sie kann auch als Weg durch verschiedene *Trophiestufen* verstanden werden. Als Primärproduzenten repräsentieren Pflanzen z. B. die erste Trophiestufe; Pflanzenfresser, als Primärkonsumenten, befinden sich auf der zweiten Trophiestufe und Fleischfresser auf der dritten.

Die Gesamtmenge an lebender Substanz eines bestimmten Ökosystems zu einer bestimmten Zeit bezeichnet man als *Biomasse*.

Mit Hilfe das Begriffs der Biomasse können wir nun auch den Begriff der *Produktion* klären. Dabei ist zunächst zwischen *Brutto-Produktion* und *Netto-Produktion* zu unterscheiden. Brutto-Produktion nennt man die gesamte Produktion an Biomasse während des Untersuchungszeitraumes. Die Netto-Produktion ist die Menge an organischer Substanz, die im Untersuchungszeitraum von heterotrophen Organismen nicht verbraucht wurde. Das gesamte durch Photosynthese während des Untersuchungszeitraumes erzeugte organische Material nennt man *Brutto-Primärproduktion*. *Netto-Primärproduktion* ist die Menge der in den Pflanzen gespeicherten organischen Stoffe abzüglich der im Untersuchungszeitraum durch Atmung verbrauchten. Für die Lebensvorgänge werden ja ständig Stoffe und Energie verbraucht und *Atmung* nennt man die Oxidation organischer Stoffe zu CO_2 und H_2O. Dies geschieht nach folgender vereinfachter Formel:

$C_6 H_{12} O_6 + 6 O_2 \rightarrow 6 CO_2 + 6 H_2 O + \text{Energie}$

Die Umkehrung dieser Formel beschreibt den Vorgang der Photosynthese:

$$6 CO_2 + 6 H_2 O \xrightarrow{\text{Lichtenergie}} C_6 H_{12} O_6 + 6 O_2$$

(nach Czihak et al. 1981: 90; Odum 1980: 34 f.; Bioenergetik 1982: 22). Die *Produktivität* wird duch den durchschnittlichen Ertrag an Biomasse (g, kg, t) pro Flächeneinheit (m^2, ha) pro Zeiteinheit (Tag, Jahr) gemessen. Der tropische Regenwald gilt als eines der produktivsten terrestrischen Ökosysteme. Die Netto-Primärproduktion wird dort auf 10–20 Gramm pro Quadratmeter pro Tag geschätzt. Dies ergeben etwa 3600–7200 g/m^2/Jahr. Die Tundra ist dagegen wesentlich weniger produktiv: dort liegt die durchschnittliche Netto-Primärproduktion bei weniger als 1 g/m^2/Tag, mit einem Anstieg bis zu 4 g/m^2/Tag in der kurzen Wachstumsperiode. Alle Angaben beziehen sich dabei auf Pflanzen über der Oberfläche (siehe D. R. Harris 1969: 4; Hinweise dort).

Von Trophiestufe zu Trophiestufe gehen auf dem Weg der Nahrungsenergie durch die Nahrungskette jeweils etwa 80–90 % der Nahrungsenergie der vorausgehenden Stufe für die nachfolgende Stufe verloren. Durch die Lebenstätigkeit auf jeder Trophiestufe wird nämlich die Nahrungsenergie einerseits als Wärme (insbesondere bei der Atmung) verbraucht und andererseits in Abfallstoffen (Exkremente und Sekrete) ausgeschieden. Mit anderen Worten: Primärkonsumenten stellen nur noch 10–15 %, maximal 20 % der in den Pflanzen enthaltenen Nahrungsenergie für die Sekundärkonsumenten zur Verfügung, usw. (siehe Tischler 1979: 90). Daher sind mehr als vier bis fünf Stufen in der Nahrungskette selten (siehe Czihak et al. 1981: 761, 768 ff.). Aus diesem Grunde bedeutet auch die in der agro-industriellen Landwirtschaft betriebene Zucht von Schlachtvieh eine Energieverschwendung, da ohne die Zwischenschaltung des Schlachtviehs in der Nahrungskette und bei direktem Verbrauch von pflanzlicher Nahrung viel mehr Menschen ernährt werden könnten (s. o. Seite 59). Dies gilt insbesondere dann, wenn das Vieh hochwertige Kohlehydrate verbraucht, die der menschlichen Ernährung direkt dienen könnten, z. B. Sojabohnen (siehe Pimentel und Pimentel 1979: 79 f.) und wenn der Futtermittelanbau die menschliche Nahrungsmittel-Produktion verdrängt.

Ökosysteme haben eine Geschichte. Ein Areal, das von Vegetation frei ist, wird zunächst von sogenannten *Pionier-Arten* besiedelt,

die eine hohe Produktivität besitzen. Nach und nach siedeln sich
weitere Pflanzen- und Tierarten an und komplexe Nahrungs-
ketten-Gefüge bilden sich heraus. Die Biomasse des Systems
wächst an, zunächst schneller, bis sich das Wachstum verlangsamt.
Schließlich stellt sich ein stabilisiertes Endstadium ein, die
Klimax. In einem Klimax-Stadium kommt die Netto-Primärproduktion zum Erliegen, es kommt zu keiner weiteren Anreiche-
rung von Biomasse mehr (siehe Abb. 3). Diesen Vorgang der
Besiedlung eines Areals durch verschiedene Tier- und Pflanzen-

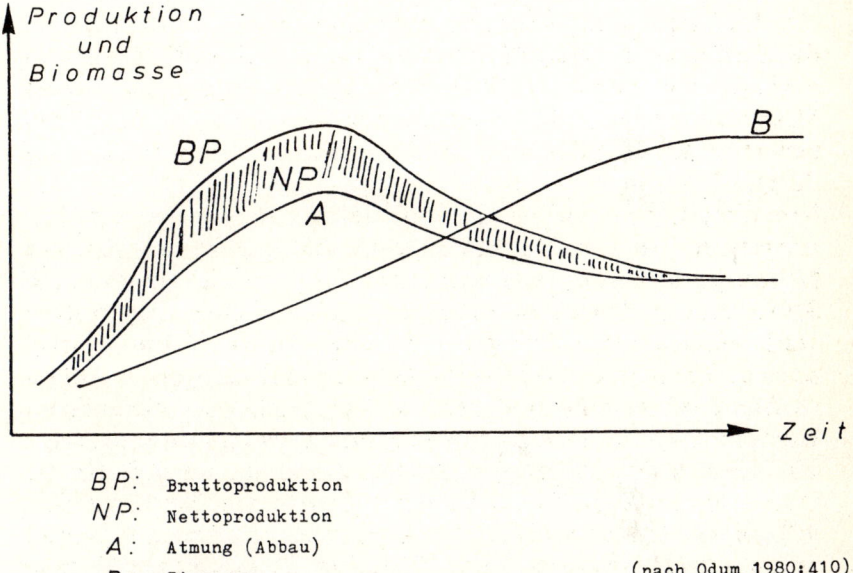

BP: Bruttoproduktion
NP: Nettoproduktion
A: Atmung (Abbau)
B: Biomasse

(nach Odum 1980:410)

Abb. 3: Energetik der Ökosystementwicklung

arten nennt man *Sukzession*. Im idealtypischen Fall steht im Klimax-Stadium die zur Erhaltung des Systems benötigte Energie
im Gleichgewicht mit der Energie, die durch die Photosynthese
neu fixiert wird (siehe Odum 1980: 405−12).
Die menschliche Strategie der Produktion von Nahrungsmitteln
besteht nun darin, die Geschichte des Ökosystems in einem frühen
Stadium der Sukzession anzuhalten, nämlich im Stadium einer
hohen Produktivität (siehe Margalef 1968: 47, u. Kap. 2 passim.).

Man hat also zu verhindern, daß sich das System zu einem persistenten Klimax-Stadium hin entwickelt. Durch Unkrautvertilgungsmittel werden dabei in der agro-industriellen Landwirtschaft jene Organismen reduziert oder eliminiert, die mit dem Menschen in den Wettbewerb um Nahrungsmittel treten (siehe Holling und Goldberg 1971: 224). Um dies noch besser verstehen zu können, müssen wir uns im nächsten Abschnitt mit den Problemen von Stabilität und Artendiversität im Ökosystem befassen.

7. Stabilität und Diversität

Überlegungen zur Stabilität natürlicher und vom Menschen geschaffener Ökosysteme nehmen einen breiten Raum im kulturökologischen Schrifttum ein, doch die Definition von „Stabilität" bereitet oft erhebliche Schwierigkeiten. In diesem Abschnitt möchte ich einige in diesem Zusammenhang relevante Begriffe klären, damit der ökologisch interessierte Ethnologe den Anschluß an die Diskussion innerhalb der Ökologie findet. Für eine gründliche Auseinandersetzung mit dem ökologischen Stabilitätsbegriff sei — über die zitierten Werke hinaus — auf die weiterführende Literatur verwiesen.

Zur Vorbereitung auf die Diskussion des Stabilitätsbegriffs muß zunächst der wichtige Begriff der *Diversität*, bzw. *Artendiversität* geklärt werden. Zur Kennzeichnung eines Habitats benötigt man u. a. Informationen über die *Artenzahl* und die *Menge der Individuen*, mit der die Arten jeweils vertreten sind. Die Beziehung zwischen Artenzahl und Menge der Individuen kann man durch mathematische Formeln in Form eines *Diversitätsindex*, bzw. des *Art-Individuenmusters* darstellen. Es gibt mehrere Diversitätsindices (siehe Odum 1980: 228); als Beispiel sei hier nur der Index von Simpson angeführt (siehe Tischler 1979: 117):

$$D = \frac{\Sigma n\,(n\text{-}1)}{N(N\text{-}1)}$$

D = Diversität
n = Anzahl der Individuen pro Art
N = Anzahl der Individuen aller Arten
D kann bei diesem Index Werte zwischen 0 und 1 einnehmen. Gehören alle Individuen zu einer Art, so ist D = 1. Je kleiner der Wert für D ist, desto größer ist die Diversität.

Hier ist sogleich folgendes anzumerken: eine hohe Diversität ist *nicht* gleichbedeutend mit einer *großen Artenanzahl*. Ein einfaches hypothetisches Beispiel soll dies illustrieren: man nehme 100 Individuen, die sich auf 10 Arten verteilen. Zwei Extremfälle sind nun möglich:

1.) 91 Individuen gehören einer einzigen Art an, die restlichen 9 Arten sind mit je einem Individuum vertreten.
2.) Auf jede der 10 Arten kommen je 10 Individuen.

Beide Biozönosen besitzen die gleiche Anzahl von Arten, dennoch erscheint die Biozönose aus Beispiel 1 einheitlicher, die Diversität ist in diesem Falle geringer. Im zweiten Fall wirkt die Biozönose dagegen vielfältig und abwechslungsreich und besitzt dementsprechend auch eine höhere Artendiversität. Dies bestätigt auch die Berechnung der Diversität nach Simpsons Index: im ersten Fall ist D = 0, 83, im zweiten Fall ist D = 0,09.

Man kann also zwei Idealtypen von Ökosystemen unterscheiden: generalisierte und spezialisierte (siehe D. R. Harris 1969: 4 ff.). Generalisierte Ökosysteme sind durch eine große Anzahl von Tier- und Pflanzenarten gekennzeichnet, wobei jede Art nur durch eine relativ kleine Anzahl von Individuen vertreten ist. Spezialisierte Ökosysteme sind dagegen durch eine kleine Anzahl von Arten gekennzeichnet, wobei jede Art bzw. bestimmte Arten aber durch eine relativ große Anzahl an Individuen vertreten ist. Die Diversität solcher Ökosysteme ist demzufolge recht gering; generalisierte sind dagegen durch höhere Diversität gekennzeichnet.

Im tropischen Regenwald herrscht hohe Diversität. Wo aber, wie etwa in arktischen Breiten, in der Wüste oder in großen Höhen physikalische Faktoren limitierend wirken, da besteht geringe Diversität. Es besteht ein Zusammenhang zwischen der Netto-Primärproduktion und der Artendiversität. Im tropischen Regenwald, einem Ökosystem-Typ mit sehr hoher Netto-Primärproduktion, herrscht auch sehr hohe Artendiversität. „Es herrschen gleichmäßige und günstige klimatische Verhältnisse, der Lebensraum ist stark gegliedert, es handelt sich um einen sehr alten Landschaftstyp, die Verknüpfungen der Organismen untereinander und mit den abiotischen Systemanteilen sind so ausgewogen, daß die Ungunst der Nährstoffarmut des Bodens sich nicht auswirken kann" (Tischler 1979: 117). Solche Verhältnisse begünstigen die Herausbildung einer hohen Artenzahl mit jeweils relativ wenigen Individuen. Diese Gegebenheiten haben dazu geführt, daß der tropische Regenwald gelegentlich als besonders stabiles Ökosystem mißdeutet wird (z. B. D. R. Harris 1969). Die Charakterisierung des tropischen Regenwaldes als besonders stabiles Ökosystem rührt Breckling et al. (1981: 112) zufolge daher, „daß die Dichte der trophischen Vernetzung, die aufgrund der hohen Diversität zustandekommt, ermöglicht, daß der Ausfall einzelner Arten praktisch reibungslos und vollständig durch andere Arten kompensiert werden kann." Es ist aber ein großer Irrtum, den Regenwald undifferenziert als stabil zu bezeichnen. Bei Rodung großer Flächen bricht dieses System beispielweise irreversibel zusammen, aus Gründen, die weiter unten (S. 111−13) noch verdeutlicht werden (s. a. Breckling et al. 1981: 111−23). Der tropische Regenwald ist also in hohem Maße störungsanfällig. Dagegen sind natürliche spezialisierte Ökosysteme − beispielsweise Monokulturen von Schlickgras *(Spartina)* − im Gegensatz zu der von D. R. Harris (1969: 4 f.) geäußerten Ansicht oft sehr stabil. Solch eine Stabilität kommt aber künstlichen, vom Menschen geschaffenen Monokulturen nicht zu. Die Instabilität dieser Monokulturen rührt wahrscheinlich nicht von ihrer Einfachheit her, sondern vom Fehlen einer *Koevolution* mit Ungeziefer und Krankheitserregern. Mit anderen Worten: ihnen fehlt ein „evolutionary pedigree" (siehe May 1975: 164 f., 167). − Auf die Probleme künstlicher spezialisierter Ökosysteme komme ich weiter unten (S. 99−103) noch einmal zu sprechen.

Es ist nun an der Zeit, den ökologischen Stabilitätsbegriff genauer zu kennzeichnen. Wieso kann man den tropischen Regenwald beispielsweise nicht als stabil bezeichnen? Intuition und „common sense" führte etliche Biologen dazu, einen positiven Zusammenhang zwischen Stabilität und Diversität zu behaupten − eine Position, die heute gerne als „folk wisdom of ecology" belächelt wird (siehe Allen und Starr 1982: 186 ff.). Mit Crawford S. Holling (1973: 17 f.; s. a. Holling und Goldberg 1971) differenziert man dagegen zwischen *Stabilität, Persistenz* und *Resilienz.* Ökosysteme mit hoher Artendiversität, wie etwa der tropische Regenwald, sind zwar *persistent*, d. h. sie können bei dauerhaft günstigen Standortbedingungen in ihrer Gesamtstruktur, ihrer Produktivität und ihrem Artenbestand über lange Zeiträume hinweg erhalten bleiben, Tropische Regenwälder sind aber nicht in der Lage, *traumatische und langfristige Störungen* (Naturkatastrophen oder menschliche Eingriffe, z. B. großflächige Rodungen) aufzufangen. Dazu sind aber resiliente Systeme in der Lage. Dabei braucht das System keineswegs zu einem Gleichgewichtszustand zurückzukehren; es kann großen Schwankungen unterworfen sein. Mit anderen Worten: es kann *instabil* bleiben, wenn man mit Holling (1973: 17) „Stabilität" als die Eigenschaft eines Systems bezeichnet, nach einer zeitlich befristeten Störung wieder zu einem Gleichgewichtszustand zurückzukehren. Resiliente, bzw. widerstandsfähige Systeme können also durchaus recht instabil sein, aber dennoch fortbestehen. Sie können starke Schwankungen der Standortfaktoren verkraften, wie beispielsweise ein Laubwald in den gemäßigten Breiten. Ein persistentes Ökosystem wie der tropische Regenwald ist dagegen von fortdauernd günstigen Standortfaktoren abhängig. Der tropische Regenwald ist also persistent und besitzt eine hohe Artendiversität, aber er ist nicht resilient, bzw. widerstandsfähig. *Widerstandsfähigkeit* darf also nicht mit *Stabilität* gleichgesetzt werden. Auf diese Fragen komme ich weiter unten (S. 100 f.) nochmals zurück.

Es wäre übrigens interessant zu wissen, ob die hier beschriebene „ökologische Volksweisheit" auch zur Rechtfertigung der Zerstörung der tropischen Regenwälder herhalten muß, etwa dort, wo der Urwald abgeholzt wird, um ausgerechnet Rinderfarmen für die Fleischversorgung zumeist ausländischer Konsumenten anzulegen. Hinter dergleichen Unternehmungen – man möge mir die nun folgenden Worte in einem Text wie diesem einmal nachsehen – herrscht jedenfalls jene sich mit hehren Worten verbrämende Mentalität, der kurzfristiger Profit alles ist und Verantwortung für die Zukunft nichts bedeutet, nach dem Motto „Nach uns die Sintflut". Ähnliches darf man auch von dem forcierten Anbau von „cash crops" für den Export sagen; natürlich auf Kosten der Fähigkeit der betroffenen Bevölkerung, sich selbst zu versorgen (siehe Janzen 1973).

8. r-Selektion und K-Selektion

Schließt man bei einer gegebenen (hypothetischen) Population die Zu- und Abwanderung von Individuen aus, so erhöht sich die Dichte der Population, wenn die Zahl der Nachkommen größer als die Zahl der im gleichen Zeitraum gestorbenen Individuen ist. Die *spezifische Wachstumsrate* (r) einer Population ergibt sich also als Differenz von *Geburtenrate* (b) und *Sterberate* (m) der Population:

$$r = b - m$$

Wenn nun die Wachstumsrate von Generation zu Generation jeweils einen bestimmten Prozentsatz der vorausgegangenen Generation ausmacht, dann wächst die Population nicht linear an, sondern *exponentiell*, so wie auf der Bank das Geld bei konstantem Zinssatz exponentiell anwächst.

Bezeichnet N die Anzahl der Individuen und t die Zeit, so bezeichnet der Differenzenquotient $\frac{\triangle N}{\triangle t}$ die Veränderung der Individuenzahl pro Zeiteinheit. Da man aber in der Populationsbiologie zumeist nicht an einer Veränderung in einer bestimmten Zeiteinheit interessiert ist, sondern an der theoretischen *momentanen Veränderungsrate* wenn sich $\triangle$ t Null nähert, so verwendet man nicht den Differenzenquotient, sondern der Differentialquotient $\frac{d N}{d t}$ Die tatsächliche Vermehrung einer Population ist nun nicht nur von der konstanten spezifischen Wachstumsrate r, sondern auch von der Anzahl N der Individuen abhängig. Das exponentielle Wachstum einer Population läßt sich daher durch folgende Gleichung darstellen:

$$\frac{dN}{dt} = rN$$

Diese Gleichung beschreibt die typische J-förmige Wachstumskurve exponentiell wachsender Populationen (siehe Abb. 4).

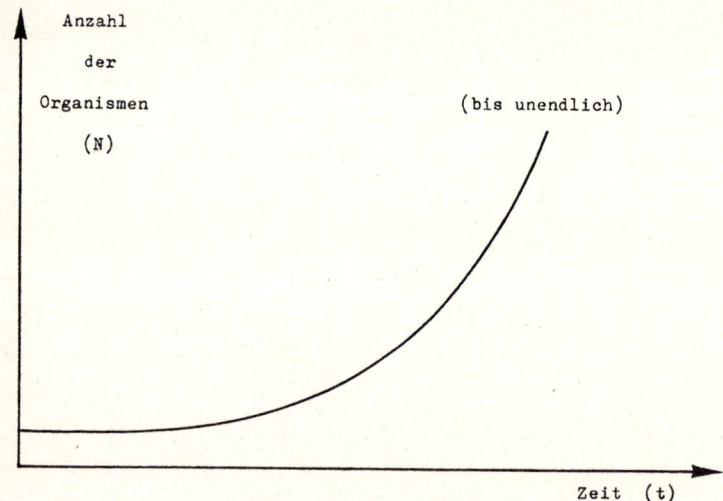

Abb. 4: J-förmige Wachstumskurve exponentiell
wachsender Populationen

In der freien Natur kann es jedoch nur unter sehr eingeschränkten Bedingungen für längere Zeit zu solch einem exponentiellen Wachstum kommen. Es muß ein reichhaltiges Nahrungsangebot vorhanden sein, äußere Feinde dürfen nicht vorkommen und es darf keine Übervölkerung herrschen. Solche Verhältnisse liegen beispielsweise bei der Kolonisation von Inseln durch einwandernde Arten vor (siehe MacArthur und Wilson 1967). Unbegrenztes Wachstum ist aber in der Natur auf die Dauer nicht möglich und mit zunehmender Populationsdichte macht sich der *Umweltwiderstand* immer stärker bemerkbar. Das exponentielle Wachstum der Population wird immer langsamer und die Wachstumskurve nähert sich schließlich asymptotisch einer Linie an, die die *mögliche maximale Größe der Population unter gegebenen Umweltbedingungen* bezeichnet. Diese Größe wird mit K abgekürzt und *Tragfähigkeit der Umwelt, Kapazität* (der Umwelt) oder *carrying capacity* genannt. Die Wachstumskurve der Population ist nun nicht mehr J-förmig, sondern S-förmig (sigmoid) (siehe Abb. 5).

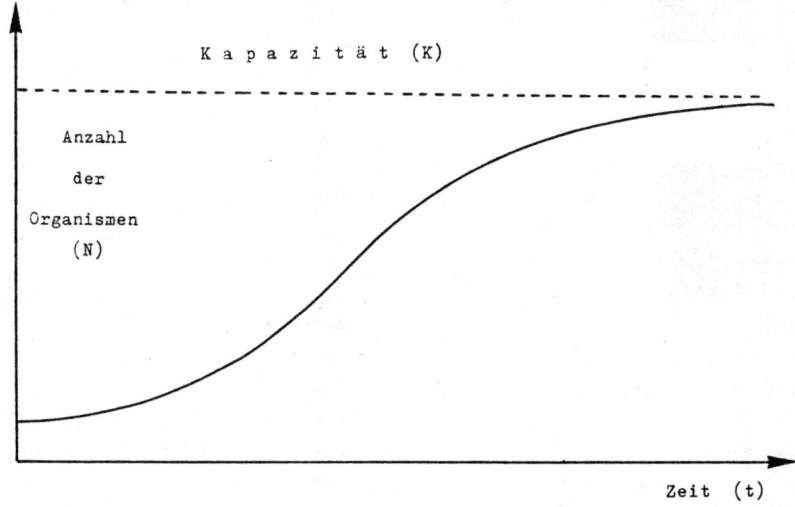

Abb. 5: S-förmige (sigmoide) Wachstumskurve

Die sigmoide Form der Wachstumskurve wird durch folgende Formel dargestellt:

$$\frac{dN}{dt} = rN\frac{(K - N)}{K}$$

Die hier beschriebenen Verhältnisse führten MacArthur und Wilson (1967) zu einer interessanten Theorie des Sukzessionsgeschehens. Diese Autoren unterscheiden zwischen zwei verschiedenen idealtypischen Lebensstrategien von Populationen: der sogenannten *r-Selektion* und der *K-Selektion*. Die r-Selektion ist beispielweise die Strategie neu kolonisierender Pionierarten mit rascher Entwicklung der Individuen, kleinem Körpergewicht, kurzer Lebensdauer, hoher Reproduktion und einer Populationsgröße weit unterhalb der Kapazität der Umwelt. Die Wachstumskurve ist J-förmig. Beispiele für solche Arten sind einjährige Pflanzen, Fadenwürmer, Wasserflöhe, aber auch kleine Säugetiere wie Mäuse und Lemminge. Die K-Selektion ist dagegen die Lebensstrategie von Arten mit langsamer Entwicklung der Individuen von größerem Körpergewicht, verzögerter Reproduktion und langer Lebensdauer. Die Populationsgröße ist ziemlich konstant und nahe bei K, also im Gleichgewicht mit der Umwelt. Große, langlebige Tiere und Bäume sind beispielsweise K-Strategen.

Im Verlauf der Entwicklung von Ökosystemen werden die r-Strategen von den K-Strategen abgelöst. „Zu Beginn überwiegen die einjährigen Pflanzen, die rasch wachsen, blühen, fruchten und dann wieder vergehen. K-Strategen wie die Bäume benötigen viel mehr Zeit für ihre Entwicklung. Sind sie aber erst einmal hochgekommen, sind sie den r-Strategen konkurrenzüberlegen" (Hartmann 1982: 40).

Viele der vom Menschen zur Nahrung verwendeten Tiere und Pflanzen lassen sich nun als rasch wachsende, produktive Organismen der frühen Sukzessionsstadien mit der Strategie der r-Selektion bezeichnen, die eine regelmäßige und erfolgreiche Ernährung garantieren. Als Pflanzen legen solche Arten beispielsweise einen Großteil der gebundenen Sonnenenergie in Fortpflanzungsorganen (Samen) fest. Aber auch aus anderen Gründen ist die Kenntnis der hier referierten Begriffe für den kulturökologisch interessierten Ethnologen wichtig, denn sie spielen in den kulturökologischen Schriften mitunter eine wichtige Rolle. So vertritt etwa J. M. Diamond (1977) die Ansicht, die Theorie der r/K-Selektion sei auch auf die Biogeographie prähistorischer menschlicher Gruppen anwendbar. Der Archäologe Kirch (1984: 86 f.) weist dagegen diese Theorie als zu einfach für die Erklärung der Besiedlungsgeschichte Polynesiens zurück.

Das Konzept der Kapazität der Umwelt spielt eine sehr große Rolle in der Diskussion um die sogenannte Umweltanpassung der

Kultur. Mit diesem Problem werde ich mich in Kapitel 6 noch befassen. An dieser Stelle sei nur angemerkt, daß die Anwendung von K auf menschliche Populationen zu so immensen Schwierigkeiten führte, daß vorgeschlagen wurde, dieses Konzept fallen zu lassen (siehe Hayden 1975; Löffler 1960). Die Kapazität der Umwelt menschlicher Gruppen ist nämlich nicht meßbar, jedenfalls nicht ohne größte Schwierigkeiten, da sie von verschiedenen *kulturellen* Faktoren abhängt. Durch die Anwendung unterschiedlicher technischer Arbeitsmittel und Produktionsstrategien kann nämlich die gleiche natürliche Umwelt prinzipiell so umgestaltet werden, daß sie jeweils Bevölkerungen mit unterschiedlicher Dichte Lebensraum bietet. Außerdem wird die Umwelt unterschiedlich wahrgenommen. Der westliche Landwirtschaftsexperte würde, alleingelassen, in der Kalahari-Wüste mit Sicherheit verhungern, Buschleute finden dort aber genügend Nahrung. Bei der Beschreibung der Interaktionen menschlicher Populationen von Anpassung an die Kapazität der Umwelt zu sprechen, erscheint somit als eine unzulässige Anlehnung an biologische Vorstellungen. Das Verständnis der jeweiligen Art der Auseinandersetzung einer menschlichen Gruppe mit der Natur wird durch dergleichen biologische Analogien nicht gefördert, sondern verhindert.

9. Systemtheoretische Grundbegriffe

Die bisher behandelten Grundbegriffe der Kulturökologie stammen aus der naturwissenschaftlichen Ökologie. In hohem Maße werden aber heute sowohl ökologische, als auch kulturwissenschaftlich-ethnologische Denkmodelle von Vorstellungen aus der Allgemeinen Systemtheorie durchdrungen. Daher möchte ich nun noch einige systemtheoretische Grundbegriffe vorstellen. Die Bedeutung der Systemtheorie für die Ökologie rührt aus der Erkenntnis, daß Populationen und Organismen zu *Selbsterhaltung* und *Selbstregulation* fähig sind. Daher wurde ein Teilgebiet der Systemtheorie, nämlich die *Kybernetik* als „Wissenschaft von den Steuerungen" für die Ökologie besonders wichtig (kybernetes = Steuermann). Ich beginne daher mit zwei kybernetischen Grundbegriffen: *Homöostasie* und *Rückkoppelung*.

Homöostasie und Rückkoppelung

Anhand eines Beispiels aus der Biologie sollen nun einige Begriffe eingeführt werden. Ich folge dabei teilweise Ludwig von Bertalanffy (1973: 165–7).
In lebenden Systemen (z. B. in der Zelle) gehen ständig Verfalls- und Syntheseprozesse so vonstatten, daß Zelle und Organismus in einem Zustand des *Fließgleichgewichts* (steady state) gehalten werden. Das bedeutet: trotz des Materie- und Energieaustauschs mit der Umwelt erhalten solche Systeme (jedenfalls bis zum Tode) ihre Struktur. Alle Charakteristika eines lebenden Systems sind Konsequenzen des Fließgleichgewichts, z. B. Metabolismus (Stoffwechsel), Wachstum, Entwicklung, Selbstregulierung, Reproduktion, Reiz-Reaktion, autonome Aktivität.
Der Austausch mit der Umwelt und das Prinzip des Fließgleichgewichts besagen aber auch, daß das biologische System in der Lage ist, Veränderungen zu widerstehen, bzw. auf Umwelteinflüsse so zu reagieren, daß seine innere Struktur dabei erhalten bleibt. Diese Fähigkeit, Veränderungen zu widerstehen und im Gleichgewicht (bzw. im Fließgleichgewicht) zu verharren, bezeichnet man mit dem Fachausdruck Homöostasie (*homeo* = gleich; *stasis* = stehend).
Homöostasie ist abhängig von den Prozessen der *positiven* und der negativen *Rückkoppelung*. Zur Beschreibung dieser Prozesse dient am besten das Bild vom *Regelkreis*.
Das System (irgend eine „black box")[1] gibt Materie, Energie und/oder Information an die Umwelt ab (Ausgabe). Die Ausgabe (A) wird von einem Meßfühler (M) gemessen und mit einem bestimmten *Soll-Wert* verglichen. Stimmen Ausgabe und Soll-Wert nicht miteinander überein, so gibt der Meßfühler ein Signal an den Regler (R) ab, der die Eingabe (E) so lange reguliert, bis die Ausgabe wieder mit dem Soll-Wert übereinstimmt. Diese Kommunikation zwischen Meßfühler und Regler wird als „Rückkoppelung" bezeichnet.
Die Wärmeregulierung durch den *Thermostaten* wird gern als Beispiel für einen Rückkoppelungsprozeß angeführt. Der Thermostat ist dabei der Meßfühler, der die Ausgabe — die Zimmertemperatur — mit einem vorgegebenen Soll-Wert vergleicht. Das

---

1 Mit „black box" bezeichnet man ein System, dessen innere Struktur unbekannt ist, bzw. für bestimmte Zwecke vernachlässigt werden darf.

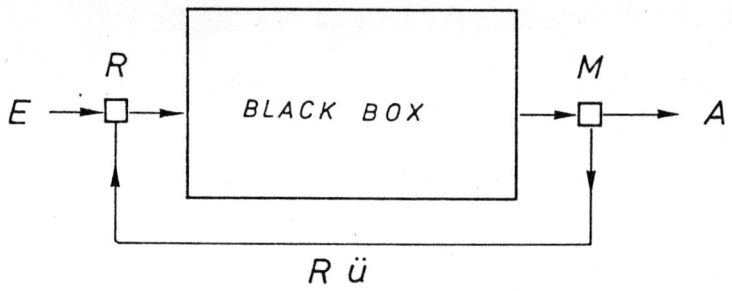

E : Eingabe (input)
A : Ausgabe (output)
R : Regler
M : Meßfühler
R ü : Rückkoppelungsschleife

Abb. 6: Regelkreis

System (der Ofen) besitzt ein Ventilsystem — den Regler — der die Kraftstoffzufuhr reguliert.

Hat nun die Ausgabe einen bestimmten Wert erreicht, so erhält der Regler vom Meßfühler den Befehl, die Eingabe einzustellen oder zu reduzieren: diesen Vorgang nennt man *negative Rückkoppelung*. Es könnte nun geschehen, daß der Regelbefehl zum falschen Zeitpunkt — verspätet — eintrifft. Dann könnte sich der Sollwert nach oben verschieben und statt daß das System einen Zustand des Gleichgewichts einhält, schaukelt es sich quasi zu immer stärkeren Schwingungen auf. Diesen Vorgang nennt man *positive Rückkoppelung*. Positive Rückkoppelung kann zur Zerstörung des Systems führen; „positiv" bedeutet also in diesem Zusammenhang nicht „von Vorteil" — im Gegenteil.

Die Kulturanthropologie beschäftigt sich mit Ökosystemen, die den Menschen und seine kulturellen Äußerungen als Komponenten enthalten. Das besondere bei diesen Ökosystemen ist die Möglichkeit der Veränderung bestimmter Soll-Werte durch kulturelle Komponenten wie Werte und Einstellungen. Soziale und kulturelle Entwicklungsprozesse sind dann im kybernetischen Sinne als Prozesse permanenter positiver Rückkoppelung zu verstehen, die durch ein beständiges Anwachsen von Wissen, Macht und Energieausnutzung gekennzeichnet sind. Diese positive Rückkoppelung gefährdet heute in zunehmendem Maße die Qualität des menschlichen Lebens und der Umwelt. Es ist dringend geboten, negative Rückkoppelungsstrategien zu finden und hierin liegt eine der Hauptaufgaben einer ökologisch orientierten Kulturanthropologie. (siehe Odum 1980, 1: 48).

System

Bislang wurde das *System-Konzept* intuitiv verwendet — jetzt sind wir an einer Stelle angelangt, wo es notwendig ist, es zu präzisieren. Ein System im Sinne der Allgemeinen Systemtheorie ist zunächst einmal einfach „a set of objects together with relationships between the objects and between their attributes" (Hall und Fagen 1956: 18). Unter „Objekten" sollen dabei zunächst einfach die Komponenten eines Systems verstanden werden; „Attribute" sind dann die Eigenschaften dieser Komponenten. Die Beziehungen zwischen den Objekten, sowie den Objekten und Attributen machen dann erst das System aus. Mit dem Systembegriff verbindet sich darüber hinaus die Vorstellung von komplexen Netzwerken, die in Form von Rückkoppelungsschleifen miteinander verbunden sind. Systemmodelle sind demnach nicht *linear-kausal*. Dieser Umstand macht sie für die Untersuchung komplexer Prozesse so wichtig.

Das Systemdenken tritt besonders in jenen Wissenschaften zutage, die sich mit der Organisation von Lebensprozessen befassen. Dies sind neben den biologischen Wissenschaften immer stärker auch die Kultur- und Sozialwissenschaften. Gesellschaft wird dabei gerne als ein lernendes, kybernetisches Regelsystem verstanden, das quasi über ein „inneres Modell" der Außenwelt verfügt und in der Lage ist, dies Modell zu verändern (siehe Klaus und Buhr 1971, II: 1062). *Wachstum, Differenzierung, hierarchische Ordnung, Dominanz, Kontrolle, Wettbewerb, Symbiose* sind allgemeine Eigenschaften lebender System (siehe von Bertalanffy 1956: 7).

Eine Unterscheidung von fundamentaler Bedeutung für das Verständnis von Ökosystemen ist die Unterscheidung von *offenen* und *geschlossenen Systemen*. Ein offenes System tauscht mit seiner Umwelt Materie, Energie und Information aus, nicht aber ein geschlossenes System, daher findet im geschlossenen System auch kein Wandel in Richtung einer geringeren Entropie statt, also keine Entstehung höherer Ordnung. Ein Organismus ist ein offenes System, denn er benötigt für sein Überleben nicht nur die für den Stoffwechsel nötigen Substanzen, sondern auch Informationen über seine Umwelt. Auch soziokulturelle- und Ökosysteme sind in diesem Sinne offene Systeme.

Umwelt

Man kann davon ausgehen, daß soziale Organisation aus der Interaktion einer Population mit ihrer Umwelt resultiert. Hier stellt sich aber sogleich die Frage nach dem Verhältnis von System und Umwelt: wie ist dies Verhältnis beschaffen? Wie erkenne ich was zur Umwelt einer Population gehört und was nicht?

Niklas Luhmann zufolge ist „Strukturbildung .. immer Beschränkung der Freiheit der Kombination von Elementen. Solche Beschränkungen können nur duch Systembildung gewonnen werden. Systembildung erfordert auf welcher Ebene auch immer, die Ausgrenzung einer nicht zum System gehörenden Umwelt" (Luhmann 1977: 13).

Bei solch einer „Ausgrenzung" der Systemumwelt kann man zwei Betrachtungsweisen unterscheiden:

- die organismus-orientierte Betrachtungsweise

und — die problem-bzw. beobachterorientierte Betrachtungsweise.

Im Rahmen der organismus-orientierten Betrachtungsweise kann man zwischen der *wahrgenommenen Umwelt* (perceptual environment), der *wirksamen Umwelt* (effective environment) und schließlich der *totalen Wirklichkeit* (total reality) unterscheiden (siehe Anderson 1973: 188 ff.). Die wahrgenommene Umwelt entspricht jenen Elementen, die der Organismus wahrnimmt; die wirksame Umwelt entspricht jenen Elementen, die auf den Organismus einwirken, ob er sie nun wahrnimmt, oder nicht. Die totale Wirklichkeit bezeichnet schließlich alle Elemente, die überhaupt entdeckbar, bzw. erschließbar sind, ob sie nun auf den Organismus einwirken, oder nicht.

Es war bereits die Rede von den *kognitiven Modellen* und den *operationalen Modellen*, die für die Praxis der anthropologischen Forschung gleichermaßen bedeutsam sind (S. 19). Dies wird an dieser Stelle wiederum deutlich durch die Unterscheidung zwischen *wahrgenommener Umwelt* einerseits, sowie *wirksamer Umwelt* und *totaler Wirklichkeit* andererseits. Wirksame

Umwelt und totale Wirklichkeit können auf den Organismus einwirken, ohne daß dieser es wahrnimmt, d. h. ohne daß er über ein kognitives Modell dieser Einwirkungen verfügt. Um also sein Verhältnis zur Umwelt zu verstehen, können wir nicht auf ein operationales Modell verzichten – mit anderen Worten: wir benötigen auch die beobachterorientierte Betrachtungsweise bei der Ausgrenzung der zum System gehörenden Umwelt.

Im Rahmen der Untersuchung der Beziehung von Systemen und Systemumwelt muß der Beobachter nach Maßgabe seines Untersuchungsproblems entscheiden, was er zur wirksamen Umwelt eines Systems rechnen möchte. Im Bereich der Ökologie geht es u. a. um organismische-, Populations- oder Ökosysteme. Von der Art seines Untersuchungszieles hängt es ab, was der Ökologe nun zur Umwelt des zu beobachtenden Systems rechnet und was nicht. Umwelt im Rahmen der beobachter-orientierten Betrachtungsweise ist also mit den Worten von Hawley (1968: 330) stets das, was einem jeweils untersuchten Phänomen äußerlich ist und tatsächlich oder potentiell eine Wirkung auf es ausüben kann. Der Begriff „Umwelt" hat in diesem Sinne keinen festen Inhalt; je nach Maßgabe des Untersuchungsproblems muß er neu bestimmt werden.

Bislang wurde „Umwelt" also ganz allgemein als dasjenige bezeichnet, das auf etwas anderes – nämlich das untersuchte Phänomen – einen Enfluß ausübt. Hier könnte jemand nun folgenden Einwand vorbringen: „Bei der Untersuchung konkreter Umweltprozesse werden wir feststellen, daß nicht nur die Umwelt auf das System, sondern auch das System auf die Umwelt einwirkt, wie dies z. B. im Falle der Industriegesellschaften und ihrer Beschädigung der natürlichen Umwelt offen zutage tritt. Wenn wir nun aber Umwelt im oben angeführten Sinne definieren – als dasjenige, was auf etwas anderes einwirkt – dann muß sich die Unterscheidung von System und Umwelt doch verflüchtigen – jedes ist dann für das andere ‚Umwelt'."

Dies ist richtig. Jedes System unterhält zwei verschiedene Arten von Beziehungen

    a) Koppelung mit anderen, gleichartigen (kollateralen) Systemen.

    b) Unterordnungs/Überordnungsbeziehungen mit den jeweils angrenzenden Systemen auf höherer, bzw. tieferen Organisationsstufe (siehe Berrien 1968: 60 f.).

Sowohl auf kollateraler, als auch auf vertikaler Ebene gehören wiederum andere Systeme zur Umwelt des untersuchten Systems. Je nach der Art des Untersuchungsproblems wird man also eventuell nicht nur untersuchen, inwieweit die Umwelt das untersuchte System beeinflußt, sondern auch die Rückwirkungen dieses Systems auf seine Umwelt. In letzterem Fall gehört dieses System eben zur Umwelt bestimmter anderer Systeme. – „Umwelt" ist eben ein Relationsbegriff ohne feste inhaltliche Bestimmung, daher kann man auch an der oben angeführten Begriffsbestimmung festhalten.

Anpassung

Anpassung ist einer der schillerndsten und vieldeutigsten der in der Kulturökologie verwendeten Begriffe, der uns später in Kapitel 6 und 7 noch sehr beschäftigen wird. Anpassung gehört aber auch (als Relationsbegriff) zum Konzepte-Vorrat der Allgemeinen Systemtheorie, daher soll dieser Begriff hier allgemein eingeführt werden, d. h. ohne nähere spezifisch ökologische Bestimmungen. Anpassung im systemtheoretischen Sinne bezieht sich auf jene verhaltensmäßigen und strukturellen Veränderungen während der Lebensdauer eines Systems, welche sein Überleben gewährleisten (siehe Berrien 1968: 74). Man kann Anpassung in diesem Sinn noch genauer definieren:
„Anpassung" seien jene Prozesse genannt, durch die ein lebendes System angesichts von Veränderungen in der Umwelt seine Homöostasie bewahrt. Dabei kann es sich um kurzfristige, reversible Prozesse angesichts kurzfristiger Fluktuationen handeln, oder aber um nichtumkehrbare Transformationen der Systemstruktur im Falle dauerhafter Umweltveränderungen (siehe Rappaport 1979: 145).
Wir können auch auf den uns nun zur Verfügung stehenden Begriff der Rückkoppelung zurückgreifen, um uns das Konzept der Anpassung zu verdeutlichen. Rückkoppelungsprozesse bewältigen Störungen in der Systemumwelt, die die Homöostasie des Systems beeinträchtigen würden. Solche „Störungen" kann man nun systemtheoretisch als Ausgabe-Irrtümer eines Systems S1 auffassen, mit dem ein sich anpassendes System S2 gekoppelt ist. Die Ausgabe von S1 stellt für S2 eine Eingabe dar. Anpassung als Rückkoppelungsprozeß bedeutet: das System S2 blockiert, zerstreut oder neutralisiert eine fehlerhafte Eingabe aus S1 (siehe Abb7). Allerdings kann S2 erst im Falle eines eigenen Ausgabe-

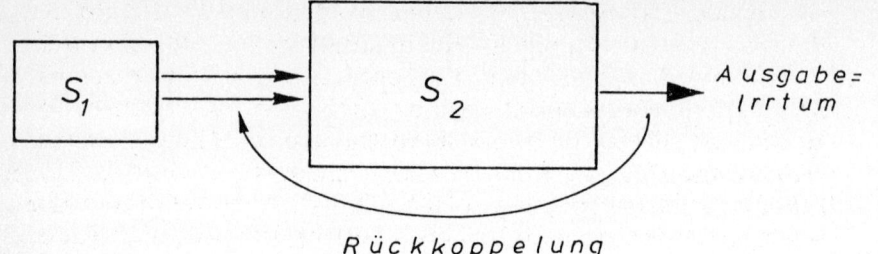

S₁ , S₂ : gekoppelte Systeme

Abb. 7: Anpassung

Irrtums korrigierend tätig werden, wenn ein Meßfühler eine Abweichung von einem Soll-Wert feststellt.
Im Vorgriff auf die spätere Behandlung des Anpassungskonzeptes sei hier nur soviel gesagt, daß es ein zentrales Konzept der Ökologie ist, da es Prozesse beschreibt, durch die für beide Seiten günstige Beziehungen zwischen System und Umwelt hergestellt werden. Da die Untersuchung und Erklärung von Anpassung auch das dominante Problem moderner biologischer *Evolutionsforschung* ist, können auch ökologische- und Evolutionsforschungen nur schwer voneinander getrennt werden. Dies macht sich auch in der Kulturökologie und ethnologischen Untersuchungen zur kulturellen und sozialen Evolution bemerkbar, die auf das Anpassungskonzept anscheinend nicht mehr verzichten wollen.

Evolution

Was oben für Anpassung behauptet wurde, gilt im übertragenen Sinn auch für *Evolution*: auch Evolution ist einer der schillerndsten und vieldeutigsten Begriffe in der Anthropologie. Eines der Hauptprobleme bei der Verwendung dieses Begriffes besteht in der Gefahr, sich in *teleologischem Denken* zu verfangen; d. h. die *Evolutionsrichtung* wird als *Evolutionsziel* gedeutet. Um diesen teleologischen Fehlschluß zu vermeiden, haben Claessen und van de Velde (1982: 10 ff.) einen Evolutionsbegriff vorgeschlagen, dessen Kernelement der Begriff vom „Strukturwandel" ist: soziale Evolution kann dann z. B. definiert werden als der Prozeß der strukturellen Reorganisation der Gesellschaft: „Structural change ... points to changes in one or more elements, or to relations in a social system which have consequences for all or most of the other aspects of the system. The system *as a whole* is transformed because of these changes ..." (ebd. S. 11). Ein Evolutionsbegriff, der solchermaßen auf dem Konzept der strukturellen Reorganisation beruht, ermöglicht es, verschiedene Formen des kulturellen und sozialen Wandels als Evolutionsprozesse zu behandeln, die man zunächst nur intuitiv als solche begreifen könnte. Dazu gehören beispielsweise auch zyklische Entwicklungen (siehe Steward 1949) oder Prozesse des (horizontalen) Strukturwandels solcher Gesellschaften, die zwar kein „höheres" Strukturniveau erreichten, aber denen dennoch Transformationen ihrer Struktur im Laufe ihrer Geschichte widerfuhren (siehe Allen 1984; Muller 1981). Nicht zuletzt gehören aber auch Prozesse der *anwachsenden Komplexität,* die traditionell als eigentliche Evolutionsprozesse angesehen wurden (siehe Carneiro 1973) hierher.

Das Vorgehen von Claessen und van de Velde stellt insofern eine Herausforderung dar, als es auch solche Prozesse unter dem Evolutionsbegriff subsumiert, die nicht notwendig durch *Wachstum* des Systems gekennzeichnet sind, obwohl im Rahmen der Allgemeinen Systemtheorie Wachstum als Kriterium für Evolution gesehen zu werden scheint (siehe Berrien 1968: 20–21, 55–60, 75–87). Solch ein Vorgehen mag heuristisch wertvoll sein, weil es uns zwingt, unsere Kategorien neu zu überdenken.

Wachstum im System kann auf dreierlei Weise erfolgen:
1) durch Hinzufügung individueller Komponenten von außen,
2) durch die „Verschmelzung" zweier Systeme und
3) durch die Erzeugung neuer Komponenten im System (siehe Berrien 1968: 75). Wachstum kann zu einer Strukturänderung führen und diese Veränderung macht wiederum interne Anpassungen des Systems erforderlich, damit es als System überlebt. Das bedeutet: es müssen sich erst wieder Rückkoppelungschleifen herausbilden, die die Eingabe-Ausgabebeziehungen zwischen den Subsystemen regeln. Die durch die strukturelle Veränderung bedingten, dem Überleben des Systems gefährlichen Eingaben müssen also gegebenenfalls auf neuen Wegen blockiert, zerstreut oder neutralisiert werden.

„Evolution" soll hier also zusammenfassend verstanden werden als Prozeß der strukturellen Reorganisation eines Systems, wobei diese Reorganisation auch als Folge von Wachstumsprozessen erfolgt.

10. Kulturökologie: Eine Präzisierung des Begriffs

Es ist nun an der Zeit, präziser zu bestimmen, was der Gegenstand der *Kulturökologie* ist. Kulturökologie soll hier als diejenige Disziplin bezeichnet werden, die die Beziehungen zwischen sozialen Systemen und ihren natürlichen Umwelten untersucht. Vom Standpunkt der menschlichen Akteure aus gesehen — also in Analogie zur sogenannten organismus-orientierten Betrachtungsweise — kann man dabei die natürliche Umwelt als wahrgenommene, wirksame oder totale Wirklichkeit behandeln. Der Rahmen einer beobachter-orientierten Betrachtungsweise ermöglicht ferner die Untersuchung der Wechselwirkungen zwischen menschlichem Verhalten und natürlicher Umwelt, auch wenn letztere nicht zur wirksamen Wirklichkeit der Akteure gehört.

Es wird auffallen, nach der Behandlung einiger Grundbegriffe der Systemtheorie, daß die Art der Wechselwirkungen oben nicht näher bezeichnet wurde — so wurde etwa der Ausdruck „Rückkoppelung" vermieden. Die hier gegebene Definition von „Kulturökologie" unterscheidet sich somit beispielsweise von derjenigen John W. Bennetts. Bennett (1976: 24) zufolge strebt die Kulturökologie nach „theoretical explanations of *feedback processes* between culture, technology, and nature" (Hervorhebung von mir). Es ist aber nach meinem Dafürhalten unzulässig, *a priori* anzunehmen, daß die Wechselbeziehungen zwischen Sozialsystemen und der Natur durch Rückkoppelungsprozesse gesteuert sind, denn das würde bedeuten, daß Gesellschaft und Natur eine Ganzheit bilden, eine Art Übersystem mit eigenen „Zielen" und Erhaltungstendenzen. Die theoretischen und philosophischen Konsequenzen einer solchen a priori-Annahme werden im letzten Kapitel ausführlicher dargestellt. Anstatt von vorneherein zu behaupten, daß diese Beziehungen Rückkoppelungscharakter haben, sollte man lieber zunächst die Anwendbarkeit des Rückkoppelungsbegriffes auf diese Beziehungen *hypothetisch* betrachten — es ist ja denkbar, daß eine Rückkoppelung nicht, — oder nicht immer vorhanden ist. Dies Problem muß aber *empirisch* und nicht *a priori* definitorisch gelöst werden (siehe Friedman 1979: 266 f.).

Im Vorgriff auf das vorletzte Kapitel sei angemerkt, daß hier der Unterschied zwischen *Teleologie* und *Teleonomie* angesprochen ist und daß der ganze große Fragenkomplex der Rolle der Anpassung im soziokulturellen Evolutionsprozeß hier betroffen ist. – Damit wollen wir dieses Problem aber – vorläufig – auf sich beruhen lassen.

11. Weiterführende Literatur

Eine sehr anschauliche Einführung in biologische Grundbegriffe der Kulturökologie findet sich in Kapitel 1 des folgenden Buches:
    CAMPBELL, Bernard: *Human Ecology. The Story of our Place in Nature from Prehistory to the Present.* – London: Heinemann Educational Books, 1983.
Im übrigen sei hierzu auf die Bibliographie in Anhang I verwiesen. Wer sich noch nie mit Systemtheorie beschäftigt hat, sollte unter allen Umständen versuchen, sich das folgende, leider vergriffene Büchlein zu besorgen:
    CZAYKA, Lothar: *Systemwissensaft.* – Pullach: Verlag Dokumentation (UTB), 1974.
Wer verstehen möchte, wozu die Allgemeine Systemtheorie gut ist, sollte auf jeden Fall einen der „Klassiker" lesen:
    BERTALANFFY, Ludwig von: *General System Theory.* – Harmondsworth: Penguin University Books, 1973.
Eine nützliche und „schmerzlose" Einführung in die Kybernetik bietet folgendes kleine Buch:
    GEORGE, F. H.: *Cybernetics.* (ein Teach Yourself-Buch). – London: Hodder and Stoughton, 1971.
Technischer gehalten und anspruchsvoller ist folgendes Werk:
FLECHTNER, Hans-Joachim: *Grundbegriffe der Kybernetik. Eine Einführung.* – München: dtv, 1984.
Sehr nützlich ist auch folgendes Buch:
    ASHBY, W. Ross: *Einführung in die Kybernetik.* – Frankfurt/Main: Suhrkamp, 1974.
Zur Vertiefung des Themas „Stabilität und Diversität" seien auch folgende Werke empfohlen:
    NAVEH, Zev, und Arthur S. LIEBERMANN: *Landscape Ecology. Theory and Application.* – New York: Springer,

1984 (Insbesondere Teil I: „The Development of Landscape Ecology and its Conceptual Foundations").
LOUCKS, Orie L.: Evolution of Diversity, Efficiency, and Community Stability. *American Zoologist*, 10: 17–25, 1970.

Kapitel IV
DIE PRODUKTION VON NAHRUNGSMITTELN

1. Einführung

Europäer, besonders solche, die der Subspezies *Experte* angehören, sind oft allzu schnell bereit, die Techniken und Verfahren, die von nichteuropäischen vorindustriellen Völkern beim Umgang mit der Natur eingesetzt werden, als „primitiv", „rückständig", „unproduktiv", oder dergleichen mehr zu klassifizieren. Jeder Ethnograph ist jedoch in der Lage, wahllos ein paar Beispiele herauszugreifen, die solche und ähnliche Behauptungen widerlegen. Wildbeuter besitzen zum Beispiel sehr gründliche tieranatomische Kenntnisse, sind ausgezeichnete Beobachter und wissen bestens über tierisches Verhalten bescheid (siehe Laughlin 1968). Das Wissen von Bodenbau betreibenden Völkern ist nicht minder gründlich. So stellte Harold C. Conklin in seiner 1954 in Yale geschriebenen, unveröffentlichten Doktor-Dissertation „The relation of Hanunóo culture to the plant world" fest, daß beispielsweise die *Hanunóo* auf den Philippinen 92 verschiedene Namen für *Reis* kennen, wo ein normaler, englischsprechender Nicht-Experte schlicht und einfach von „Reis" sprechen würde (siehe Brown 1965: 317). Ähnlich differenzierte Klassifikationen finden wir auch bei Hirtennomaden. Während Geographen beispielsweise vier Arten von Steppe in Innerasien unterscheiden, vermögen die Khalka-Mongolen achtzehn verschiedene Arten anzugeben (siehe Krader 1955 a: 304 f.). Dies ist natürlich eine Folge der gründlichen Kenntnisse, die sie von ihrer natürlichen Umwelt besitzen.
Andererseits können einheimische Pflanzentaxonomien auch in hohem Maße mit wissenschaftlichen, biologischen Taxonomien übereinstimmen (siehe Berlin 1973). Die Samoaner, um ein letztes Beispiel zu geben, verfügen über gründliche Kenntnisse von den Erfordernissen des vor Ort betriebenen Bodenbaus. So ergaben moderne agrarwissenschaftliche Experimente, daß Yams *(Dioscorea affinis alata)* am besten gedeiht, wenn man die Stecklinge in einem Abstand von etwa 3 Fuß (= ca. 90 cm) einpflanzt. Genau diesen Abstand halten aber die samoanischen Pflanzer seit alters her ein (siehe Watters 1958: 341).

Tradiertes Wissen nicht-industrialisierter Völker ist ebenso das Ergebnis von Versuch und Irrtum, wie es wissenschaftlich abgesicherte Ergebnisse sind – oder sein sollten. Es hat dem Expertenwissen aber etwas voraus, was es ihm gegenüber sogar oft als überlegen ausweist: Im Gegensatz zum Expertenwissen wurde es vor Ort gewonnen, das heißt unter den praktischen und *historisch* gegebenen Bedingungen seiner Anwendung. Daher ist der Schluß gerechtfertigt, daß für Völker außerhalb Europas die beste Landwirtschaft oft die traditionelle einheimische ist (siehe Straube 1971). Natürlich begehen auch Angehörige nicht-industrialisierter Völker Fehler beim Umgang mit der Natur – genauso wie abendländische Ackerbauern und landwirtschaftliche Experten. Irren ist menschlich und wir werden in diesem Buch noch einiges von Fehlern hören, die auf beiden Seiten begangen wurden.

2. Generalisierte und spezialisierte Systeme der Produktion von Nahrungsmitteln

Der Unterschied zwischen generalisierten und spezialisierten natürlichen Ökosystemen wurde bereits im Kapitel 3 behandelt. Mit Hilfe der dort vermittelten Kenntnisse wollen wir uns nun den Problemen der Produktion von Nahrungsmitteln zuwenden.

Auch im Bereich der menschlichen Nahrungsmittelproduktion können wir zwischen generalisierten und spezialisierten Ökosystemen unterscheiden. Die produktive Nutzung eines natürlichen Ökosystems durch den Menschen kann beispielsweise auf dem Wege der *Manipulierung* dieses System erfolgen. In diesem Falle wird der Diversitätsindex nicht sehr verändert, sondern es werden bestimmte Komponenten im System ausgewechselt, d. h. bestimmte domestizierte Arten ersetzen bestimmte undomestizierte Arten in der gleichen ökologischen Nische.

Die sogenannte *Wechselwirtschaft* (shifting cultivation, swidden cultivation) in tropischen Waldregionen, mit der wir uns im nächsten Abschnitt genauer befassen wollen, stellt in vielen Fällen solch eine Manipulierung des generalisierten Ökosystems tropischer Wälder dar. Solche mit Hilfe der *Brandrodung* betriebenen Systeme der Produktion von Nahrungspflanzen sind *polykultural,* nicht *monokultural* wie viele landwirtschaftliche Nutzungssysteme in industrialisierten Ländern oder in kolonialen, bzw. nachkolonialen Ländern der 3. Welt. Im Rahmen dieser *Gartenbausysteme* werden eine Reihe von verschiedenen Nutzbäumen und Nahrungspflanzen, in gegenseitiger funktioneller Abhängigkeit, angebaut, wobei in diesem Komplex oftmals noch ein System der Tierhaltung integriert ist. Es wird hiermit kein künstliches Ökosystem geschaffen, das ein natürliches ersetzt, sondern der Gartenbau tropischer Völker manipuliert ein natürliches, generalisiertes Ökosystem so, daß das Gartenbausystem quasi eine Simulation des natürlichen Systems darstellt. Solche Gartenbausysteme sind in ihrer Struktur, ihren funktionellen Prozessen und in ihrem Fließgleichgewicht einem natürlichen Ökosystem ähnlicher als irgend eine andere Form der Nahrungsmittelproduktion, die der Mensch hervorgebracht hat. Dabei darf es freilich nicht übersehen werden, daß der Simulation des natürlichen Ökosystems erst die Rodung der *gesamten* ursprünglichen Vegetation auf der durch Brand gerodeten Fläche vorausgeht. Trotz aller Strukturgleichheiten zwischen der natürlichen und der angebauten Pflanzengemeinschaft handelt es sich auch bei dieser Simulation eines natürlichen Ökosystems um den vorübergehenden, *totalen* Austausch zweier Pflanzengemeinschaften, die in der Regel keine einzige Art gemeinsam haben (R. Mischung, persönliche Mitteilung).

Ein gutes Beispiel für die Simulation natürlicher Ökosysteme bietet die Einführung des Anbaus von Nahrungspflanzen in Ozeanien durch die Vorfahren der heutigen pazifischen Inselbevölkerungen. Murdock (1963: 150—152) schildert die Konsequenzen dieses Wandels für die ursprünglichen Insel-Ökosysteme recht anschaulich. Zwar wurden eine ganze Reihe neuer Arten eingeführt, da sie jedoch bereits domestiziert waren und oft für ihre Fortpflanzung vom Menschen abhängen, waren sie weitaus weniger aggressiv, als es etwa zufällig eingeführte undomestizierte Arten oft sein können. Die Kokospalme verdrängt nicht alle konkurrierenden Arten in den sandigen Küstengebieten, ebenso wenig wie Yams, Taro und Süßkartoffel jeweils alle konkurrierenden Arten verdrängen. Die Bevölkerungsdichte war gering, so daß nicht alles kultivierbare Land genutzt werden mußte; die einheimische Waldflora überlebte in unbewohnten Arealen und, bei einem Rückgang in ihrer Ausbreitung und ihrer Häufigkeit, auch in den vom Menschen bewohnten Gebieten. Der Gartenbau auf den hohen Inseln des Pazifiks bereicherte, Murdock zufolge, die ursprünglichen Ökosysteme in etwa gleichem Maße durch die Einführung neuer, domestizierter Arten, wie er sie durch die Eliminierung einheimischer Wildformen schädigte. Die Diversität des ursprünglichen Ökosystems wurde nur geringfügig verändert, sie wurde sogar eher vergrößert, meint Murdock, als verringert. Die Änderungen betrafen eher Veränderungen in der geographischen Verteilung und der funktionellen Organisation der einheimischen biotischen Gemeinschaften.

Dies gilt allerdings, so schränkt Murdock ein, nur solange die Besiedlung der pazifischen Inseln nicht mehr mit einem mehr oder weniger regulären Verkehr zwischen den einzelnen Inselgruppen mittels seegehender Groß-Kanus einherging — wie es etwa in Westpolynesien (Samoa, Tonga, Fiji) der Fall war. Die Folge solcher regulären Langzeitreisen bestanden in der erhöhten Verbreitung wilder Pflanzen, Insekten und Mikroorganismen, erhöhter Konkurrenz zwischen den Arten, verstärkter Eliminierung einzelner Arten und teilweise druchgreifender Neuorganisierung der biotischen Gemeinschaften. Dennoch, so Murdock, ist ein extremes Ansteigen der Instabilität und der Entropie erst seit der Ankunft der Europäer zu verzeichnen. Andere Autoren sehen allerdings die Folgen der Besiedlung der pazifischen Inseln durch die Ureinwohner nicht in so günstigem Licht (siehe Tompson 1949: 255 f.)

Wir wenden uns nun dem spezialisierten künstlichen Ökosystem zu.

Die Umwandlung eines generalisierten, natürlichen Ökosystems in ein spezialisiertes, künstliches macht sich in einer oftmals drastischen Reduzierung der Diversität bemerkbar, da die meisten wildwachsenden Arten des natürlichen Ökosystems nun durch eine relativ geringe Anzahl domestizierter Tier- und Pflanzenarten ersetzt werden. Diese Umwandlung kann auch den Anstieg der Population gewisser wilder Arten nach sich ziehen, die in den durch Kultivation und menschliche Siedlung gestörten Habitats gedeihen: sogenanntes „Unkraut". Diese Unkrautarten gedeihen auf Kosten empfindlicherer Arten und stehen außerdem dem menschlichem Ziel *erhöhter Produktivität* im Wege, daher werden im modernen landwirtschaftlichen „agribusiness" (M. Harris 1975) in großen Mengen chemische Unkraut- und Insektenvertilgungsmittel, sowie Düngemittel eingesetzt. Dies alles hat eine verringerte Komplexität des natürlichen Ökosystems zur Folge. Kurzfristig wird durch dergleichen Methoden das Nahziel der erhöhten Produktivität zwar erreicht, aber um den Preis einer drastischen Verringerung der Widerstandsfähigkeit des Systems. Dies betrifft insbesondere die Monokulturwirtschaft. Ein Beispiel aus neuerer Zeit möge dies verdeutlichen. Ich beziehe mich dabei auf die Darstellung von Holling und Goldberg (1971).

Baumwollpflanzung in Peru: ein Beispielfall

Die Küstenregionen Perus werden durch eine Reihe teilweise tiefeingeschnittener Täler gebildet, durch die Flüsse aus dem Bereich der hohen Anden zum pazifischen Ozean fließen. Wegen der geringen Niederschlagsmenge hatte man bereits in voreuropäischer Zeit Methoden der künstlichen Bewässerung entwickelt, die eine intensive Landwirtschaft ermöglichten. Jedes Tal kann als ein in sich geschlossenes Ökosystem betrachtet werden, das von anderen Tal-Ökosystemen durch hohe, kahle Bergrücken getrennt ist. — In den 20er Jahren dieses Jahrhunderts ging man in einem dieser Täler vom Zuckerrohranbau zur Pflanzung von Baumwolle über. Im Laufe der Jahre stellten sich sieben Baumwollschädlinge ein. Das Schädlingsproblem war aber verhältnismäßig klein, die Farmer konnten mit ihm leben. 1949 bekamen sie aber Zugang zu Insektenvertilgungsmitteln wie u.a. DDT und Toxaphen, so daß sich die Möglichkeit ergab, den Baumwollertrag durch Verringerung oder Ausrottung der Schädlinge beträchtlich zu erhöhen. Mehrere Faktoren sprachen für die Verwendung dieser Insektizide:

1. Die Insektizide waren für eine große Anzahl wirbelloser Tiere (Insekten, Würmer) tödlich oder schädlich, aber nicht so sehr für Säugetiere.

2. Sie behalten ihre Wirksamkeit recht lange: „DDT and its biologically active breakdown products have an environmental half life of over a decade" (Holling und Goldberg 1971: 223).

3. Man kann sie auf leichte und billige Weise anwenden, etwa durch Verspritzen vom Flugzeug aus.

Zunächst erhöhte sich die Produktivität des Baumwollertrages drastisch, nämlich um das Eineinhalbfache, bei gleichzeitigem starken Rückgang der Schädlinge. Nach zwei bis drei Jahren erschienen jedoch andere Ungezieferarten, die niemals zuvor in der Geschichte der Baumwollpflanzung ein Problem darstellten, darunter sechs neue Insektenarten, die ein ebenso großes Problem darstellten, wie die ursprünglichen sieben Arten. Aufgrund der Verstärkerwirkung der Giftstoffe auf ihrem Weg durch die Nahrungskette waren nämlich die Arten ausgerottet worden, die sich von diesen Schädlingen nährten. Darüber hinaus begannen die ursprünglichen sieben Insektenarten im Verlauf von sechs Jahren gegen die Insektizide resistent zu werden. Die Folge war eine weitere Schädigung der Ernte. Nun erhöhte man die Konzentration der Insektizide in den Dosierungen und anstatt wie bisher alle zwei Wochen, versprühte man die Mittel alle drei Tage. Auch diese Methode versagte, und man setzte neue Mittel ein, die aber die Umwelt nur noch weiter schädigten. Der Durchschnittsertrag 1956 war dann der geringste seit Jahren und die Kosten der Schädlingsbekämpfung die höchsten; der auf der Landwirtschaft basierende Wirtschaftssektor geriet an den Rand des Bankrotts.

Nun erst begann man sich nach neuen Wegen umzusehen. Ein ökologisches Programm zur Schädlingsbekämpfung wurde entwickelt, das auf veränderten Anbauweisen in Verbindung mit der Einführung gewisser Insektenarten beruhte, die für das Ökosystem günstig waren. Die Anwendung chemischer Mittel wurde auf ein Minimum reduziert. Dies hatte die Wiederherstellung einer komplexen Nahrungskette zur Folge, Schädlingspopulationen wurden reduziert und die Erträge der Baumwollernten stiegen auf eine in der Geschichte des Baumwollanbaus in diesem Tal niemals zuvor erreichte Höhe.

3. Erste Schlußfolgerungen

Was lehrt uns dieses Beispiel? Kehren wir nochmals kurz zur Ökosystem-Entwicklung zurück.

Holling und Goldberg (1971: 221 f.) gehen davon aus, daß natürliche Ökosysteme nicht erst durch menschliche Eingriffe „Traumata" erfuhren, sondern bereits lange vor dem Menschen, nämlich durch Klimawechsel und geophysikalische Ereignisse wie z. B. Erdbeben, Vulkanausbrüche, etc. (siehe Lovelock 1979). Folglich müssen jene Umweltsysteme, die bis auf den heutigen Tag überlebt haben, über eine beträchtliche, wenn auch nicht unbegrenzte, Widerstandsfähigkeit verfügen. Diese Widerstandsfähigkeit äußert sich in dem Umstand, daß solche Systeme in der Lage sind, sich bestimmten Veränderungen anzupassen. Wenn sich aber solche Veränderungen häufen oder das Ökosystem einer plötzlichen, katastrophalen Veränderung ausgesetzt ist, dann kann die Widerstandsfähigkeit des Systems überfordert sein. Unter „normalen", nicht-katastrophalen Umständen des Wandels werden aber die Veränderungen quasi vom System „aufgefangen", ohne daß sich diese Veränderungen jeweils sofort oder auch nur zweifelsfrei für den menschlichen Beobachter bemerkbar machen müssen.

Dies muß ein wenig erläutert werden. *Widerstandsfähigkeit* (engl. resilience) darf nicht mit *Persistenz* (s. o. S. 78 f.) verwechselt werden (siehe Holling 1973). Mit „Stabilität" bezeichnet man die Fähigkeit eines Systems, nach einer kurzfristigen Störung zu einem Zustand des Gleichgewichts zurückzukehren. Je schneller es zu diesem Zustand zurückkehrt und je weniger es dabei Schwankungen unterliegt, desto stabiler ist es. „Widerstandsfähigkeit" bezeichnet etwas anderes: Nämlich die Fähigkeit eines Systems, Störungen aufzufangen – auch langfristige, oder traumatische – und dennoch weiterzubestehen. Weiterbestehen bedeutet, daß die Beziehungen zwischen den Komponenten des Systems auch trotz der Schwankungen, die als Folge der Störungen auftreten, nach wie vor existieren. Dabei muß das System keineswegs zu einem Gleichgewichtszustand zurückkehren, wie er etwa vor dem Auftreten der Störung bestand. Es kann erheblichen Schwankungen unterworfen sein und dennoch fortbestehen und dabei die Störungen absorbieren. Die Ökologen unterscheiden daher ausdrücklich zwischen *Persistenz* und *Resilienz*, bzw. *Elastizität* oder *elastischer Stabilität* von Ökosystemen. Persistente Ökosysteme gedeihen unter fortdauernd günstigen Standortbedingungen und besitzen daher in der Regel große Artenvielfalt und hohe Komplexität. Solch ein Ökosystem bleibt in seiner Gesamtstruktur, Produktivität und seinem Artenbestand über längere Zeiträume hinweg praktisch völlig unverändert. „Länger" heißt in diesem Zusammenhang: Zeiträume von mehr als hundert Jahren. In reiner Ausprägung kommen solche Ökosysteme nur in den Tropen vor. Der tropische, äquatoriale Regenwald und das Korallenriff sind typische Beispiele.

Resiliente Ökosysteme sind demgegenüber an mehr oder weniger starke Schwankungen der Standortfaktoren (Kälte-Wärme, Regenzeit-Trockenzeit) angepaßt. Die darin enthaltenen Organismen, bzw. Populationen können also unter periodisch ungünstigen Standortfaktoren überleben. Der Ordnungsgrad des Ökosystems, seine Produktivität und Artenvielfalt sind zumindest während der ungünstigen Periode vermindert. Die Mehrzahl der natürlichen

Ökosysteme der gemäßigten Zonen, z. B. die Laubwälder, sind resiliente Ökosysteme.

Diese Unterscheidungen muß man im Auge behalten, wenn man nicht − wie es häufig geschieht − dem Trugschluß verfallen möchte, Resilienz als *Instabilität* zu mißdeuten. Ebensowenig darf man einfach eine hohe Artendiversität mit *Stabilität* gleichsetzen, sondern muß zwischen Persistenz und Resilienz unterscheiden.

Zurück zu unserem Beispiel aus Peru. Ein System, das zu einem hohen Grade persistent ist, also die Tendenz zeigt, bald unter geringen Schwankungen zum Gleichgewichtszustand zurückzukehren, kann weitaus weniger in der Lage sein, traumatische Störungen aufzufangen. Mit anderen Worten: Es ist weniger widerstandsfähig. Gerade biotische Gemeinschaften, die ansonsten sehr „instabil" sind, können aus diesem Grunde äußerst widerstandsfähig sein (siehe Holling 1973: 14 f.). Je homogener eine Umwelt ist, desto höher ist aber auch die Wahrscheinlichkeit, daß das System persistenter und damit weniger widerstandsfähig ist, weil gerade aufgrund dieser Homogenität traumatische Störungen nun nicht mehr aufgefangen werden können.

Dieser Umstand kann sich, wie Holling und Goldberg (1971: 221 f.) betonen, zum Nachteil des Ökosystems auswirken, wenn der Mensch als „Planer" in die Umwelt eingreift. Wenn ein Ökosystem aufgrund seiner Widerstandsfähigkeit Veränderungen „auffangen" kann, sendet es nicht sofort Signale, die auf den Wandel in seiner Struktur hinweisen. Der Planer kann daher von der Umweltverträglichkeit seiner Maßnahmen überzeugt sein. Erst wenn nach einer ganzen Reihe von Eingriffen plötzlich die Folgen solcher wiederholten Eingriffe katastrophal zutage treten, weil die Fähigkeit des Ökosystems überschritten wurde, sie zu assimilieren, dann wird man gewahr, auf welch fehlerhaften Voraussetzungen die Eingriffe beruhten.

Genau solche fehlerhaften Voraussetzungen wurden aber von den Verantwortlichen in unserem Beispielfall gemacht:

1. das Problem wurde nur in ganz engen Grenzen gesehen und aus dem ökosystemischen Zusammenhang herausgelöst („Schädlinge schaden der Baumwolle"),
2. das Ziel der Eingriffe wurde in ebenso engem Rahmen definiert (das Töten der Schädlinge),
3. man griff zum einfachsten und kurzfristig billigsten Mittel,

um das Ziel zu erreichen, nämlich der flächendeckenden Versprühung hochgiftiger Insektizide von langer Lebensdauer. All dies setzt aber eine unbegrenzte Widerstandsfähigkeit des Ökosystems voraus (Holling und Goldberg 1971: 223, 226). Wie lassen sich diese Erkenntnisse nun verallgemeinern? Frei nach Odum (1980: 434 f.) können wir davon ausgehen, daß Mensch und natürliches Ökosystem verschiedene Strategien verfolgen. Das Ökosystem „strebt" quasi danach, möglichst komplexe Biomasse-Strukturen zu bilden, es verfolgt also eine Strategie des *maximalen Schutzes*. Je nach Ausprägung der Standortfaktoren bilden sich dabei persistente oder resiliente Ökosysteme. Bei der Verfolgung der Strategie des maximalen Schutzes gerät das Ökosystem aber in Konflikt mit dem vom Menschen, besonders in den industrialisierten Gesellschaften verfolgten Ziel der *maximalen Produktion* in der Landwirtschaft. Um sein Ziel zu erreichen, entwickelt und unterhält der Mensch Ökosysteme mit sogenannten *früh reifenden Sukzessionen* und dies sind gewöhnlich Monokulturen, die weder persistent, noch resilient sind. Aber wie Odum betont, „er braucht außerdem eine ausbalanzierte $CO_2 - O_2$ Atmosphäre, den klimatischen Puffer, der durch Ozeane und Vegetationsmassen geliefert wird, und saubere (d. h. unproduktive) Gewässer für kulturelle und industrielle Zwecke. Viele unentbehrliche Quellen des Lebens für den Menschen, abgesehen von den Bedürfnissen nach Erholung und Ästhetik, liegen gerade in den weniger produktiven Landschaften" (a. a. O., S. 435; siehe Bennett 1976: 96 f.).

Der Mensch, als Mitglied einer hochtechnisierten Gesellschaft mit „Wachstum" und „Produktion" als Leitideen des wirtschaftlichen Lebens — und des Lebens überhaupt — hat diese Lehren nicht berücksichtigt. Das gilt sowohl für kapitalistische, wie für die Systeme des sogenannten real existierenden Sozialismus. In diesem Zusammenhang ist zu fragen, was wir von den Systemen der Nahrungsmittelproduktion nicht-industrieller Gesellschaften lernen können. Dieser Frage soll im nächsten Abschnitt nachgegangen werden.

4. Die Wechselwirtschaft

Wir sind nun in der Lage, uns mit jenen Systemen der Nahrungsmittelproduktion zu befassen, die bei den von Völkerkundlern studierten Gesellschaften auch heute noch weit verbreitet sind und „Wanderfeldbau", „Brandrodungsfeldbau", „Schwendwirtschaft", „Schwendbau" (von Schwende = Rodung) oder „Wechselwirtschaft" bzw. „shifting cultivation", „slash-and-burn-cultivation" oder „swidden cultivation" genannt werden. Wie man an diesen terminologischen Beispielen sieht, ist die Namensgebung hier recht chaotisch. Ich möchte daher erst eine Begriffsklärung vornehmen, ehe ich in der Sache fortfahre.

Unter „Wanderfeldbau" versteht die Agrargeographie i. a. jene Form des Feldbaus, bei der in gewissen zeitlichen Abständen die *Dörfer* verlegt werden, wenn die Brandrodungsfelder in der Umgebung der Siedlungen erschöpft sind, keine Maßnahmen zur Erhaltung der Bodenfruchtbarkeit getroffen werden und Waldreserven für die Brandrodung neuer Felder nicht mehr zur Verfügung stehen. Dagegen bezeichnet man die Verlegung der Felder bei relativ großer Siedlungsdauer als „Landwechselwirtschaft". Dieses Feldbau-System muß dabei nicht immer auch mit Brandrodung einhergehen.

Diese Dichotomie entspricht der Einteilung in „pioneer swidden farming" und „established swidden farming" (Conklin 1957: 3; Spencer 1966: 23). Auf die ökologischen Folgen dieser beiden Systeme komme ich weiter unten noch zurück. Als Oberbegriff hat sich im Englischen teils „swidden cultivation", teils „shifting cultivation" durchgesetzt, wobei sich „slash-and-burn-cultivation" eher auf den eigentlichen Brandrodungsfeldbau bezieht. „Swidden" ist übrigens ein Wort, das man im Wörterbuch vergeblich suchen wird. Es stammt ursprünglich aus dem Skandinavischen und wurde zu einem englischen Dialektwort (z. B. in Nord-Yorkshire) mit folgender Bedeutung: „a place on a moor which has been cleared by burning, or which still shows signs of burning" (Ekwall 1955: 136).

Im Deutschen hat sich anscheinend noch kein Oberbegriff für beide Systeme durchgesetzt, daher sprechen deutsche Ethnologen auch gerne von „shifting cultivation". Ich benutze als Oberbegriff den Ausdruck „Wechselwirtschaft".

Eine Minimalcharakterisierung dieses Systems der Nahrungsmittelproduktion könnte sich auf folgende Merkmale beschränken (siehe Dumond 1961: 301; Eckholm 1976: 137 f.):

1. Die Rotation betrifft nicht − wie bei Systemen des *Ackerbaus* − die Fruchtfolge der Feldfrüchte, sondern die Verlegung, den Wechsel der Anbauflächen.

2. Dem Wald werden Rodungen vermittels der Verwendung von Feuer abgewonnen, die Asche düngt den Boden mit Mineralien und die so gewonnene Rodung wird für pflanzerische Zwecke verwendet. Das gerodete Landstück ist klein und von irregulärem Umriß. Wurzeln und Stümpfe werden im Boden gelassen. Dadurch wird der Boden nur minimal gestört, Erosion wird auf ein Minimum begrenzt und der Wald kann sich regenerieren, nachdem die Nutzung des Feldes aufgegeben wird. Abb. 8 zeigt die Anlage solch eines Brandrodungsfeldes bei den Jeghuje aus dem Banir-Gebiet der Morobe-Provinz (Papua-Neuguinea). Das getrocknete Holz wird abgebrannt, einzelne Bäume bleiben auf dem gerodeten Feld stehen. Im Vordergrund sieht man bereits hochgekommene Pflanzen eines früher gerodeten Feldes. Auf ihren Feldern errichten die Jeghuje auch Feldhütten. Abb. 9 zeigt solch eine Feldhütte; im Vordergrund sind noch die abgeschlagenen Äste sichtbar (Hans Fischer, persönliche Mitteilungen).

3. Nur menschliche Arbeitskraft findet Verwendung. (Dieser letztere Punkt muß heutzutage modifiziert werden, da man

Abb. 8: Abbrennen des Waldes bei den Jeghuje
(Foto: Hans Fischer)

Abb. 9: Feldhütte der Jeghuje auf Brandrodungsfeld
(Foto: Hans Fischer)

oft schon zu technischen Hilfsmitteln wie Motorsägen zum Roden der Bäume Zugang hat.).

4. Dünger wird nicht verwendet, sieht man von der Aschendüngung ab.

5. Nur Hacke oder Grabstock werden verwendet.

6. In der Regel folgen lange Perioden der Brache zur Regenerierung des Waldes der kurzen Periode der Nutzung.

7. In Neuguinea und den pazifischen Inseln werden zumeist *Knollenfrüchte* angebaut, z. B. Taro und Taro-ähnliche *(Colocasia)*, Yams, *(Dioscorea)*, Süßkartoffel *(Ipomoea Batatas)*, Maniok *(Manihot esculenta)*. Abb. 10 zeigt einen Taro-Garten in den Bergen oberhalb Luatuanu'us in Upolu, Westsamoa, mit jungen Taropflanzen. Auf Abb. 11 erkennt man einen Garten bei Vailele, ebenfalls Upolu. Die kleinen Pflanzen sind Taro. Zwischen den Taro-Pflanzen findet man den großblättrigen Ta'amu *(Alocasia macrorhiza)* (Vordergrund und Hintergrund) und dazwischen auch vereinzelte Bananenstauden (Hintergrund).

Abb. 10: Taro-Pflanzung bei Luatuanu'u, Upolu, Westsamoa
(Foto: Thomas Bargatzky)

Abb. 11: Pflanzung bei Vailele, Upolu, Westsamoa
(Foto: Thomas Bargatzky)

In Südostasien werden auf Brandrodungsfeldern in Wechselwirtschaft auch *Zerealien* angebaut, also Körnerfrüchte, wie z. B. Reis *(Oryza)*. Das mesoamerikanische *Milpa*-System ist die Vergesellschaftung von Mais *(Zea mays)*, Bohne *(Phaseolus)* und Kürbis *(Cucurbita)*. Im pazifischen Raum werden Knollenfrüchte zusammen mit bestimmten fruchttragenden Sträuchern oder Bäumen angepflanzt, z. B. mit Bananen *(Musaceae)* (siehe Abb. 11).

Diese Merkmale weisen darauf hin, daß wir die Wechselwirtschaft vorwiegend in den Regionen des tropischen, wechselfeuchten Regenwaldes antreffen, mit niederschlagsarmen Perioden von ein- bis zwei Monaten, in denen das gerodete Pflanzenmaterial ausdörren kann. In diesen Gebieten ist die Wechselwirtschaft heute noch weit verbreitet, mitunter ist sie sogar noch weiter verbreitet, als vor 100 Jahren (siehe Conklin 1963: 2).

Auch im jungsteinzeitlichen Europa war die Wechselwirtschaft verbreitet, freilich nicht auf der Grundlage von tropischen Knollenfrüchten, sondern von Körner- oder Getreidefrüchten. In der englischsprachigen Literatur werden diese zwei Varianten auch als „root-crop swidden", bzw. „tropical vegeculture" und „seed-crop-swidden" unterschieden (siehe D. R. Harris 1972).

Die Wechselwirtschaft ist eine *extensive* Form der Nahrungsmittelproduktion, d. h. nur ein Bruchteil des von der Gruppe langfristig benötigten Landes steht jeweils unter Kultivation. Sie unterscheidet sich hierin von allen Formen der *intensiven* Nahrungsmittelproduktion, die dadurch gekennzeichnet sind, daß die Brachezeit immer kürzer wird, daß also das zur Verfügung stehende Land in immer länger werdenden Intervallen genutzt wird. Dies ist aber nur möglich, wenn man dem Boden zusätzlich Arbeit zuführt, etwa durch Bewässerung oder Düngung. Da auch unter Verhältnissen der intensiven Nahrungsmittelgewinnung das Land zunächst mit Hilfe des Feuers gerodet werden kann, wie etwa bei den Chimbu im Hochland von Neuguinea (siehe Brookfield und Brown 1963: 45), erscheint es nicht sinnvoll, von „Brandrodungsfeldbau", bzw. von „slash-and-burn-agriculture" zu sprechen, wenn man das hier skizzierte System der extensiven Wechselwirtschaft meint. Im Rahmen dieser Einführung verwende ich daher „Wechselwirtschaft" als Oberbegriff, und nicht etwa „Brandrodungsfeldbau".

Eine Vielzahl von Merkmalen bedingt die Form, die ein System der Wechselwirtschaft in einem bestimmten geographischen und

kulturellen Milieu annehmen kann. Mit Conklin (1963: 3–4) und Boserup (1965: 15 f.) können wir Systeme der Wechselwirtschaft nach folgenden Merkmalen näher bestimmen:
- dem Ausmaß des verfügbaren Landes,
- dem Ausmaß der verfügbaren Arbeitskraft,
- der örtlichen Siedlungsweise,
- der Art der hauptsächlich angebauten Nahrungspflanzen,
- den Arten der Fruchtzusammensetzungen und der Fruchtfolge,
- dem Verhältnis von Nutzungszeit und Brache,
- der räumlichen Verteilung der Felder,
- der Interaktion von Nutztieren als zusätzlichen Düngerlieferanten oder ,,Unkraut''-Vertilgern,
- dem Gebrauch der Werkzeuge zur Bodenbearbeitung,
- dem Pflanzenbewuchs des gerodeten Landes,
- dem Klima,
- der Bodenzusammensetzung,
- der Bevölkerungsdichte,
- der Topographie oder Oberflächengestaltung.

(Nicht zuletzt bestimmt auch der Grad der Integration mit anderen sozialen und politischen Merkmalen der Gesellschaft das Erscheinungsbild eines Wechselwirtschaft-Systems.)

Ester Boserup (1965) ordnet die verschiedenen Systeme der Nahrungsmittelproduktion längs eines Kontinuums der Intensität der Landnutzung an. Sie unterscheidet zwischen *forest-fallow cultivation, bush-fallow cultivation, short-fallow cultivation, annual cropping* und *multi cropping. Forest-fallow* cultivation bedeutet: eine Brachezeit von 20–25 Jahren nach ein-bzw. zweijähriger Nutzung, in der der Wald sich regenerieren kann. In Gegenden, in denen dieses System betrieben wird, wird der ungenützte *Primärwald* durch den *Sekundärwald* ersetzt. – Bei der *bush-fallow cultivation* dauert die Brache dagegen nicht so lange, für gewöhnlich nur sechs bis zehn Jahre. In dieser kurzen Zeit kann sich kein Sekundärwald mehr bilden, das Brachland wird daher nur durch Buschwerk oder kleine Bäume bedeckt.[1] Hier kann die Nutzungsdauer, wie beim *forest-fallow System*, ein bis zwei Jahre nicht überdauern, sie kann aber auch sechs bis acht Jahre andauern. –

---

1 Unter günstigen klimatischen und edaphischen (den Erdboden betreffenden) Bedingungen kann sich während einer Brachezeit von sechs bis zehn Jahren wieder ein geschlossener Sekundärwald schnell wachsender Arten bilden.

Diese beiden Systeme (forest-fallow cultivation und bush-fallow cultivation) bezeichnet Boserup als Systeme der Wechselwirtschaft.

Wird die Brachezeit weiter verkürzt, so kann sich auch kein Buschwerk mehr bilden, sondern nur noch Gras (*short-fallow cultivation*). Vergehen zwischen der Ernte der einen Fruchtart und dem Pflanzen der nächsten nur wenige Monate und handelt es sich dabei um bestimmte Fruchtfolgen von jahreszeitlich reifenden Früchten („annuals"), so spricht Boserup von *annual cropping*. Die intensivste Form der Landausnutzung ist das *multi-cropping*-System, wobei ein Feld pro Jahr mehrere sukzessive Ernten trägt. Das Pflanzen der neuen Frucht erfolgt kurz nach der Ernte der alten. – Die zuletzt genannten Systeme bedürfen natürlich des vermehrten menschlichen Arbeitseinsatzes in Form von Bewässerung und Düngung, um tragefähig zu sein. In einer vielbeachteten Hypothese versuchte Boserup, diese verschiedenen Formen der Intensität der Landausnutzung als abhängig vom Bevölkerungswachstum darzustellen, das für sie eine *unabhängige Variable* ist. Ob man diese Ansicht teilt oder nicht – Bevölkerungswachstum kann nämlich sowohl eine *Ursache,* als auch eine Wirung sozialer Evolution, bzw. agrartechnischer Innovation sein (siehe Blanton 1983: 276 f.; Cowgill 1975) –, ihre Vorgehensweise hat jedenfalls den heuristischen Vorteil, die Wechselwirtschaft in einen umfassenderen theoretischen Rahmen zu stellen. Sie eröffnet damit den Ausblick auf größere soziale, kulturelle und demographische Zusammenhänge, die eine isolierte Betrachtung der Wechselwirtschaft wohl nicht ermöglichen könnte.

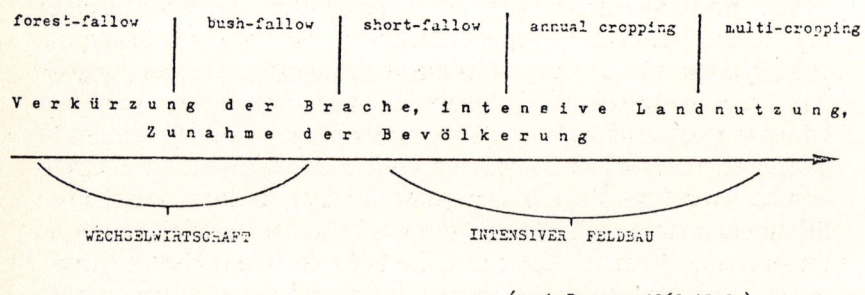

(nach Boserup 1965:15 f.)

Abb. 12: Landnutzung und Bevölkerung

Boserups Theorie berücksichtigt allerdings nicht, daß außer dem Bevölkerungswachstum auch noch andere Faktoren dazu beitragen können, daß Land intensiver genutzt wird. So ist beispielsweise Sekundärwald leichter zu roden, als Primärwald. Statt im Primärwald ein neues Stück Land zu roden, wird man daher oft lieber bereits gerodetes Land in intensive Nutzung nehmen. Solch bearbeitetes Land war eine wichtige und begehrte Ressource bei den alten Maori (siehe Vayda 1956).

Auch meine Untersuchungen in Westsamoa (1980–81) ergaben, daß man eher in Busch- oder sogar Grasland ausweicht, als den Primärwald zu roden, selbst dort, wo er noch reichlich vorhanden ist. Ein Grund dafür ist wohl in der Existenz der Banyan-Bäume *(Ficus sp.)* zu sehen, die aufgrund ihres Geflechtes von Luftwurzeln äußerst schwer zu fällen sind. Es kann aber auch vorkommen, daß die Rodung von Primärwald der von Sekundärwald vorgezogen wird. Beim Roden von Primärwald ist zwar ein höherer Arbeitsaufwand erforderlich als beim Roden von Sekundärwald, aber die Arbeit für das Jäten von Unkraut fällt bei Feldern geringer aus, die dem Primärwald abgewonnen wurden, als bei Sekundärwald-Feldern. Die Mehrarbeit für das Roden von Primärwald wird ferner wegen der zu erwartenden höheren Ernteerträge in Kauf genommen (R. Mischung, persönliche Mitteilung).

5. Ökologische Voraussetzungen für das Verständnis der Wechselwirtschaft

Wechselwirtschaft wird, wie wir bereits feststellten, vorwiegend in den Regionen des tropischen, äquatorialen Regenwaldes und der wechselfeuchten Tropen betrieben. Den tropischen Regenwald hatten wir als das am höchsten generalisierte und produktivste, am weitesten diversifizierte der natürlichen, terrestrischen Ökosysteme beschrieben. „Tropischer Regenwald" – da denkt man vielleicht sofort an Wärme und immerwährende Feuchtigkeit aufgrund des Regens, der quasi den Boden unter der dichten Pflanzendecke durchtränkt. Man denkt dann vielleicht auch an unbegrenzte Fruchtbarkeit und die hohe Rate der Netto-Primärproduktion scheint dies populäre Vorurteil auch zu bestätigen: „The luxurious forest which mantles most of the region has commonly been interpreted as an unconditional promise of inexhaustible fertility" (O'Reilly Sternberg 1964: 13). Doch dieser Eindruck täuscht.

In gemäßigten Breiten können sich mineralische Nährstoffe im Boden ansammeln und stehen dem Pflanzenwachstum zur Verfügung.[1] Anders im Boden des tropischen Regenwaldes: dort hat sich an der Oberfläche ein dichter, mehrschichtiger Überzug aus verfallendem organischem Material gebildet, in den diese Nährstoffe eingebettet sind; die schnelle Zersetzung dieses organischen Materials verhindert die Bildung starker Humusschichten, wie in den gemäßigten Zonen. Die Nährstoffe kreisen quasi innerhalb der organischen Struktur, der Biomasse. Der Boden ist weniger eine Nährstoffquelle, als eine *mechanische* Stütze für die Pflanzenwelt. Da im tropischen Regenwald oft nur ein Prozent oder weniger als ein Prozent des vollen Sonnenlichts zum Erdboden dringt, hätte eine weitflächige Entfernung des dichten Bewuchses ein Ansteigen der Bodentemperatur unter der intensiveren Sonneneinstrahlung zur Folge, wodurch die Zerstörung des verbleibenden organischen Materials beschleunigt würde. Die wasserfallartigen Regengüsse waschen die dünne Bodenkrume hinweg, Erosion wäre die Folge und die wenigen Nährstoffe, die der Boden enthält, würden nach unten, in tiefere Schichten gespült, wo sie für die Pflanzenwurzeln nicht mehr erreichbar sind. Ein Vergleich der Verteilung der organischen Substanz in einem nördlichen und einem tropischen Wald ergibt ferner, daß im nördlichen Wald über die Hälfte des organischen Kohlenstoffs im *Boden* festgehalten wird, dagegen im tropischen Regenwald zu mehr als 3/4 in der *Vegetation.* Im tropischen Wald befinden sich ferner mehr als 58 % des Gesamtstickstoffs in der Biomasse, davon 44 % über dem Boden. Bei einem nördlichen, englischen Nadelwald befinden sich dagegen nur knapp 6 % des Gesamtstickstoffs in der Biomasse und nur 3 % über dem Boden. Daraus ergibt sich folgendes: wird in gemäßigten Zonen ein Wald abgeholzt, dann behält der Boden dennoch weitgehend seine Strukturen und Nährstoffe. Er kann bebaut werden; mehrmaliges jährliches Pflügen ist möglich und Düngung ermöglicht den Wuchs annueller Arten. Der Winterfrost hilft ferner, die Nährstoffe festzuhalten. Die Übertragung der Anbaumethoden gemäßigter Zonen auf tropische Verhält-

---

1 Für das Folgende, siehe Eckholm 1976: 88, 91, 105, 137; O'Reilly Sternberg 1964, Bünning 1956, Odum 1980: 150 ff.

nisse bedeutet aber die schnelle und irreversible Zerstörung des Bodens.

Vor diesem Hintergrund muß die Wechselwirtschaft gesehen werden.

6. Die Wechselwirtschaft: pro und kontra

Die Bewertung der Wechselwirtschaft aus ökologischer Sicht fällt bei Biologen und Anthropologen verschieden aus, aber auch Anthropologen sind sich diesbezüglich nicht immer einig. Die Meinung vieler älterer Biologen könnte sich wohl in den Worten *Bünnings* (1956: 116) widerspiegeln: „Wo der Mensch den Regenwald zerstört, ist dieser meist unwiederbringlich verloren. Auch die vorübergehende Nutzung für den Landbau durch nomadisierende Stämme . . . hat verheerende Folgen. Die später wieder aufgegebenen Flächen wachsen zwar in den Tropen rasch zu, aber . . . (es) entstehen die aus undurchdringlichem Gestrüpp oft hartlaubiger oder dorniger Sträucher zusammengesetzten ‚Sekundär-Wälder‘ . . .“ Jüngere Ökologen wie Eckholm (1976: 136) führen dagegen die Wechselwirtschaft nicht nur auf den technologischen Entwicklungsstand der Gruppe zurück, die ihn praktiziert, sondern auch auf ihr „evolved ecological wisdom“, vorausgesetzt, das Verhältnis von Land zu Mensch ist groß genug. In diesem Falle wird Wechselwirtschaft als ein „ecologically sound system“ angesehen, als „well adapted to tropical forest conditions“, (Eckholm 1976: 137). In den meisten tropischen Gebieten Afrikas, Lateinamerikas und Südostasiens – man kann auch Ozeanien hinzufügen – wurde bislang noch kein System der Nahrungsmittelproduktion gefunden, sagt Eckholm, das sich in gleichem Maße biologisch und ökonomisch als vorteilhaft erwies.

Aufgrund der bereits geschilderten Umweltbedingungen in den Tropen, die sich so grundlegend von jenen unterscheiden, in denen die euro-amerikanische Landwirtschaft entwickelt wurde, können bei uns gebräuchliche Anbaumethoden nicht auf tropische Verhältnisse übertragen werden. Weitflächiges Roden des Landes, Pflügen, das Anpflanzen einer einzigen Art in säuberlich angelegten Reihen – all dies führt zu starker Erosion, Zerstörung der Bodenstruktur, dem Auswaschen von Nährstoffen und dem Schädlingsbefall. Genau dies sind aber die Folgen einer in kolonialer Zeit eingeführten tropischen Plantagenwirtschaft, die etwa auf „cash crops" wie Kakao, Bananen, Gummi, Baumwolle oder Erdnüsse ausgerichtet ist (Eckholm 1976: 139). Daß die Wechselwirtschaft als eine Technik der Nahrungsmittelproduktion erscheint, die den Verhältnissen in den Tropen in hohem Maße angepaßt ist, hängt aber mit der Struktur vieler Pflanzungen als *generalisierter künstlicher Ökosysteme* zusammen, die den Charakter eines *natürlichen* generalisierten Ökosystems anscheinend optimal simulieren. Auf solchen tropischen Brandrodungsfeldern kann eine beträchtliche Artenvielfalt herrschen (mixed cropping); man findet in manchen Fällen über 20 verschiedene Nutzpflanzen vor, die in scheinbar chaotischem Durcheinander wachsen (siehe Eckholm 1976: 138). Bei den Campa-Indianern des peruanischen Tieflandes wurden sogar bis zu 40 Arten von Nutzpflanzen auf Brandrodungsfeldern gezählt, deren durchschnittliche Größe zwischen 0,75 ha und 1 ha liegt. Hauptanbaupflanze ist der süße Maniok oder Yuca *(Manihot esculenta)*. Bei der Anlage eines Feldes pflanzen die Campa bis zu 60% Yuca, 25% der Fläche wird für den Mais verwendet und 15% für andere Nutzpflanzen, darunter auch Heilkräuter. Yuca und Mais werden teils mit den anderen Arten vermischt angepflanzt, teils sind sie auf abgesonderten Parzellen zu finden (siehe Mehringer 1986). Nur in ersterem Fall kann man natürlich von Simulation eines natürlichen Ökosystems sprechen. Diese Simulation ist sowohl für die Gruppe, die Wechselwirtschaft praktiziert, als auch für die natürliche Umwelt von Vorteil. Dazu nochmals Eckholm: „The agriculture practiced by shifting cultivators is characterized by diversity and complexity ... This ‚mixed cropping' spreads harvesting efforts over the year, provides security in case one crop variety fails, and, by providing a varied environment, reduces the chance of wholesale losses to pests or disease. It also means that soil is almost continuously protected from the destructive influences of sun and rain". (Eckholm 1976: 138).

„Bodenerschöpfung" und „Unkrautbefall" sind stets wiederkehrende Themen in der Literatur zur Wechselwirtschaft. Dabei wird ihr oft unterstellt, sie führe zur baldigen Bodenerschöpfung: „crops produce fruitfully in the first season, but yields decline rapidly thereafter. Soil fertility is quickly depleted, profuse weeds that compete with crops for nutrients and sunlight invade the plot, and predatory insects multiply. Harvests may fall by 20 to 50 percent after one year..." (Eckholm 1976: 138). Bodenerschöpfung und Unkrautbefall führen also in „konzertierter Aktion" zu sinkenden Erträgen, so daß es notwendig wird, ein neues Feld anzulegen.

Hier ist nun zu fragen, inwieweit diese Vorstellungen nicht von den heutigen Verhältnissen beeinflußt sind, wo den Gartenbauern oft importierte Werkzeuge wie *Macheten* zur Verfügung stehen, die sie beim Kampf gegen Unkraut verwenden. Wir müssen aber davon ausgehen, daß Unkraut in voreuropäischer Zeit nicht mit Macheten abgeschnitten, sondern mit der Hand ausgerissen wurde, wie es heute noch vielfach geschieht, z. B. in Samoa (eigene Beobachtung). Sehr aufschlußreich für die Frage nach Bodenerschöpfung und Unkrautbefall als Faktoren, die beim Wanderfeldbau für sinkende Erträge verantwortlich sind, sind Versuche, die man von 1930–1941 in Yukatan durchführte. Ein Versuchsfeld wurde mit Mais bepflanzt und das Unkraut wurde in den ersten Jahren mit der Machete geschnitten, danach mit der Hand ausgerupft. Sehen wir uns in folgender Tabelle die Beziehung zwischen Jät-Methode und Ertrag näher an:

Tabelle 2: Vergleich von Jät-Methode und Ertrag

Jahr	Jät-Methode	Ertrag in kg pro *Mecate*[1]
1933	Machete	32,16
1934	,,	27,67
1935	,,	16,28
1936	,,	6,79
1937	Hand	33,96
1938	,,	14,98
1939	,,	20,87
1940	,,	0,25

(nach Morley 1956: 138 und Wagner 1969: 184)

Das Handjäten führte also zu einem Hochschnellen des Ertrags. Daraus kann man folgern: die alte Methode des Unkrautjätens mit der Hand verlängerte die Lebensdauer des Maisfeldes auf weitere drei Jahre, erst dann sanken die Erträge so sehr, daß es verlassen werden mußte. Worauf ist dies zurückzuführen?

---

1 *Mecate* ist die Fläche von 20 x 20 m^2 = 400 m^2 = 4 ar (vgl. Morley 1956: 130).

Wagner (1969: 184 f.) gibt darauf eine interessante Antwort: der Unterschied zwischen dem Jäten mit der Machete und dem Jäten mit der Hand ist in der Wirkung dieser beiden Methoden auf die Bodenstruktur zu suchen. Diese *Struktur*, so Wagner, sei noch wichtiger als die organische Substanz und die chemischen Eigenschaften des Bodens. Nach Regenfällen „verlandet" nämlich quasi die oberste Bodenschicht und die Sonne sorgt dafür, daß sich dort eine harte Kruste bildet, so daß der Boden nicht mehr belüftet werden kann. Beim *Herausreißen* des Unkrauts wird diese harte Kruste aber durchbrochen und die Aktivität bestimmter (aerober)[1] Bakterien wird möglich, dadurch werden organische Substanzen freigesetzt, die von den Pflanzen absorbiert werden können. Daher ist anzunehmen, daß das Jäten mit der Hand eine längere Nutzung des Feldes ermöglicht, als es der Fall ist, wenn man mit der Machete jätet, wie es heute oft geschieht. Eine Beurteilung der Wechselwirtschaft aus ökologischer und anthropologischer Sicht muß also die durch den Kulturkontakt mit der euroamerikanischen Welt erfolgten Veränderungen in der Praxis des Feldbaus berücksichtigen. Eine angemessene Einschätzung der ökologischen Rolle diese Systems der Nahrungsmittelproduktion bei vorindustriellen Völkern ist sonst nicht möglich.

In diesem Zusammenhang ist auch vor allzu stereotypen Hinweisen auf die negative Rolle des Unkrautbefalls zu warnen. „Unkraut" hat nämlich in der Wechselwirtschaft auch mehrere positive Wirkungen: so hält es etwa den dünnen Boden fest und vermindert die Erosionsgefahr, die besonders dort besteht, wo die Felder an Hängen angelegt sind, wie es oft in tropischen Gegenden der Fall ist (siehe Coulter 1941: 26). In Amerikanisch-Samoa werden etwa nur solche Stellen vom Unkraut befreit, wo man junge Taroschößlinge einsetzt; nach zwei Jahren wird das Feld verlassen und ein neues angelegt (ebd.), so daß sich stets ein gewisses Gleichgewicht zwischen gejäteten und grasbewachsenen Bodenflächen findet, wie ich selber es auch in Westsamoa feststellen konnte (siehe jedoch Barrau 1961: 9).

Die Mentalität europäischer Hausfrauen oder Hobbygärtner ist

---

1 *Aerobe* Atmung: gasförmiger (molekularer) Sauerstoff dient als *Elektronenakzeptor. Anaerobe Atmung:* gasförmiger Sauerstoff ist nicht beteiligt, sondern anorganische Verbindungen dienen als Elektronenakzeptoren. *Vergärung:* ist eine Form der anaeroben Atmung, wobei aber organische Verbindungen als Elektronenakzeptoren dienen.

keine geeignete Grundlage zur Beurteilung der Wechselwirtschaft bei vorindustriellen Gesellschaften. Urteile über „Bodenerschöpfung" und „Unkrautbefall" gehen u. U. oft auf mangelndes Verständnis des Beobachters für die Besonderheiten dieses Systems der Nahrungsmittelproduktion zurück, bzw. einfach auf seine Unkenntnis. In diesen Systemen hat sich in der Tat oft große ökologische Weitsicht niedergeschlagen. Dies muß bedacht werden, bevor wir nun dazu übergehen, auch einiges Kritische zur Wechselwirtschaft zu sagen.

Waren Anthropologen, wohl aus dem Wunsche heraus, ethnozentrische Vorurteile zu vermeiden, lange Zeit dazu geneigt, die Wechselwirtschaft generell als ökologisch adäquate Methode der Nahrungsmittelproduktion bei hinreichend geringer Bevölkerungsdichte in tropischen Regionen anzusehen, so gibt es hier in letzter Zeit Stimmen, die vor einer generell positiven Beurteilung dieses Feldbau-Systems warnen. Paul R. Turner gelangt in seiner Studie über die Landwirtschaft der Tzeltal-Maya von Oxchuc, Chiapas (Turner 1977) zu der Ansicht, daß Wechselwirtschaft den Boden durchaus schädige und auslauge. Er wirft seinen Kollegen vor, einheimische Gesellschaften aus einer an sich löblichen Anti-Haltung gegenüber ethnozentrischem Denken heraus nur in positiven Kategorien zu schildern und daher beispielsweise die ökologisch schädlichen Auswirkungen der Wechselwirtschaft einfach nicht sehen zu wollen. Nun kann Wechselwirtschaft, wenn Faktoren wie etwa Bevölkerungswachstum hinzutreten, die Bearbeitung des Bodens intensiviert und die Brachezeit verringert werden, ganz gewiß ökologisch schädlich sein. Eine verringerte Brachezeit bedeutet: weniger organisches Material wird produziert, daher verringert sich die Kapazität des Bodens, Wasser zu absorbieren und somit zu halten. Der Boden wird kompakt, die mechanische Einwirkung des Abflusses des Regenwassers auf den Boden verstärkt sich und das Erosionsproblem macht sich mehr und mehr bemerkbar (siehe Eckholm 1976: 88).

Nun zeigt sich, daß das exponentielle Ansteigen der Weltbevölkerung historisch gesehen mit der europäischen kolonialen Expansion zusammenfällt (McEvedy und Jones 1978) und es gibt daher Autoren, die in den kolonialen Interventionen in die traditionellen einheimischen Sozialstrukturen auch die Ursache für diesen Bevölkerungszuwachs sehen (siehe Nardi 1981). Wie dem auch sei, Fallstudien wie diejenige von Geertz (1963), der einen direkten Zusammenhang zwischen der wirtschaftlichen Entwicklung der Niederlande und der Bevölkerungsexplosion des kolonisierten Java nachweist, lassen vermuten, daß hier tatsächlich ein ursächlicher Zusammenhang vorliegt. Es ist durchaus denkbar, daß die von den Kolonialherren eingeführten Formen der Besteuerung den Anstieg der einheimischen Bevölkerung nach sich zogen, da man sich nun nicht mehr nur selber zu versorgen hatte, sondern auch noch Arbeitskraft für die fremden Herren abzweigen mußte. Zusätzliche Arbeitskräfte − mehr Kinder − wären dann eine „Lösung" dieses Problems, die freilich langfristig nur neue Probleme schafft, auch Probleme für die natürliche Umwelt (s. a. Blanton 1975: 117). Aber auch für voreuropäische Verhältnisse läßt sich heute, gestützt auf die Methoden der Archäologie, der mitunter schädliche Einfluß der Wechselwirtschaft auf die natürliche Umwelt erschließen. Dieser Sachverhalt wird beispielsweise durch umfangreiche Untersuchungen im polynesischen Raum nachgewiesen (siehe Anderson 1983; McGlone 1983; Kirch 1983). Das nächste Kapitel beschäftigt sich anhand einer Fallstudie über das voreuropäische Hawaii ausführlich mit dieser Frage. Überall scheint auch Bevölkerungszuwachs eine Rolle bei der Zerstörung der natürlichen Umwelt gespielt zu haben. Aber auch im jungsteinzeitlichen Europa erforderte es wohl die Schwendwirtschaft auf der Grundlage des Anbaus von Körnerfrüchten, die Siedlungen häufig zu verlegen. Dies hatte eine Verringerung des Waldbestandes zur Folge (siehe D. R. Harris 1972). Eine kritische Diskussion der Wechselwirtschaft wäre unvollständig, wenn man nicht auf die unterschiedlichen ökologischen Folgen des Wanderfeldbaus im engeren Sinne (pioneer swidden farming) und der Landwechselwirtschaft (established swidden farming) hinweisen würde (s. o. S. 104). Diese Folgen wurden von Roland Mischung am Beispiel der im Bergland von Nordwest-Thailand ansässigen Meo und Karen demonstriert (siehe Mischung 1980; 1984). Die Karen betreiben *established swidden farming* mit einem System der Sekundärwald-Rodung (Boserups *bushfallow cultivation*). Ihre Feldbau-Technik ist auf die Konservierung der die Siedlungen umgebenden Natur ausgerichtet. Die Brandrodungsfelder werden ein Jahr lang genutzt und liegen anschließend so lange brach, bis der nachwachsende Sekundärwald eine solche Höhe und Artenvielfalt entwickelt hat, daß die im pflanzlichen Material gespeicherten Nährstoffe die erneute Kultivierung des Areals zulassen, ohne daß es zur Verschlechterung des Bodens kommt. Zwischen den Rodungszonen bleiben geschlossene Primärwaldbestände erhalten. Sie bieten Schutz vor Erosion und sind auch eine Art *Saatreservoir,* aus dem die sich auf den Rodungen regenerierende Pflanzendecke schöpfen kann. Zu dieser Regenerierung tragen auch einzelne große Bäume bei, die bei den Rodungsarbeiten ausgespart bleiben.

Bei den Meo muß man zwei Bevölkerungsgruppen voneinander unterscheiden. Es gibt sowohl Gruppen mit überwiegender Subsistenzwirtschaft und dem Bergreis als wichtigster Anbaupflanze, als auch andere, die sich auf Opium als *cash-crop* spezialisiert haben, das im Fruchtwechsel mit Mais angebaut wird, den man wiederum an die Schweine verfüttert. Das Grundnahrungsmittel Reis wird mit einem Teil des beträchtlichen Erlöses aus dem Opiumverkauf von Nachbargruppen oder auf Thai-Märkten im Tal erworben. Die Feldbautechniken beider Gruppen sind jedoch vergleichbar: sie lassen sich als *pioneer swidden farming* mit Primärwald-Rodung kennzeichnen (Boserups *forest-fallow cultivation*). Zur Rodung des Baumbestandes werden Flächenbrände angelegt und der Boden der so entstandenen Rodungsflächen wird mehrjährig bis zu seiner völligen Erschöpfung genutzt. Gejätet wird durch tiefes Aufhacken des Grundes. Die Folge ist die restlose Vernichtung des Baumbestandes in der Umgebung der Siedlungen, Erosion und die Ausbreitung von Flächen mit Cogon-Gras *(Imperata cylindrica)*.[1] Im Gegensatz zu den permanent seßhaften Karen sind die Meo gezwungen, ihre Siedlungen nach mehreren Jahren wieder zu verlegen.

Die unterschiedlichen Anbau-Systeme der Karen und der Meo schlagen sich im Landschaftsbild augenfällig nieder. Wenn Mischung einerseits vom lieblich erscheinenden, bewaldeten Lebensraum der Karen spricht (siehe Abb. 13), so schildert er dagegen das Meo-Territoriums wie folgt (siehe Abb. 14):

„Das sich darbietende Bild ist deprimierend: So weit das Auge reicht, erstrecken sich nackte grasbewachsene Hänge, in die periodische Wasserläufe tiefe Furchen geschnitten haben; an

---

1 Die Ausbreitung von Gräsern im tropischen Asien, vor allem von *Imperata spec.*, ist in der Regel eine Folge der Überbeanspruchung des Bodens: „Gräser sind wegen ihres hohen Lichtbedarfs in ungestörtem Wald nur schwach vertreten. Je länger eine Rodungsfläche genutzt wird (= von hoher Vegetation befreit bleibt), desto zahlreicher können sich hier Gräser etablieren; da sie zudem das jährliche Abbrennen der Fläche besser überstehen als Schößlinge von Blätterpflanzen, verdrängen sie diese schließlich weitgehend" (Mischung 1984: 241, Fn. 5).

Abb. 13: Siedlungsgebiet der Karen (Foto: Roland Mischung)

Abb. 14: Siedlungsgebiet der Meo (Foto: Roland Mischung)

steileren Geländepartien, wo die heftigen Monsunregen die obersten Bodenschichten fortgespült haben, kommt bereits die nackte Erde zum Vorschein, und diese Flächen vergrößern sich nach Angaben der Einheimischen von Jahr zu Jahr" (Mischung 1984: 148).

Interessant ist in diesem Zusammenhang auch, daß die Karen trotz erhöhter Arbeitsleistung und schlechterer Erträge im Vergleich zum Wanderfeldbau der Meo an ihrem Anbausystem festhalten. Auch wurden sie *nicht*, wie es Boserups These nahelegt, durch Bevölkerungswachstum, bzw. wirtschaftliche Notwendigkeit dazu veranlaßt, *bush-fallow cultivation* zu betreiben. Mischung erklärt dies mit dem Hinweis auf den Zusammenhang zwischen Anbausystem und anderen kulturellen Aspekten der Karen-Kultur. Wir müssen daraus die Lehre ziehen, daß bei der Interaktion zwischen Mensch und natürlicher Umwelt auch kulturelle Faktoren berücksichtigt werden müssen. Werthaltung, Überzeugungssysteme, religiöser Glaube, ästhetische Einstellungen können nicht einfach als Folgeerscheinungen ökonomischer und demographischer Erscheinungen gelten, wie es das im Anschluß an das Werk von Julian H. Steward entwickelte „cultural ecological model" lehrt, das Richard E. Blanton (1983: 277–79) in anderem Zusammenhang trefflich kritisiert.[1] Kulturelle Faktoren können sogar entscheidend für die *Prägung* der natürlichen Umwelt sein, wie Mischung es nahelegt, wenn er bezüglich der Karen schreibt: „Die Phänomene der Seßhaftigkeit und einer Ideologie lokaler Harmonie sind nicht infolge einer Anpassung an die ökologische Nische ‚Sekundärwald/Talboden' entstanden, sondern sind im Gegenteil verantwortlich für die Schaffung dieser Nische!" (Mischung 1984: 254).

7. Wechselwirtschaft und Terrassierung im Vergleich

Zum Abschluß dieses Kapitels soll noch wenigstens erwähnt werden, daß auch sehr arbeitsintensive Methoden der Nahrungsmittelproduktion durchaus nicht unter allen Umständen für die Umwelt schädlich sein müssen. Dies betrifft beispielsweise die sehr alte und weltweit verbreitete Terrassierung (siehe Abb. 15) im

---

1 Aus dem Zusammenhang wird dabei deutlich, daß Blanton damit nur den „kulturellen Materialismus" von Marvin Harris meinen kann.

Zusammenhang mit künstlicher Bewässerung (siehe Spencer und Hale 1961). Naßreisanbau auf Bewässerungsterrassen scheint sowohl ein wirtschaftliches, als auch ökologisch gesehen sinvolles Verfahren zu sein. So wird auf den Philippinen seit mehr als 1000 Jahren Reis an den gleichen Stellen angebaut. „Diesen Erfolg können nur sehr wenige der heutigen landwirtschaftlichen Kulturmethoden für sich in Anspruch nehmen!" (Odum 1980: 163) Interessant ist, daß nach P. B. Sears (*The Ecology of Man.* – University of Oregon Press 1957; referiert von Odum, a. a. O.) die Reisterrassen mit Waldstücken durchsetzt sind, die durch religiöse Tabus geschützt werden. Odum meint dazu: „Wir sollten zunächst herausfinden, ob diese Mischung von Wald und Reisfeldern etwas zu tun hat mit diesem bewundernswerten Gleichgewicht, bevor wir den Wald entfernen, um mehr Reis pflanzen zu können." (ebd.)

Die *Wirtschaftlichkeit* der Terrassierung – also das Verhältnis von Arbeitsaufwand und Ertrag – wird nicht von allen Ethnologen als günstig eingeschätzt. So meint etwa Edmund Leach (1954: 27 f.) Terrassierung sei nur dann wirtschaftlich, wenn hohe Bevölkerungsdichte zu Landknappheit führe. Agrarische Terrassen sind aufwendig in der Konstruktion und schwer zu pflegen und der Ertrag sei oft sehr spärlich im Vergleich zum Aufwand an Zeit

Abb. 15: Reisterrassen auf Bali (Foto: Thomas Bargatzky)

und Energie. Die Kachin-Bergvölker in Nordwest-Burma betrieben beispielsweise in manchen Fällen sowohl extensive Wechselwirtschaft als auch Terrassierung und betrachteten anscheinend die Wechselwirtschaft als das lohnendere Anbausystem. Leach sieht daher in der Terrassierung ein System der Produktion von Nahrungsmitteln, dessen wahrer Wert — zumindest bei den Kachin — eher im politisch-militärischen Bereich liegt, als im wirtschaftlichen. Er weist darauf hin, daß die entwickeltsten Terrassensysteme in dieser Region längs der wichtigsten Handelsstraßen von China nach Burma zu finden sind. „Military control of these trade routes was the original *raison d'être* for the relatively high concentrations of Kachin population found in these localities, and it was the profits of toll charges which originally made the construction of terrace systems worth while from the Kachin point of view" (Leach 1954: 28). Auch hier gilt es wiederum, die Gründe für die Entstehung und Beibehaltung bestimmter Anbausysteme nicht losgelöst von kulturellen, gesellschaftlichen und politschen Gegebenheiten zu erörtern und nicht nur im Bereich demographischer und ökonomischer Bedingungen nach Erklärungen zu suchen. Der Kultuökologie geht es auch um *Kultur* und nicht um Ökologie allein.

8. Weiterführende Literatur

Bezüglich der biologischen Grundbegriffe zum Thema „Artendiversität" verweise ich auf die Lektüre in Anhang I. Die dort in Teil II genannten Werke sind für ein weiterführendes Selbststudium geeignet. — Zu den ökologischen Grundlagen des Bodenbaus, siehe folgende Arbeiten:

MÜLLER, H. J.: Wesen und Probleme der Agroökosysteme. *Biologische Rundschau*, Band 14, S. 285–96, 1976.
JANZEN, D. H.: Tropical Agroecosystems. *Science*, Band 182, S. 1212–18, 1973.

Ein fundiertes und eindrucksvolles Plädoyer für traditionelle einheimische landwirtschaftliche Bodenbausysteme findet man in folgendem Aufsatz:

STRAUBE, Helmut: Die traditionelle Landwirtschaft Afrikas in historischer Sicht. *Internationales Afrika Forum*, 7. Jahrgang, Heft 8, S. 449–54, 1971.

Folgende Werke informieren über die Problematik bäuerlicher Produktion im Entwicklungs-Kontext:

BADOUIN, Robert: *Les Agricultures de Subsistance et le Développement Économique*. – Paris: Pedone, 1975.

WOLF, Eric R.: *Peasants*. – Englewood Cliffs, New Jersey: Prentice-Hall, 1966.

Eine nützliche Aufsatzsammlung zu diesem Themenkreis enthält:

SHANIN, Teodor (Hrsg.): *Peasants and Peasant Societies*. – Harmondsworth: Penguin Books, 1971.

Eine ausführliche Beschreibung der Energiekosten verschiedener Systeme der Produktion von Nahrungsmitteln findet der Leser bei:

PIMENTEL, David; und Marcia PIMENTEL: *Food, Energy and Society*. – London: Edward Arnold, 1979.

Kapitel V
SOZIOKULTURELLE EVOLUTION
UND NATÜRLICHE UMWELT:
DER FALL HAWAII

1. Einführung

In diesem Kapitel soll anhand eines Beispiels gezeigt werden, wie dem Faktor „natürliche Umwelt" im Rahmen von unterschiedlichen Theorien jeweils eine ganz andere Rolle bei der Entstehung politischer Organisationsformen zugeschrieben wird. Das Beispiel ist Hawaii;[1] bei den theoretischen Ansätzen handelt es sich um den kulturmaterialistischen, bzw. technoökonomischökologischen einerseits und um den Sozialstruktur-Ansatz andererseits. Kulturmaterialistische Theorien schreiben materiellen Bedingungen — also auch den Gegebenheiten der natürlichen Umwelt — eine vorrangige Bedeutung für die Erklärung soziokultureller Phänomene zu, wogegen Sozialstruktur-Theorien diese Erklärungen im sozialen Bereich selber suchen.[2]

Das Beispiel Hawaii bietet sich an, weil es bereits als Testfall für die Erklärungskraft kulturmaterialistischer Ansätze verwendet wurde. Timothy Earle (1977; 1978) konfrontierte Elman Service's (1962; 1975) Theorie der Entstehung des Häuptlingstums mit seinen eigenen ethnohistorischen und archäologischen Untersuchungen in Hawaii und weist Service's am Kulturmaterialismus angelehnten Ansatz zugunsten der Theorie der *Statusrivalität* (siehe Goldman 1955; 1960; 1970) zurück. Das Wort „angelehnt" wird in diesem Zusammenhang bewußt verwendet, weil Service im Grunde kein Kulturmaterialist ist — dazu räumt er der

---

1 Die Gruppe der Hawaii-Inseln umfaßt acht bewohnbare Inseln: Von West nach Ost sind dies: Niihau, Kaua'i, Oahu, Molokai, Lanai, Maui, Kahoolawe und die große Insel Hawai'i. In diesem Kapitel wird „Hawai'i" (mit hochgestelltem Komma zur Bezeichnung des Stimmritzenverschlußlautes) verwendet, um diese Insel zu benennen. Beziehe ich mich auf den gesamten Archipel, dann schreibe ich „Hawaii", ohne hochgestelltes Komma (siehe Karte 1).
2 Zu diesen und anderen Kulturtheorie-Gruppen, siehe Bargatzky (1985: 150 ff., 166 ff.).

Eigendynamik sozialer Prozesse zu großen Raum ein. Dennoch sind Teile seines Werkes durchaus von kulturmaterialistischer Denktradition geprägt, etwa was seine Betonung der geographischen Faktoren für die Entstehung des redistributiven Austausches anbelangt.

Zunächst wird Service's Theorie vorgestellt und mit Earle's Kritik konfrontiert. Anschließend werden Umweltzerstörung und demographische Entwicklung im voreuropäischen Hawaii beschrieben und im nächsten Schritt wird die Sozialstruktur-Theorie der Statusrivalität vorgestellt. Diese Theorie wird dann auf die Probleme Umweltzerstörung, demographische Entwicklung und Evolution der Sozialorganisation Hawaiis angewendet.

Im Vorgriff auf Kapitel 6 sei hier nur noch vermerkt, daß es sich bei Service's Theorie nur um *eine* Spielart aus einer Reihe von *linearen Evolutionstheorien* handelt, die allesamt der natürlichen Umwelt eine entscheidende Rolle bei der Evolution der menschlichen Sozialorganisation zuschreiben. Diese linearen Evolutionstheorien werden dort in einen größeren Rahmen gestellt und kritisch betrachtet.

2. Kulturmaterialisitische Theorien

Kulturmaterialistische Theorien werden vom Prinzip des sogenannten *technisch-ökonomischen*, bzw. *technisch-ökologischen Determinismus* geleitet. Marvin Harris (1968: 4) zufolge besagt dies Prinzip folgendes: Wenn gleichartige Techniken in vergleichbaren Umwelten zum Zweck der Nahrungsgewinnung und Umweltbeherrschung angewendet werden, dann hat dies auch vergleichbare Arten der Arbeitsteilung in der Produktion der Güter und in der Verteilung der Güter zur Folge. Dies wiederum bedingt die Herausbildung gleichartiger sozialer Gruppen, in denen die Aktivitäten der Gruppenmitglieder durch ähnliche Wert- und Überzeugungssysteme koordiniert werden.

Übersetzt man dieses Prinzip in ein *Forschungsprogramm*, dann bedeutet dies, daß man den materiellen Bedingungen des sozialen und kulturellen Lebens Priorität bei der Suche nach Erklärungen für das Verhalten des Menschen zuschreibt.

Auf den Vorwurf, einem *theoretischen Monismus* zu huldigen, reagieren Kulturmaterialisten mitunter recht gereizt, wie Harris (1969) Stellungnahme zu Services (1968) entsprechendem Vor-

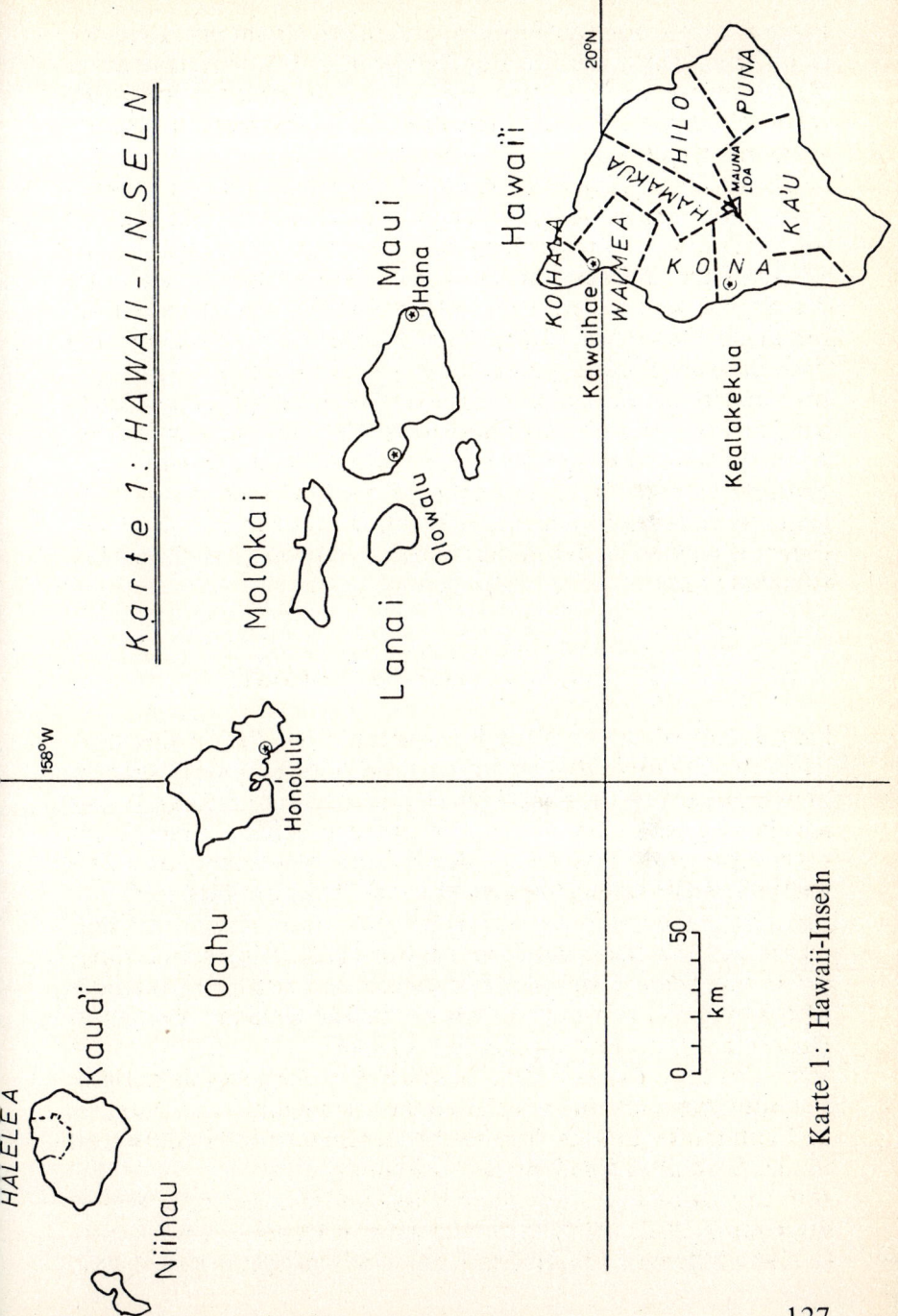

Karte 1: Hawaii-Inseln

127

wurf zeigt. Sie pflegen, den System-Zusammenhang soziokultureller Faktoren zu betonen, der die kausalen Vorgänge *interaktiv* erscheinen läßt (siehe Price 1977). Tatsächlich täte man den Kulturmaterialisten unrecht, wenn man ihnen einen theoretischen Monismus unterstellen würde. Obwohl sie das Zusammenwirken von technisch-ökonomischen und sozialen sowie ideellen Faktoren durchaus in Rechnung stellen, werden in Untersuchungen mit einem kulturmaterialistischen Ansatz dennoch ökologische und technisch-ökonomische Faktoren besonders hervorgehoben, d. h. sie werden oft als die maßgeblichen Faktoren der sozialen Evolutionen herausgestellt. Dies wird beispielsweise bei dem Versuch der Erklärung der Evolution von Häuptlingstümern deutlich, den Elman Service (1962; 1975) unternahm, wobei er auf einem Werk von Marshall Sahlins (1958) aufbaute. Service versucht, aufgrund besonderer umweltmäßiger Gegebenheiten die Entstehung der Redistribution und sodann die Evolution des Häuptlingstums zu erklären. Obwohl er sich, wie oben angedeudet, nicht mit dem von Marvin Harris vertretenen Ansatz identifiziert, verdient seine Theorie wegen der Betonung umweltmäßiger Gegebenheiten im Verein mit bestimmten einfachen Produktionstechniken das Prädikat „kulturmaterialistisch". Diese Theorie soll im folgenden vorgestellt und kritisiert werden.

3. Die Entstehung des Häuptlingstums nach Elman Service

Die Service'sche Theorie im Aufriß

Verschiedene Forscher sehen in solchen Umweltbedingungen, die den Austausch von Gütern zwischen ökonomisch und umweltmäßig spezialisierten sozialen Gruppen notwendig werden lassen, einen wichtigen Faktor der Entstehung von zentralisierten politischen Organisationsformen (siehe Sahlins 1958; Rathje 1973). Die *Funktion* dieser zentralisierten Instanz besteht darin, die aufgrund der spezifischen Umweltbedingungen entstandene Spezialisierung der einzelnen Gruppen auszugleichen, indem sie die jeweiligen Güter auf alle Gruppen verteilt, so daß alle Gruppen in den Besitz von notwendigen oder als erstrebenswert erachteten Gütern gelangen. In bezug auf Häuptlingstümer vertritt Service die Ansicht, solche zentralisierten Gesellschaftsformen seien zumindest teilweise ein Ergebnis des Austausches zwischen ökonomisch spezialisierten Gemeinden, bzw. Lokalgruppen. Der Umwelt-Spezialisierung verschiedener Residenzgruppen wird dabei das größte kausale Gewicht zugemessen. Häuptlingstümer entstehen quasi als „Antwort" auf die Probleme, die eine mannigfaltige Umwelt mit sich bringt (siehe Service 1962: 144–52). Service bezieht sich auf Sahlins' (1958) Unterscheidung zwischen allgemein und beschränkt zugänglichen Ressourcen. Haben die verschiedenen Residenzgruppen einer seßhaften Bevölkerung nur zu spezifischen Ressourcen-Zonen Zutritt, so bedarf es einer zentralen Instanz, die die Produkte der verschiedenen Gruppen auf dem Wege der Redistribution so verteilt, daß alle Haushalte in den Besitz der notwendigen Ressourcen gelangen.

Service zufolge lassen sich Häuptlingstümer weiterhin in ihren Ursprüngen auf das sogenannte *Big Man-System* zurückverfolgen. Im Big Man-System finden wir zentralisierte Führung, den Beginn einer Hierarchie von Statuspositionen und die Entstehung von aristokratischer Weltanschauung, wenn die Mitglieder der Gruppe dazu neigen, die Eigenschaften des Big Man auch seinem Nachfolger, insbesondere seinem erstgeborenen Sohn zuzuschreiben. Dennoch besteht zwischen einem Big Man-System und einem Häuptlingstum ein großer struktureller Unterschied: Die Macht des Big Man beruht letztlich auf seinen persönlichen Eigenschaften, seiner Tüchtigkeit, seinem „Charisma" – d. h. er besitzt keine formalen, institutionalisierten Mittel, um seinen Willen durchzusetzen. Er muß sich in letzter Instanz auf die freiwillige Gefolgschaft von Leuten stützen, die zwar oft mit ihm affinal- oder auch blutsverwandt sind, die sich ihm aber in der Hoffnung anschließen, von seinem Prestige und seiner wirtschaftlichen Macht zu profitieren, etwa was seine Hilfe bei der Beschaffung des Brautpreises angeht (siehe Service 1975: 74 f.).

Wie kann sich nun solch ein „embryonales Häuptlingstum" in ein richtiges Häuptlingstum umwandeln? Hier kommen nun, Service (1975: 74) zufolge, Umweltfaktoren ins Spiel. Häuptlingstümer, behauptet Service, kommen in Gebieten vor, in denen Ressourcen regional spezialisiert verteilt sind, wobei zahlreiche *ökologische Nischen* lokale und regionale Symbiosen erforderlich machen. Diese regional ungleichmäßige Verteilung der Ressourcen begünstigt die Herausbildung einer redistributiven Wirtschaft. Eine Gesellschaft mit Big Man-System in solch einer natürlichen Umwelt wird sich früher oder später in ein richtiges Häuptlingstum umwandeln, wobei sich diejenige Deszendenzgruppe als Häuptlingslinie herauskristallisiert, die aufgrund ihrer besonderen Lage am besten dazu geeignet ist, die zentrale Verteiler-Funktion zu übernehmen. Der Big Man dieser Linie wird zum Häuptling, das charismatische Führungsprinzip des Big Man-Systems geht in einer Hierarchie von Statuspositionen auf und die politische Macht wird nunmehr zentralisiert (siehe Service 1975: 75 ff.). Von einer bestimmten, ursprünglichen Siedlung A (siehe Abb. 16) zweigen sich nach und nach Tochtersiedlungen (B und C) in ökologisch spezialisierten Zonen ab. B und C sind nun in höherem Maße von A abhängig als A von B oder C, da A als älteste Siedlung optimal in bezug auf die Zugänglichkeit der Ressourcen angelegt wurde. Austauschbeziehungen entwickeln sich, wobei A die führende Rolle zufällt. Da die Einwohner aller drei Siedlungen miteinander verwandt sind, ist das genealogisch am höchsten stehende Mitglied von Siedlung A zugleich auch ranghöher als die Mitglieder der Siedlungen B und C. Eine „Ramage" bildet sich heraus, bzw. ein „konischer Clan" (siehe Abb. 17). Diese Verwandtschaftsgruppe ist die umfassendste politische Einheit, innerhalb derer wirtschaftliche und zeremonielle

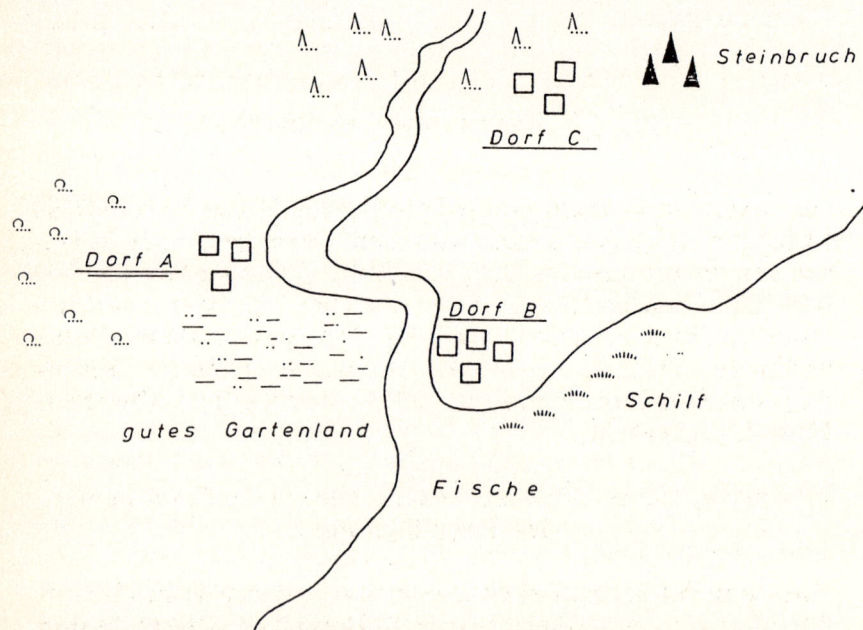

Abb. 16: Lokalgruppen und natürliche Ressourcen

Austauschbeziehungen bestehen. Das genealogisch am höchsten stehende Individuum in Gruppe A ist, als „Häuptling", nun zugleich auch die zentrale Instanz in bezug auf die Redistribution der von A, B und C produzierten Güter. Aus dem Big Man-System wurde ein Häuptlingstum.

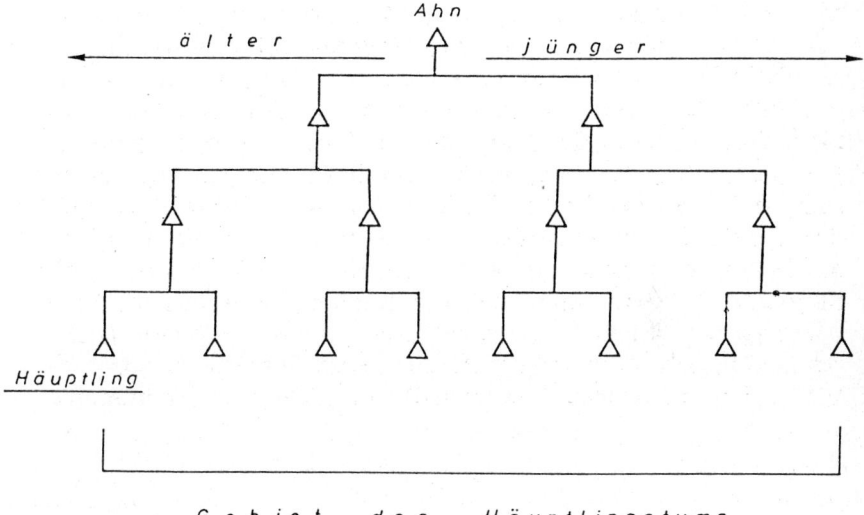

Abb. 17: Ramage und Häuptlingstum

Die Service'sche These wurde von Timothy Earle mit ethnohistorischen, ethnographischen und archäologischen Daten bezüglich der voreuropäischen Gesellschaft der Hawaii-Inseln konfrontiert. Die Kritik Earles an Service soll im nun folgenden Abschnitt etwas ausführlicher referiert werden. Das Beispiel Hawaiis wird uns später nochmals begegnen, wenn wir der Frage der Bedeutung der Sozialorganisation für die Gestaltung der natürlichen Umwelt nachgehen.

Timothy Earles Kritik an Service's Theorie der Entstehung des Häuptlingstums

Earle versucht nachzuweisen, daß in den voreuropäischen Häuptlingstümern (bzw. „frühen Staaten") Hawaiis die Redistribution nicht die Aufgabe hatte, die einzelnen Haushaltseinheiten mit lebensnotwendigen Gütern zu versorgen. Die Haushalte hatten zu allen lebenswichtigen Ressourcen gleichermaßen Zugang und dennoch war auf Hawaii ein komplexes soziales und politisches System mit einem ausgeprägten Redistributionswesen entstanden. Der Redistribution fiel aber die Aufgabe zu, die politisch-zeremoniellen Aktivitäten der hohen Häuptlinge, der *alii*, quasi zu „finanzieren". Das Prinzip der *Statusrivalität* (s. u. S. 140) war maßgeblich für die Herausbildung dieser Art der Redistribution verantwortlich, nicht etwa die Beschaffenheit der natürlichen Umwelt (siehe auch Peebles und Kus 1977: 424–27).

Die hawaiianische Gemeinde und ihre Wirtschaft

Die Gemeinde im voreuropäischen Hawaii konstituierte sich als endogame Gruppe mehrerer Kern- und erweiterter Familien, die einen administrativen Distrikt namens *ahupua'a* bewohnten. Jeder *ahupua'a* unterstand einem Distriktshäuptling, dem *alii'ai ahupua'a*. Mehrere *ahupua'a* bildeten einen Distrikt *('okana)* und mehrere *'okana* ein *moku*. *Moku* war der einheimische Name für eine politisch-administrative Einheit, die entweder „Häuptlingstum" oder auch „früher Staat" genannt wird. Mitunter umfaßte solch ein *moku* auch eine ganze Insel, aber oft teilten sich Inseln in mehrere *mokus*.

Je nach den geographischen Randbedingungen kann man nun zwei Arten von *ahupua'a* unterscheiden: sogenannte „Tal-*ahupua'a*" und „Hochland-*ahupua'a*". In geologisch alten Landesteilen, in denen Erosionsvorgänge bereits Täler ausgewaschen hatten, umfaßte ein Tal-*ahupua'a* das volle Einzugsgebiet (catchment area) eines größeren Flusses; in geologisch jungen Landesteilen – insbesondere auf der „großen Insel" Hawai'i – wo sich noch keine großen Stromtäler gebildet hatten, waren die Hochland-*ahupua'a* willkürlich begrenzte Landstreifen, die von den Bergen bis zur See hinunterreichten. Der Gartenbau in den Tal-*ahupua'a* beruhte auf künstlicher Bewässerung und Terrassierung, in den Hochland-*ahupua'a* dagegen auf Wanderfeldbau und Regenbewässerung. Tal-*ahupua'a* waren charakteristisch für die Inseln Kaua'i, Oahu, Molokai und Teile der Insel Hawai'i; Hochland-*ahupua'a* fanden sich im östlichen Maui und auf der Insel Hawai'i. Diese Verhältnisse entsprechen dem zunehmenden geologischen Alter der Inseln von Ost nach West. Das Verhältnis zwischen der räumlichen Verteilung der Ressourcen und der Subsistenzökonomie wurde nun von Earle anhand eines Vergleichs des Halelea-Distriktes (Nord Kaua'i) mit den windabgewandten, südwestlichen Distrikten der Insel Hawai'i untersucht. Der Halelea-Distrikt umfaßte mehrere typische Tal-*ahupua'a*, wogegen die südwestlichen Distrikte der Hawai'i-Insel in Hochland-*ahupua'a* unterteilt waren.

Der Halelea-Distrikt, Nord Kaua'i

Neun *ahupua'a* bildeten den Halelea-Distrikt: Ha'ena, Wainiha, Lumahai, Waikoko, Waipa, Waioli, Hanalei, Kalihikai und Kalihiwai, mit Hanalei als größtem (68,5 km^2) und Waikoko (1,8 km^2) als kleinstem *ahupua'a*.[1] Trotz ihrer Größenunterschiede sind sich diese *ahupua'a* sehr ähnlich, wenn man ihren Zugang zu natürlichen Ressourcen betrachtet:

„Each land unit holds a permanent water source, sections of alluvial soils, a coastal segment with access to open sea, and reefs or shallow water areas ... the ahupua'a boundaries were laid out to include, within a single territorial unit, all the resources necessary for a generalized subsistence economy" (Earle 1978: 36).

Die Grenzen eines *ahupua'a* verliefen auf den Höhen der umgebenden Bergketten bis hinunter zur See, so daß der Wasserhaushalt solch eines Gebietes durch das Einzugsgebiet mindestens *eines* permanenten Wasserlaufes bestimmt wurde.

Der Halelea-Distrikt kann in drei Ressourcen-Zonen unterteilt werden: erstens, das Schwemmland in der Nähe der Küste; zweitens, das seichte Küstengewässer innerhalb des Riffs; drittens, das Hinterland des Tals. Im Schwemmland wurde intensiver Gartenbau betrieben, sowohl als Bewässerungs- als auch als Trockenanbau. In den Küstengewässern fischte man und im Hinterland wurde gejagt und gesammelt (siehe Earle 1977: 219). Ein *ahupua'a* umfaßte nun alle drei Ressourcen-Zonen, war also ein ökonomisch selbstgenügsames Territorium und daher auch von den übrigen *ahupua'a* nicht abhängig. Dies steht aber im Gegensatz zu den Verhältnissen, die wir der Theorie Service's zufolge erwarten dürfen, wonach die Gebiete unter Aufsicht eines *ali'i 'ai ahupua'a* jeweils die ökonomisch spezialisierten Einheiten im Rahmen eines größeren Distriktes *('okana)* zu sein hätten!

---

1 Die folgenden Ausführungen beziehen sich auf Earle (1978: 30—36).

Die Hochland-*ahupua'a* auf Hawai'i

Auch die Hochland-*ahupua'a* in den geologisch jungen Regionen der großen Insel Hawai'i lassen sich in drei traditionelle und für die Subsistenzökonomie bedeutsame Ressourcen-Zonen unterteilen. Auf Regenfall beruhender Anbau von Süßkartoffeln und Taro wurde auf den Hängen landeinwärts betrieben; hinter dieser Anbauzone lag in der Regel ein Waldgebiet, das vor allem dem Jagen und Sammeln sowie in geringerem Umfange ebenfalls dem Anbau diente. Darüber hinaus verfügte auch ein Hochland-*ahupua'a* über einen Zugang zu seichten Küstengewässern, die für den Fischfang geeignet waren.

Die soziale Organisation der *ahupua'a* im Distrikt Ka'u im Süden der Insel Hawai'i scheint auf den ersten Blick Service's Theorie zu bestätigen, denn im Gegensatz zu Halelea, wo die Ressourcen-Zonen alle in Reichweite der einzelnen Haushalte lagen (siehe Earle 1978: 165), waren sie in Ka'u weit voneinander getrennt. Dies hatte eine ökonomische Spezialisierung der einzelnen Haushalte zur Folge: landeinwärts gelegene Haushalte beschränkten sich auf den Anbau, eher seewärts gelegene Haushalte auf den Fischfang. Diese auf den geographischen Gegebenheiten beruhende ökonomische Spezialisierung führte aber *nicht* zur Herausbildung einer redistributiven Hierarchie auf *ahupua'a*-Ebene. Die Mitglieder der ökonomisch spezialisierten Haushalte eines Hochland-*ahupua'a* in Ka'u bildeten nämlich eine umfassendere Verwandtschaftsgruppe mit dem Namen *'ohana*[1] und der Austausch zwischen den einzelnen Haushalten einer *'ohana* erfolgte *direkt*, ohne die Beteiligung eines Redistributionszentrums (siehe Handy und Pukui 1958: 5 f.). An der Spitze einer *'ohana* stand zwar der *haku*, ein Wort, das nach Handy und Pukui (1958: 7, Fn. 3) am besten je nach dem Zusammenhang mit „master", „director" oder „lord" übersetzt werden sollte. Er war der Älteste aus dem genealogisch ältesten Zweig der *'ohana*. Von ihm heißt es: „he presided over family councils; and in general he had authority over the individuals and all households in all such matters as entertaining strangers and welcoming the *ali'i*, in supervising work, worship and planned communal activities ... The *haku* headed the councils of the *'ohana*; he was the revered leader" (Handy und Pukui 1958: 6 f.). Zwar wird von ihm auch gesagt:

---

1 *'ohana* ist nicht zu verwechseln mit dem Distrikt *('okana)*.

„The *haku* divided the catch of fish amongst the households of the *'ohana* which had participated in the fishing" (Handy und Pukui 1958: 6). Dabei kann es sich aber nur um eine zeremonielle Rolle bei gemeinsamen Fischzügen mehrerer Haushalte gehandelt haben. Der Austausch zwischen den spezialisierten Haushalten lief *nicht* über den *haku*, wie folgende Textstelle deutlich belegt:

"Between households within the *'ohana* there was constant sharing and exchange of foods and of utilitarian articles and also of services, not in barter but as voluntary (though decidedly obligatory) giving. *'Ohana* living inland ... raising taro, bananas, *wauke* (for *tapa*, or barkcloth, making) and *olona* (for its fibre), and needing gourds, coconuts and marine foods, would take a gift to some *'ohana* living near the shore ... and in return would receive fish or whatever was needed. The fisherman needing *poi* or *'awa* would take fish, squid or lobster upland to a household known to have taro ..." (Handy und Pukui 1958: 5 f.).

Der tägliche Bedarf der einzelnen, spezialisierten Haushalte wurde also über den direkten Austausch, ohne Einschaltung des *haku* gedeckt. Auch war der *haku* kein unumschränkter Herrscher über seine *'ohana*, denn Handy und Pukui (1958: 7) berichten weiterhin:

"the old folk, men and women, of strong character were extremely independent in speech and action; consequently the *haku* was no dictator but was subject to the advice and opinion of householders and of all others members of his *'ohana* concerned in or affected by decisions and enterprises."

Folgerungen aus der Earle'schen Kritik an Service

In bezug auf Hawai'i können wir feststellen, daß nicht einmal in den Hochland-*ahupua'a* von Ka'u, wo die Randbedingungen zur Erfüllung der Service'schen Theorie durchaus gegeben waren, eine Redistributionsinstanz zur Verteilung der Produkte aus umweltmäßig differenzierten Arealen vorhanden war. Mit Earle (1977: 223) können wir daher den Schluß ziehen, daß Hawaiis Häuptlingstümer, bzw. frühe Staaten auf Lokalgruppen begründet waren, die sich in der Struktur ihrer Subsistenzökonomie glichen. Zwischen den einzelnen *ahupua'a* bestand keine wirtschaftliche Abhängigkeit, so daß der Grund für den Aufbau umfassenderer territorialer und politisch zentralisierter Einheiten im

Sinne der Theorie Service's entfiel.[1] Dennoch gab es in Hawaii solch größere politische Einheiten (*'okana* und *moku*), deren Entstehung freilich mit der kulturmaterialistisch-ökologischen Theorie Service's nicht erklärt werden kann. Earle sucht daher die Faktoren, die mutmaßlich zur Entstehung dieser Einheiten und der sie prägenden politisch-sozialen Struktur führten, nicht im Bereich der natürlichen Umwelt, sondern der sozialen Struktur selber. Das von Irving Goldman (1955; 1960; 1970) herausgearbeitete Prinzip der *Statusrivalität* bietet sich seiner Meinung nach als geeigneter Faktor an.

Mit Goldmans Ansatz möchte ich mich im folgenden ausführlicher beschäftigen. Dabei wird sich wohl herausstellen, daß dieser Ansatz es erlaubt, die Wechselwirkungen zwischen sozialen-, kulturellen- und Umweltfaktoren differenzierter zu sehen, als es im Rahmen technoökonomisch-ökologischer Modelle möglich ist. Ich beginne meine Erörterungen mit einer Darstellung der Zerstörung der natürlichen Umwelt Hawaiis, behandle sodann *Statusrivalität* und *Prestigeökonomie*, um zuletzt das Problem der Evolution der voreuropäischen politischen Organisation Hawaiis in einem größeren Rahmen zu beschreiben.

4. Sozialstruktur-Theorien: Der „Ort" der Struktur

Es kann nicht die Aufgabe dieses Buches sein, die Problematik der in der Ethnologie vieldeutig verwendeten Worte „Struktur" und „Sozialstruktur" zu behandeln. Nur so viel soll zu diesem Thema gesagt werden: Ethnologen, die mit dem Begriff der Struktur arbeiten, lassen sich grob in solche einteilen, die den „Ort" der Struktur im Bereich des tatsächlichen, empirisch feststellbaren Verhaltens und Geschehens suchen — quasi an der „Oberfläche" — und solche, die ihn auf einer tieferen Ebene „unterhalb" der Oberfläche suchen. Im ersten Fall wird Struktur als ein statistisches Phänomen meßbarer Regelhaftigkeit verstanden, im anderen Fall etwa als *Code*, oder als internalisiertes kulturelles Normen- und Regelsystem oder gar als Grundstruktur des menschlichen Bewußtseins. Radcliffe-Brown wäre als Repräsentant der ersten Gruppe zu nennen, Claude Lévi-Strauss und viele Vertreter

---

1 Ein ähnliches Ergebnis zeitigte eine Untersuchung der Subsistenzökonomie von Haushalten auf Tahiti (siehe Finney 1966).

der sogenannten „kognitiven Anthropologie" (siehe Renner 1980) als Repräsentanten der zweiten.

Sozialstruktur-Theoretiker gehen davon aus, daß soziale Phänomene letztlich auf andere soziale Phänomene zurückgeführt werden müssen, nicht auf außer-soziale, etwa auf Bedingungen der natürlichen Umwelt. In diesem Sinne ist auch Irving Goldman ein Theoretiker der Sozialstruktur. Betrachtet man seine Position aber bezüglich der Pole „Struktur an der Oberfläche/Struktur in der Tiefe", dann fällt es schon schwerer, ihn in eine der beiden Gruppen einzuordnen. Einerseits sind Statusprinzipien – die bei Goldman eine fundamentale Rolle spielen – zwar quasi „in den Köpfen" der Leute anzusiedeln; sie sind daher aus deren Verhalten erst erschließbar und nicht etwa durch das Messen und Klassifizieren von Verhalten schon feststellbar. So gesehen, liegt die Sozialstruktur also nicht an der „Oberfläche", um bei unseren Metaphern zu bleiben. Andererseits sind Statusprinzipien aber auch durch Verhältnisse der Lebensumwelt wie Konflikt, Verfügbarkeit der Ressourcen und historische Tradition beeinflußbar. Daher stellt Goldman auch ausdrücklich fest: „A status system is ... no independent apparatus that changes itself and in so doing changes its society" (Goldman 1970: 567). Statusprinzipien, als Aspekt des Sozialen, sind also keinesfalls so „tief" angesiedelt wie Lévi-Strauss' Grundstrukturen des menschlichen Denkens, deren Transformationen erst die Vielfalt der Erscheinungen an der Oberfläche erzeugen.

Diesen Fragen nachzugehen, würde in diesem Rahmen zu weit gehen, denn uns soll hier nur interessieren, wie sich Goldmans Ansatz für die Diskussion der Umweltfrage im vor- und frühgeschichtlichen Hawaii nutzbar machen ließe. Dies soll im nun folgenden Teil des Kapitels vorgeführt werden.

5. Hawaii in voreuropäischer Zeit:
Demographie, Umwelt und Prestige-Ökonomie

Umweltzerstörung und demographische Entwicklung

Zur Zeit des ersten Kontaktes mit den Europäern (1778) betrug die einheimische Bevölkerung der Hawaii-Inseln ca. 200 000 Personen (siehe Schmitt 1971). Wird der bewohnbare Teil der wichtigsten Inseln auf etwa 9000 km² veranschlagt, dann läßt sich eine *durchschnittliche* Bevölkerungsdichte von 22 Personen pro km² errechnen. In einzelnen Gebieten lag dieser Wert jedoch um vieles höher: Patrick Vinton Kirch, ein amerikanischer Archäologe, errechnet beispielsweise für das Halawa-Tal im Osten der Insel Molokai eine Dichte von 300 Personen pro km² zur Kontaktzeit (siehe Kirch 1980: 273). Nehmen wir nun mit Kirch an, es bestehe ein Zusammenhang zwischen der Anzahl der archäologisch nachweisbaren, permanenten Siedlungsplätze und der Höhe der Bevölkerung, die ehemals ein Gebiet bewohnte. Die siedlungsarchäologischen Ergebnisse machen es dann möglich, die demographische Geschichte Hawaiis in voreuropäischer Zeit wie folgt zu rekonstruieren: Vom Zeitpunkt der Besiedlung durch die Polynesier, die erstmals ca. 400 A. D. erfolgte, stieg die Bevölkerung bis ca. 1650 A. D. beständig an. Von 1650 an bis zur Zeit des Kontaktes mit den Europäern (1778) macht sich jedoch eine rückläufige Tendenz bemerkbar: die Zahl der Einwohner sank beträchtlich. In diesem Zusammenhang ist es nicht uninteressant, daß auch die Einheimischen selber die Überzeugung vertraten, in voreuropäischer Zeit sei die Bevölkerung auf manchen Inseln größer gewesen. So berichtet uns beispielsweise John B. Whitman, der sich 1813 bis 1815 auf den Inseln aufhielt, folgendes:

"The natives say that the Islands were much more populous in former times than at present, and the traces of cultivation in lands that are now waste, and other signs of population visible in many places, renders it probable that they are correct" (Holt 1979: 86).

Nun muß man natürlich berücksichtigen, daß sich „in former times" auch auf die Zeit der Bürgerkriege (1782–1795) beziehen kann (siehe Bargatzky 1978: 87 ff.). Seit dieser Zeit bis zu Whitmans Besuch waren immerhin über dreißig Jahre vergangen – eine lange Zeit. Wie wir noch sehen werden, besteht aber durchaus Grund zu der Annahme, daß auch die Jahrhunderte vor Cooks Ankunft (1778) Zeiten beständiger Kriege waren, die, falls sie so blutig waren, wie die Kriege, die unter Kamehameha ausgefochten wurden, der die Inseln 1795 politisch einigte, durchaus zur zeitweiligen Entvölkerung großer Gebiete beitragen konnten. Kirch zufolge zeigt jedenfalls die Tatsache, daß die einheimische Bevölkerung schon vor dem Europäerkontakt ihren Höhepunkt erreichte und ihre Zahl bereits wieder im Abnehmen war, daß die Grenzen des einheimischen Systems der Nahrungsmittelproduktion erreicht waren. Kirch nennt eine Reihe von Belegen für seine Behauptung. Als Folge des Bevölkerungswachstums und der damit einhergehenden Ausweitung der Nahrungsmittelproduktion waren beispielsweise bereits *vor* der Ankunft der Europäer große Teile der tiefergelegenen Landstriche der Inseln in ein durch und durch künstliches Ökosystem umgewandelt worden. Die ursprüngliche Flora und Fauna erlitt dabei hohe Verluste. Der Trockenwald-Bewuchs auf der windabgewandten Seite machte Grasland Platz und dies wird auf den Einsatz von Feuer im Rahmen des Brandrodungsfeldbaus zurückgeführt. Auf allen Inseln lassen sich ferner für die Zeit vom 14. bis zum 16. Jahrhundert A. D. Erosionserscheinungen von teilweise hohem Ausmaße feststellen. In Halawa auf der Insel Molokai und Makaha auf Oahu kann man nachweisen, daß der ursprüngliche Waldbestand der Talhänge zerstört wurde, was zur Instabilität der Hangböden und ihrer Erosion führte. Kirch zufolge kann man diese Tatsachen nur erklären, wenn man annimmt, daß Wanderfeldbau unter extensiver Verwendung von Feuer betrieben wurde. Er verweist in diesem Zusammenhang auf die reichlichen Überreste von Holzkohle, die im Erosionsmaterial nachweisbar sind. Radiokarbonuntersuchungen ergaben für diese Reste sogar ein Alter von 750 ± 90 Jahren vor der Gegenwart (siehe Kirch 1980: 263).

Da die steigende Bevölkerung im Rahmen des auf Wanderfeldbau beruhenden Produktionssystems alleine wohl nicht zu ernähren war, ging man schon früh zu intensiven Methoden der Nahrungsmittelproduktion über. Davon zeugen künstlich bewässerte Terrassen für den Anbau von Taro und künstliche Teiche für die Fischzucht (siehe Handy, Handy und Pukui 1972). In Halawa und Makaha erfolgte die Umwandlung von Schwemmlandflächen und natürlichen Terrassen zu künstlich bewässerten Anlagen zwischen 1200 und 1400 A. D., also während der Zeit des rapiden Bevölkerungswachstums. Dies hatte beträchtliche Veränderungen der natürlichen Umwelt zur Folge, denn weite Landstriche wurden in Feuchtgebiete verwandelt. Die von Kirch (o. J.) zusammengestellte Verlustliste einheimischer Tier- und Pflanzenarten, die diese Veränderungen nicht überlebten, ist lang. Die Umwandlung einer Natur- in eine Kulturlandschaft brachte Kosten mit sich, die das ursprüngliche Ökosystem zu tragen hatte. Diese Tatsachen sollten uns davor warnen, allzuschnell den Schluß zu ziehen — angesichts unserer heutigen Umweltprobleme — vorindustrielle Völker seien stets die besseren Umweltschützer gewesen und hätten generell in „Harmonie mit der

Natur"gelebt. Freilich legt im Deutschen Sprachraum der unselige Ausdruck „Naturvölker" dergleichen Assoziationen nahe – als ob nicht alle Menschen über Kultur verfügen und daher alle Völker als „Kulturvölker" gelten können!

Ramage und Statusrivalität

Um verstehen zu können, wie es zu den Umweltbelastungen im voreuropäischen Hawaii kam, müssen wir einen Blick auf den „Bauplan" der voreuropäischen, einheimischen Gesellschaftsordnung werfen. Ich möchte daher eine spekulative Skizze dieses Bauplans und der Beziehungen zwischen Mensch und Umwelt im voreuropäischen Hawaii entwerfen. Spekulativ ist diese Skizze, weil sie die Entstehung dieser Umweltverhältnisse plausibel machen möchte, ohne den Anspruch erheben zu können, ein *Beweis* zu sein. Dazu mache ich von den Ergebnissen ethnographischer, ethnohistorischer und archäologischer Forschungen Gebrauch. Das Bild, das somit gewonnen wird, wird in die Vergangenheit projiziert. Bei solch einem Verfahren können viele Fehlerquellen übersehen werden, aber oft hat der Ethnologe keine andere Wahl, als eben eine Erklärung wenigstens zu versuchen, oder auf die Erklärung zu verzichten.

Die voreuropäische Gesellschaft auf den Hawaii-Inseln entspricht in ihrer Struktur und formalen Ordnung dem generellen polynesischen Modell einer hierarchisch geordneten, aristokratischen Gesellschaft, als deren Grundstruktur die *Ramage* angesehen werden kann. Darunter versteht man ja eine durch den *zugeschriebenen* Status geordnete, kognatische Deszendenzgruppe.[1] Der zugeschriebene Status manifestiert sich in Polynesien durch den *genealogischen Rang* einer Person. Dieser genealogische Rang wird anhand mehrerer Kriterien bestimmt, darunter sind:

– das Primogenitur-Prinzip,
– die Zugehörigkeit zu einer alten Deszendenzgruppe,

---

1 Während bei *patrilinearen* und matrilinearen – also unilinearen – Gesellschaften die Zugehörigkeit zur Deszendenzgruppe von Männern und Frauen jeweils allein durch die Abstammung vom Vater, bzw. von der Mutter bestimmt wird, kann man in Gesellschaften mit kognatischen Deszendenzgruppen beide Kriterien für die Bildung von Gruppen verwenden (siehe Fox 1967; Keesing 1975 als gute Einführungen in die Verwandtschaftsethnologie).

– die genealogische Tiefe, gemessen durch die Länge des Stammbaums, und

– die historische Bedeutung der Deszendenzgruppe.[1]

Eine Ramage umfaßt Personen, die sich als verwandt betrachten und deren relativer Status sich formal aufgrund ihres genealogischen Ranges bestimmen läßt. Die ranghöchsten, aristokratischen Mitglieder solch einer Deszendenzgruppe bekleiden die politischen und zeremoniellen Führungsrollen des Territorismus, in dem die betreffende Ramage dominiert. Die Ramage war somit die politische Infrastruktur eines Herrschaftsgebildes, für das sich in der Literatur oft Termini wie „Häuptlingstum"(chiefdom, siehe Service 1962), „ranked society" (siehe Fried 1967) oder „early state" (siehe Claessen und Skalník (Hrsg.) 1978 finden.

Dem zugeschriebenen Status tritt in Polynesien der erworbene Status zur Seite, den man in Priesterstatus, Handwerkerstatus und Kriegerstatus unterteilen kann. Nun erlaubte oft das komplexe System des genealogischen Ranges keine eindeutige Festsetzung des zugeschriebenen Status, wodurch es anläßlich der Neubesetzung von Häuptlingsstellen häufig zu kriegerischen Auseinandersetzungen zwischen den Anhängern der verschiedenen Anwärter kam. Das somit ohnehin schon reichlich vorhandene Konfliktpotential wurde also durch das Prinzip des erworbenen Status noch erhöht. Die Polynesier verbanden nämlich mit dem Status einer Person die Erwartung von diesem Status angemessener, außerordentlicher Leistungsfähigkeit *(Mana)*. Je höher der Status, desto größer auch das *Mana* einer Person. Man erwartete von einer Person mit hohem Status, daß sie auch in der Lage war, mehr zu vollbringen als andere Personen von geringerem Status. Es genügte demnach nicht allein, hohen genealogischen Rang zu besitzen, um auf die Dauer den Anspruch auf die politische Führungsposition eines Häuptlingstums aufrecht erhalten zu können, man mußte auch unter Beweis stellen, daß man über entsprechendes *Mana* verfügte. Das komplizierte polynesische Statussystem führte nun aber dazu, daß oft mehrere Personen aufgrund unterschiedlicher Kombinationen von genealogischen Prinzipien und Kriterien des erworbenen Status die höchsten Häuptlingsstellen für sich beanspruchten: Es herrschte *Statusrivalität*. Krieg und wirtschaftlicher Wettbewerb boten sich als Mittel an, um die dadurch entstandenen Konflikte auszutragen.

---

1 Siehe Goldman (1955; 1960; 1970), Valéri (1972) und Bargatzky (1978).

In Hawaii war die Gemeinde – eine endogame Gruppe aus mehreren Kern- und erweiterten Familien – wirtschaftlich autark. Solch eine Gemeinde siedelte in einem administrativen Distrikt namens *ahupua'a*. Die traditionelle Wirtschaft der Redistribution, bei der die Leute unter einem Häuptling diesem Abgaben leisteten, die der Häuptling dann wieder nach unten weiterverteilte, diente also in Hawaii nicht der Zuteilung lebenswichtiger Güter an die Bevölkerung der verschiedenen *ahupua'a* (siehe Earle 1978). Die redistributive Wirtschaft Hawaiis war eine Prestigewirtschaft (prestige economy, siehe Goldman 1970: 479 ff.). Sie hatte den Zweck, u. a. das *Mana* des politischen Führers zu demonstrieren, das sich in seinem organisatorischen Geschick und seiner Prachtentfaltung manifestierte (conspicuous consumption).

Oberhalb der Ebene des *ahupua'a* gab es noch weitere administrative, territoriale Einheiten: *'okana* als Zusammenfassung mehrerer *ahupua'a* und schließlich noch *moku* als Teil einer Insel und eigentliches Häuptlingstum – manchmal war *moku* auch eine ganze Insel und in der Tat ist dies die eigentliche Bedeutung des Wortes. Die Aufgabe der Redistributionen auf diesen höheren hierarchischen Niveaus war es nun nicht, die Subsistenzproduktion zu organisieren – also die Selbstversorgung der Bevölkerung – sondern die Mittel für den Lebensunterhalt der von der Subsistenzproduktion befreiten hohen *alii* bereitzustellen (siehe Earle 1978: 162). Dies wird besonders durch den Güterfluß beim alljährlichen, drei Monate dauernden *Makahiki*-Fest deutlich. Die dabei gesammelten und wiederverteilten Güter waren einerseits Rohmaterialien und Lebensmittel, andererseits Federn, Fischfanggeräte und Stoff aus Rindenbast *(tapa)* für die Angehörigen der Elite, also die *alii* und die Mitglieder ihres Haushaltes. Die Lebensmittel wurden an Häuptlinge von niederem Rang und das einfache Volk weitergegeben, also Leute, die jene Güter erst herbeischafften. Fischfanggeräte, *tapa*-Stoffe und Dauernahrungsmittel wie *po'i*[1] und getrockneter Fisch wurden in zentrale Lagerhäuser verbracht, um für die persönlichen und politischen Zwecke des obersten Häuptlings zur Verfügung zu stehen. Abgesehen von der Zeit des

---

1 *po'i* oder *poi*, eine Masse aus zerstampftem Taro, der unter Beigabe von Wasser fermentierte, war der wichtigste Bestandteil einer Mahlzeit im alten Hawaii (siehe Handy, Handy und Pukui 1972: 112–116).

Makahiki-Festes fanden Redistributionen auch anläßlich der Riten im Zusammenhang mit den den hohen Häuptling betreffenden „Lebenskrisen" (Geburt eines Kindes, Heirat, Einführung in das Amt, Tod) statt.[1] Auch der Bau von Tempeln war ein Anlaß zu großen Sammel- und Verteilungsaktionen (siehe Earle 1977: 225). Selbst wenn man all dies in Rechnung stellt, so kann man jedoch kaum behaupten, daß die Redistributionen im alten Hawaii zahlreich genug waren, meint Earle, um die Bewohner der *ahupua'a* mit Lebensmitteln zu versorgen. Dieser Sachverhalt läßt sich im übrigen für Polynesien verallgemeinern, wenn wir Sahlins (1958) glauben schenken wollen, der in seiner vergleichenden Untersuchung zu dem Schluß gelangte, daß in Polynesien maximal höchstens drei jährliche Redistributionen stattfanden, die sich auf das Häuptlingstum als umfassende politische Einheit bezogen.

Wenn man davon ausgeht, daß Redistributionen in Hawaii also *nicht* die Aufgabe hatten, die Bevölkerung zu versorgen, dann muß man mit Earle (1977: 226) annehmen, daß sie einen anderen Zweck verfolgten, und zwar die *Besteuerung* des Volkes. Es sollten die Mittel zum Unterhalt der Elite-Schicht bereitgestellt werden. Diese Mittel dienten auch der „Finanzierung" der Beziehungen zwischen umfassenderen, politischen Familienverbänden, denn diese Beziehungen waren ein wichtiges Instrument in der Arena des Status-Wettbewerbs. Earle kommt daher zu folgender Schlußfolgerung: „Centralized redistributive collections in Hawaii cannot easily be seen as required by the subsistence economy but were integral to financing the expanding system of social stratifaction" (Earle 1978: 162).

6. Statusrivalität als „Motor" der Evolution: Traditionelle, offene und geschichtete Gesellschaften in Polynesien

Bei den gegebenen Voraussetzungen des polynesischen Status-Systems mußten Statusrivalität und Wettlauf um politische Ämter zur Entstehung einer dualistischen Wirtschaft führen: Einer vom Gedanken der *Selbstversorgung* der Haushalte und Gemeinden geprägten *Subsistenz-Ökonomie* einerseits und einer

---

1 Siehe van Gennep (1909) zu den sogenannten „Übergangsriten" (rites de passage) anläßlich von „Lebenskrisen".

vom Streben nach Ehre und Status bestimmten *Prestige-Öko-nomie* andererseits. Dabei ist hier weniger an zwei streng von-einander zu trennende Idealtypen zu denken, als vielmehr an Gegenpole auf einer Skala von realen Wirtschaftstypen, die mehr oder weniger dem einen oder dem anderen Ende der Skala zu-neigen (siehe Goldman 1970: 479).

Für die Subsistenzökonomie gilt nun das sogenannte „Gesetz der häuslichen Produktionsweise" (Domestic mode of production, siehe Sahlins 1972; bzw. „Familienwirtschaft", siehe Tschayanoff 1924). Dies „Gesetz" besagt etwa Folgendes: Die an der häuslichen Produktionsweise beteiligten Personen verfolgen eine *Strategie der Minimalisierung,* da im Rahmen dieser Produktionsweise nur die Subsistenzbedürfnisse der Mitglieder des Haushaltes, bzw. der Wirtschaftseinheit befriedigt werden müssen. Man erwirtschaf-tet also nicht mehr, als was man unmittelbar selbst verbraucht. Die Produktionseinheit ist zugleich Konsumtionseinheit (siehe Tschayanoff 1924: 581). Die Prestige-Ökonomie, als politische Ökonomie ist dagegen durch die *Strategie der Maximalisierung* ge-kennzeichnet. Die daran beteiligten Personen erstreben eine Pro-duktion von Überschüssen, mit denen die von politischen Erwä-gungen bestimmten Ziele der Elite verwirklicht werden können. Besteht im Rahmen einer Subsistenzwirtschaft die Tendenz, rela-tiv selbstgenügsame Produktionseinheiten zu bilden, so wird der Kreis derjenigen, die an ökonomischen Transaktionen beteiligt sind, im Rahmen einer politischen Ökonomie unvermeidlich über die grundlegende Wirtschaftseinheit hinaus erweitert. Die erwirt-schafteten Überschüsse werden nämlich teilweise wieder dazu verwendet, die produktive Kapazität des ökonomischen Systems durch die Einbindung weiterer Produzenten zu erhöhen und diese Einbindung kann nur über den Austausch mit Angehörigen an-derer Haushalte erfolgen.

Solch ein System der politischen Ökonomie ist, Timothy Earle (1978: 168) zufolge, ein zur Weiterentwicklung fähiges, durch positive Rückkoppelung gesteuertes, offenes System, das sich solange weiterentwickeln wird, wie äußere Faktoren (Topogra-phie, Inselgröße, zur Nutzung geeignetes Land, Bevölkerungs-größe) sein weiteres Wachstum nicht behindern.

Dies muß näher erläutert werden. Goldmann entnimmt den poly-nesischen Traditionen eine ursprüngliche Zweiteilung der Macht in eine religiöse und eine politische, bzw. ökonomische, wobei die religiöse Macht der politisch-ökonomischen überlegen war.

Zwischen den Häuptlingen höheren Ranges und jenen von geringerem herrschte eine Arbeitsteilung: Häuptlingen höheren Ranges stand eine religiöse Rolle im Produktionsprozeß zu; Häuptlinge von geringerem Rang übernahmen die technische Seite der Produktion und die unmittelbaren Manager-Aufgaben bei der Redistribution der Produkte. Die religiöse Macht des Häuptlings beruhte auf der allgemein geteilten Überzeugung, daß letztlich sein *Mana* und seine sakrale Mächtigkeit für das Wohlergehen der Gemeinde verantwortlich waren. Die Manager-Rolle geringerer Häuptlinge basierte dagegen auf ihren Kenntnissen des Produktionsprozesses, des Fischfangs und ihren organisatorischen Fähigkeiten; kurz gesagt: Auf der Beherrschung der „technicalities of production" (siehe Goldmann 1970: 483).

In den von Goldmann so genannten „traditionellen" polynesischen Gesellschaften wurde der religiöse Aspekt der Produktion als nobel und ehrenwert angesehen, er war daher mit den höchsten *alii* verbunden, so daß die geringeren *alii* zwangsläufig die Manager-Rollen übernahmen. In diesen Gesellschaften war der Ehre des Häuptlings mit der *symbolischen Gabe* genüge getan, durch die seine Rolle als Träger hohen *Manas* öffentlich anerkannt wurde. Der Status des einzelnen in traditionellen Gesellschaften wurde ferner durch den genealogischen Rang bestimmt, d. h. er wurde *zugeschrieben*. Wie wir bereits sahen, war das Statussystem aber äußerst mehrdeutig und dies hatte zur Folge, daß sich stets mehrere Personen fanden, die mit guten Gründen ihren Anspruch auf die politische Führung im Häuptlingstum geltend machen konnten. Goldman zufolge mußte diese Situation zwangsläufig zur Auflösung der Ordnungsprinzipien der „traditionellen Gesellschaft" führen, denn als der zugeschriebene Status nicht mehr als unzweideutiges Kriterium für die Bestimmung des genealogisch qualifiziertesten *ariki* dienen konnte, nahm die Bedeutung des erworbenen Status zu. Dies leitete die Transformation der „traditionellen" in die „offene Gesellschaft" ein. Ein Wandel im herkömmlichen Verständnis der Beziehungen zwischen Mensch, Status und Land war die Folge. Dies soll kurz erläutert werden.

Die traditionellen Gesellschaften waren dem Gedanken der Einheit von Land, Status und Verwandtschaftsgruppe verpflichtet. Das Beispiel von Krieg und Niederlage macht dies besonders deutlich. In traditionellen Gesellschaften mußten die Unterlegenen ihren Besiegern Tribut zum Zeichen der Unterwerfung leisten; in den offenen Gesellschaften wurde dagegen den Besiegten das Land fortgenommen und unter den Siegern verteilt (siehe Goldmann 1970: 556 f.). Dies ist nach Goldmann darauf zurückzuführen, daß im Verlauf des Wettbewerbs um politische Ämter die ökonomische Kraft zunehmend als Maßstab auch für politische Befähigung und *Mana* schlechthin angesehen wurde. In Friedenszeiten zeigt sich ökonomische Befähigung in Form der Freigebigkeit gegenüber der abhängigen Bevölkerung und den Parteigängern; in einer Gesellschaft mit Big Man-Merkmalen kann sich der solchermaßen ökonomisch und politisch-organisatorisch Begabte eine ihm ergebene Anhängerschaft erwerben.[1] In Kriegszeiten winkte der Gefolgschaft eines solchen Führers die Aussicht auf die Neuverteilung des Landes unter den Anhängern des Siegers. Derjenige also, der in den Zeiten der zunehmenden Bedeutung des erworbenen Status säkulare, ökonomische Funktionen im Management von Land und der Produktion erfolgreich ausübte, hatte entscheidende Vorteile gegenüber den traditionellen *ariki*, die von der Produktion eher ausgenommen waren und deren Status vorwiegend aufgrund genealogischer Prinzipien ermittelt wurde. Unter diesen Voraussetzungen stand nun den geringeren, in den Erfordernissen der säkularen, managerialen Rolle der Produktion geschulten *ariki* der Weg zur Besetzung der höchsten politischen Positionen offen (siehe Goldmann 1970: 551). Die Statusrivalität verschärfte sich folglich.

Zwei Wege zur Entwicklung der ökonomischen Beziehungen bieten sich somit: 1.) der religiöse Bereich der Produktion wird quasi „entheiligt" und in den säkularen Bereich „herabdefiniert", oder 2.) die mit der Subsistenzökonomie verbundenen, managerialen, säkularen Bereiche werden in den Bereich des Sakralen einbezogen, also „hinaufdefiniert" (siehe Goldman 1970: 479 f.). Beides ist der Fall, wenn sich zunehmend auch die ranghöchsten *ariki* als Folge intensiver Statusrivalität um die Belange der Subsistenzökonomie zu kümmern beginnen und säkulare ökonomische

---

1 Es war lange Zeit üblich, dem Beispiel von Sahlins (1963) folgend, zwischen Big Men in Melanesien und erblichen „Chiefs" in Polynesien zu unterscheiden. Dies ist aber eine unzutreffende Vereinfachung der komplexen Status-Verhältnisse pazifischer Gesellschaften. Anstatt in vereinfachenden Dichotomien zu denken, sollte man bedenken, daß es in den pazifischen Gesellschaften eine Vielzahl von Möglichkeiten der Kombinationen zugeschriebener und erworbener Status-Merkmale gab. Ein „Häuptling" konnte also durchaus auch als Big Man erscheinen (siehe Bargatzky 1984a).

Funktionen im Management von Land und in der Produktion übernehmen (siehe Goldman 1970: 479 f., 556 f.). Verteilt nun aber der hohe Häuptling nach dem Sieg über einen Rivalen oder ein gegnerisches Häuptlingstum das Land der Besiegten unter seine Anhänger, dann bedeutet dies die Auflösung der traditionellen Auffassung von der Einheit von Land, Status und Verwandtschaftsgruppe. Die Beziehungen zwischen den Bewohnern eines Häuptlingstums werden nunmehr auf der Grundlage der Einteilung in Herren und Abhängige neu definiert, wobei *Verfügungsgewalt über Land* als Kriterium dient. Im Falle der Inanspruchnahme des säkularmanagerialen Sektors der Ökonomie durch die hohen Aristokraten wird aber der Weg für die Entstehung der *geschichteten Gesellschaft* bereitet. Solch eine Gesellschaft war in Polynesien in Form eines konischen Clans, einer *Ramage*, auf der Grundlage der Statusprinzipien der *traditionellen* Gesellschaft geordnet, wobei diese Prinzipien aber nur noch auf eine *Schicht von Aristokraten* angewendet wurden, in deren Hand auch die Verfügungsgewalt über Land lag. In Hawaii führte dies dazu, daß die Angehörigen des einfachen Volkes *(makaainana)* zwar *insgesamt* als genealogisch jüngere Verwandte der *alii* galten, der Besitz einer Genealogie aber den *makaainana* versagt war. Dadurch war den Angehörigen dieser − nunmehr − *Schicht* die Möglichkeit genommen, sich an den Stammbaum eines *alii* anzubinden. Konkurrenz um politische Ämter und Statusrivalität wurde somit auf die Angehörigen der − nunmehr − *Schicht* der *alii* eingeschränkt. Diese Rivalität wurde freilich innerhalb dieser Schicht noch dadurch verschärft, daß der oberste *politische* Führer − der *alii nui* − das Recht hatte, bei seinem Amtsantritt das gesamte Land seines Häuptlingstums unter seinen Anhängern neu zu verteilen. Davon waren zwar die *makaainana* nicht betroffen, wohl aber die *alii* mittleren und höheren Ranges. Unter diesen herrschte daher auch beständig das Bestreben, selber an die oberste Führungsposition zu gelangen (siehe Bargatzky 1978).

Was bislang gesagt wurde, hilft uns, besser zu verstehen, welche Rolle der ökonomische Bereich in der Evolution der polynesischen Gesellschaften spielte. Die redistributive Rolle der *alii* ist Goldman zufolge keine Folge der ökonomischen Notwendigkeit, den einzelnen Haushalten regionalspezifische Ressourcen zugänglich zu machen, sondern sie erscheint als Konsequenz der Statusrivalität.

147

Wie ist nun die Tatsache zu erklären, daß auf einigen der polynesischen Inseln bzw. Inselgruppen komplexe Häuptlingstümer, oder „frühe Staaten" entstanden (siehe Claessen und Skalník 1978)? Außer Hawaii sind hier noch Tonga und die Gesellschaftsinseln zu nennen. Für Hawaii wurde am Beispiel der *ahupua'a* von Halelea auf der Insel Kaua'i von Earle überzeugend die wirtschaftliche Selbstgenügsamkeit solch eines administrativen Distriktes nachgewiesen — doch auch die einzelnen Hauhalte innerhalb eines *ahupua'a* waren subsistenzökonomisch nicht voneinander abhängig. Aufgrund der günstigen Lage der verschiedenen Öko-Zonen war nämlich ein Haushalt bestenfalls wenige Kilometer von allen primären Ressourcen (Tarogärten, Wäldern, Fischteiche) entfernt (siehe Earle 1978: 143). Daher kann Earle behaupten: „There is no indication that there was economic specialization either within or between ahupua'a. Each ahupua'a was structured similar to the next" (Earle 1978: 165). Ähnliche Verhältnisse lassen sich auch für Tonga und die Gesellschaftsinseln (Tahiti) feststellen.[1] Wie konnte es aber dann geschehen, daß die einzelnen ahupua'a und die ihnen anderswo vergleichbaren sozialen Einheiten sich zu größeren Einheiten zusammenschlossen?

Earle bringt an dieser Stelle Faktoren der natürlichen Umwelt ins Spiel. Fassen wir jedoch zuvor einige Punkte der bisherigen Ausführungen kurz zusammen. Polynesische Gesellschaften waren nach dem Prinzip der *Ramage* organisiert.[2] Im Verein mit dem *Mana*-Gedanken und den Prinzipien des erworbenen und zugeschriebenen Status entstand auf dieser Grundlage Statusrivalität. Statusrivalität führte ihrerseits zur Entstehung einer politischen, bzw. Prestige-Ökonomie, wobei die Häuptlinge aus den Abgaben der einzelnen, ihnen unterstehenden Haushalte Mittel zurückbehielten, die sie zur „Finanzierung" öffentlicher Arbeiten (Bewässerungsanlagen) und Kriege benötigten. Die erfolgreiche Organisation solcher Vorhaben steigerte widerum das Prestige des Häuptlings. Earle zufolge resultieren nun die verschiedenen sozialen Strukturen polynesischer Gesellschaften aus einem Zusammenspiel dieser und umweltmäßiger Faktoren: „Polynesian society is seen as inherently developmental but the specific level of development is determined by ecological factors" (Earle 1978: 192). Folgende Faktoren kämen dabei in Frage:

---

1 Siehe z. B. Finney (1966).
2 Zur Kritik am Ramage-Konzept, siehe Decktor Korn (1978) und Bargatzky (1984a).

Inselgröße und *Topographie*. Die relativ große Bevölkerung[1] der Marquesas-Inseln war beispielsweise zur Zeit des Europa-Kontaktes nicht in Form inselumgreifender Häuptlingstümer organisiert, da die extrem zerklüftete Oberfläche der Inseln die Kommunikation zwischen den einzelnen Tälern stark behinderte. Die umfassende politische Einheit erstreckte sich in der Regel nicht über die Grenzen eines Tals hinaus. Die Marquesas-Inseln wären somit als Beispiel für *Segmentierung* zu sehen. Die Kombination von großer Landfläche und ausgedehntem Schwemmland, das der landwirtschaftlichen Intensivierung in Form des Bewässerungsfeldbaus zuträglich war, ermöglichte dagegen in Hawaii im Verein mit dem oben beschriebenen Grundmodell der polynesischen Sozialstruktur die *Zentralisierung*. Die Topographie ermöglichte die Kommunikation zwischen Gemeinden *(ahupua'a)* und Distrikten *('okana)*.

Zur Zeit des frühen Kontaktes mit den Europäern, von 1778 bis 1795 (dem Jahr der politischen Einigung der Inseln unter Kamehameha I.) bot Hawaii den Anblick ständig expandierender und wieder zerfallender politischer Einheiten. Distrikt- oder Inselhäuptlinge versuchten, ihren Einfluß auf andere Distrikte und Inseln auszuweiten. Daß dies nicht etwa nur auf den Einfluß der Europäer zurückzuführen ist, ergibt sich aus einer Untersuchung der Mythen (siehe Beckwith 1940: 381−83, 387, 394−96; siehe Davenport 1964: 17; 1969: 11; Harfst 1972: 449−50). Kriegerische Tüchtigkeit wurde innerhalb der Aristokratie verherrlicht (siehe Handy, Handy und Pukui 1972: VI) und von einem gut regierenden *alii* wurde erwartet, daß er die Grenzen des Häuptlingstums ausdehnte (siehe Davenport 1969: 2). Auch dieser Zug der politischen Kultur Hawaiis wird in den Legenden widergespiegelt (siehe Beckwith 1940). Prestige-Ökonomie und Kriegswesen können daher als Aspekte der Statusrivalität betrachtet werden. Beide stehen im Dienst der elitären Prachtentfaltung in einer redistributiven Ökonomie: Mehr Land bedeutet mehr Produzenten und mehr Produzenten bedeuten höhere Überschüsse, die wiederum in die Finanzierung neuer Kriegszüge investiert werden können. Daher wird auch deutlich, warum die Bewässe-

---

1 Schätzungen der Bevölkerungszahl zur Kontaktzeit schwanken heute zwischen 30.000 (siehe Bellwood 1978: 335) und 35.000 (siehe Kirch 1984: 19). Zum Vergleich hier einige weitere Bevölkerungszahlen (nach Kirch, a. a. O.): Tonga: 40.000; Futuna: 2.000; Cook-Inseln: 15.000; Tuamotu-Inseln: 7.000; Tikopia: 1.250.

rungswirtschaft die ideale ökonomische Basis für solch ein komplexes Häuptlingstum, bzw. für einen frühen Staat war: sie half, Überschüsse zu erwirtschaften (siehe Earle 1978: 173). Daher konnte, Goldman (1970: 486) zufolge, nach der Auskunft der Genealogien nicht nur derjenige *alii* Ansehen gewinnen, der erfolgreich im Krieg war, sondern auch der, der die Produktion durch die Anlage von Bewässerungsterrassen erhöhte.

Die Statusrivalität führte also in Hawaii zur agrarischen Expansion und Intensivierung nach *innen* und zur territorialen Expansion nach *außen*. Ross Cordy zufolge läßt sich nun die Kontaktsituation expandierender und wieder zusammenfallender politischer Einheiten in den Legenden bis etwa 1700 A. D. zurückverfolgen, wobei der betreffende Gesellschaftstypus[1] bereits um 1500–1600 A. D. archäologisch nachweisbar sein soll (siehe Cordy 1974 a: 93, 95; 1974 b: 186–87).

Es ist bemerkenswert, daß die Periode des Bevölkerungsrückganges seit 1650 A. D. mit dem Auftreten dieser „komplexen Häuptlingstümer", bzw. „frühen Staaten" zusammenfiel, sollte Cordys Behauptung zutreffen. Wie wir oben ausführten, gibt es Hinweise darauf, daß zu dieser Zeit in ökologisch empfindlichen Hanglagen Brandrodungsfeldbau betrieben wurde, was Erosionsschäden zur Folge hatte. Auch der intensive agrarische Sektor – der Bewässerungsfeldbau – scheint also nicht mehr in der Lage gewesen zu sein, den Produktionsdruck aufzufangen. Das bebaubare Land hat sich anscheinend aufgrund der Umweltschäden verringert, was wiederum zur Verschärfung der Statusrivalität beigetragen haben dürfte. Statusrivalität führte dann vermutlich zur weiteren kriegerischen Expansion, um mehr Land und neue Produzenten zu gewinnen. Krieg und Verringerung des bebaubaren Landes könnten jeweils zum allmählichen Rückgang der Bevölkerung beigetragen haben, auch wenn uns natürlich die Beweise für diese Behauptung fehlen und wir letztlich auf Plausibilitätsannahmen angewiesen sind. In diesem Zusammenhang müssen wir uns aber noch ein wenig genauer mit den Grenzen der Expansion und Intensivierung und mit der Lage der *makaainana* befassen. Dies soll im nächsten Abschnitt geschehen. Halten wir hier nur vorläufig

---

1 Cordy bezeichnet die voreuropäische Gesellschaft Hawaiis als „complex chiefdom", wogegen andere Autoren später den Terminus „early state" bevorzugen (siehe Seaton 1978; Claessen und Skalník 1978; Bargatzky 1985a).

fest, daß Goldmans Konzept der *Statusrivalität* uns eine Möglichkeit bietet, die Entwicklung der polynesischen Gesellschaften plausibel zu machen, ohne daß wir dabei auf umweltdeterministische Ansätze im Rahmen kulturmaterialistischer Modelle zurückgreifen müssen.

7. „Grenzen des Wachstums" in Hawaii und die Lage der *makaainana*

Der Expansion und Intensivierung des agrarischen Sektors waren im voreuropäischen Hawaii Grenzen gesetzt. Ein solcher Begrenzungsfaktor waren die einfachen Leute, die *makaainana* – es wäre verfehlt, Faktoren der Begrenzung des agrarischen Wachstums nur in der natürlichen Umwelt (Topographie, Klima, Inselgröße) zu suchen. Zwar schreibt der einheimische Historiker David Malo folgendes zum Verhältnis zwischen *alii* und *makaainana*:

"The condition of the common people was that of subjection to the chiefs, compelled to do their heavy tasks, burdened and oppressed, some even to death. The life of the people was one of patient endurance, of yielding to the chiefs to purchase their favor" (Malo 1951: 60–61).

Bei der Beschreibung des alten Regierungssystems teilt uns Malo dann aber folgendes bezüglich der Pflichten des *kalaimoku*[1] mit:

"One thing which the *kalaimoku* impressed upon the king was to protect the property of the chiefs as well as that of the common people; not to rob them, not to appropriate wantonly the crops of the common people" (Malo 1951: 193).

Wenig später schreibt Malo:

"It was the king's duty to seek the welfare of the common people ... Many kings have been put to death by the people because of their oppression of the *makaainana*" (Malo 1951: 195).

Er nennt nun einige Beispiele und schließt daraus: „It was for this reason that some of the ancient kings had a wholesome fear of the people" (ebd.). Zudem waren die *makaainana* keine Leib-

---

1 Kuykendall (1947: 10) zufolge war der *kalaimoku* „a counselor skilled in statecraft and generalship"; er fungierte als eine Art „Premierminister" und „höchster Verwaltungsbeamter" zugleich.

eigenen im Sinne eines Feudalsystems europäischer Prägung. Sie konnten ihren Wohnort wechseln und sich auf dem Lande eines anderen *alii* niederlassen, da es im Rahmen eines Ramage-Systems stets verschiedene Residenz-Optionen gab und die *makaainana* Verwandtschaft bilateral zählten (siehe Davenport 1964: 17). Die Neuverteilung des Landes beim Amtsantritt eines neuen *alii nui* betraf nicht sie, sondern die oberen politischen Häuptlingsränge. Daher ist es problematisch, wenn Fisher (1970) oder Sahlins (1972: 143–48) behaupten, daß die *makaainana* in voreuropäischer Zeit unterdrückt worden sind. David Malo, im Jahre 1795 geboren (siehe Malo 1951: XIX), stand unter dem Einfluß der Missionare und neigte dazu, die kulturellen Traditionen seines Volkes abzuwerten, und ist daher kein zuverlässiger Informant. Auf diese Weise könnte man die Widersprüche in seiner Beschreibung der Lage des einfachen Volkes erklären. Es existieren zwar Hinweise darauf, daß sich im Verlauf der Kontaktzeit die Lage der *makaainana* verschlechterte. Diese Entwicklung dürfte aber auf den Einfluß der Europäer zurückgehen, die sowohl direkt als auch indirekt für gewisse Veränderungen der politischen Verfassung seit 1795 sorgten. So setzte Kamehameha etwa anstelle der lokalen höheren Aristokraten ihm ergebene Machthaber in ferner gelegenen Distrikten ein *(konohiki)*. Eine Neuerung war auch der Posten eines Insel-Gouverneurs *(kuhina)* und die Zersplitterung des Landbesitzes der höheren Aristokraten (siehe Bargatzky 1978: 213–15). Kamehameha ergebene Europäer wie John Young und Oliver Holmes dienten als Inselgouverneure; Young jahrelang auf der Insel Hawai'i und Holmes zeitweise auf Oahu (siehe Frear 1894: 6; Kuykendall 1947: 53 f.). Das politische System wurde also zentralisiert und in seiner Folge zerbrach auch das Gefüge der verwandtschaftlichen Verbundenheit zwischen den *makaainana* und den *alii*. Die Arbeitskraft der *makaainana* wurde für das Fällen von Sandelholz eingesetzt, das zum Tausch gegen europäische Güter verwendet wurde. Das *kapu*-System[1] religiös begründeter Riten und Vorschriften wurde

---

1 William Davenport (1969: 10) zufolge kann man drei Spielarten des *kapu* unterscheiden: 1.) Vorschriften, die von den generellen Leitsätzen der Religion abgeleitet werden und für alle Personen gleichermaßen bindend waren; 2.) Verhaltensmaßregeln gegenüber Aristokraten, die für Personen gleichen oder geringeren Ranges galten und 3.) die Edikte eines regierenden Häuptlings oder seiner Beamten, die für die im Machtbereich dieser Amtsträger lebenden Personen bindend waren. – Das polynesische Wort

seit 1800 mehr und mehr unterhöhlt, so daß es nach Kamehamehas Tod, 1819, zu seiner Abschaffung kam (siehe Daws 1968: 53–60); es diente aber nicht nur der Legitimierung der Rolle der *alii*, sondern schützte zugleich auch die *makaainana*.

Man wird also davon ausgehen können, daß in voreuropäischer Zeit, solange das traditionelle politische und religiöse System Bestand hatte, der „Expansion nach innen" – also dem Druck auf die einfache Bevölkerung – Grenzen gesetzt waren. Daher bot sich die kriegerische Expansion nach außen als probates Mittel an, neue Bevölkerungsteile in das politische System zu inkorporieren, um somit das Güteraufkommen im Rahmen der Prestige-Ökonomie zu steigern. Aufgrund der durch die Insellage letztlich gegebenen Grenzen für die territoriale Expansion blieb dann zuletzt nur die Expansion des agrarischen Sektors und zugleich seine Intensivierung als Instrument der Produktionssteigerung. Brandrodungsfeldbau in prekären Hanglagen und Bewässerungswirtschaft legen ein Zeugnis dafür ab.

Die eingangs besprochene Transformation der Landschaft könnte sich – im Sinne einer negativen Rückkoppelung – schließlich so auf die Bevökerungsentwicklung ausgewirkt haben, daß sich wieder eine Bevölkerungsgröße einstellte, die in einem angemessenen Verhältnis zum kultivierbaren Land und zum einheimischen Entwicklungsstand der Produktivkräfte – also der technischen Entwicklung der Nahrungsmittelproduktion und der entsprechenden Arbeitsorganisation – stand. So ließe sich vielleicht auch der oben (S. 138) von Kirch beschriebene, archäologisch ermittelte Rückgang der Bevölkerung erklären, der mit der Entstehung des frühen Staates in Hawaii zusammenfiel.

Die Abbildung 18 auf Seite 154 versucht, diese Zusammenhänge in Form eines Diagramms zusammenzufassen. Dabei ist die Statusrivalität als „Motor" der Evolution des politischen Systems hervorgehoben. Ein mehrfacher „Durchlauf" durch das rückgekoppelte System führt zur „Anpassung" in der von Goldman postulierten Sequenz traditioneller, offener und geschichteter Gesellschaften und letztlich zum Rückgang der Bevölkerung. Dies Schema ließe sich im Sinne der „negativen Determinierung" (Friedman 1979a: 28; Friedman und Rowlands 1977: 203) interpretieren. Umweltfaktoren spielen nur noch eine einschrän-

---

kapu oder *tapu* ging als Lehnwort in die europäischen Sprachen ein, in das Deutsche z. B. als *Tabu* (s. a. Bargatzky 1978: 218).

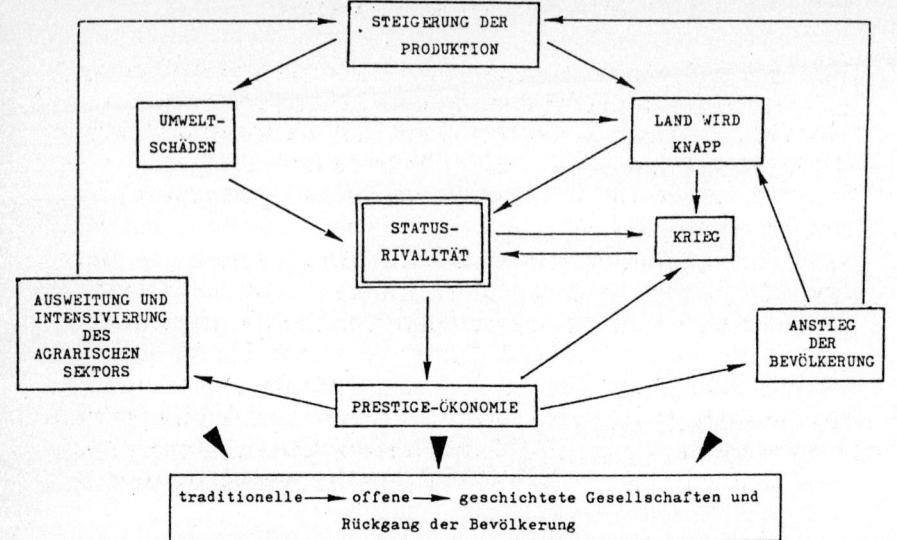

Abb. 18: Evolution, Produktion und Bevölkerung in Hawaii
(ca. 400–1778 A. D.)

kende Rolle und keine determinierende mehr, wie es in kultur-
materialistisch-adaptionistischen Modellen der Fall ist.
Hier ist nun endlich ein Wort gefallen, das bisher tunlichst vermieden wurde, dem aber im kulturmaterialistischen Schrifttum
eine große Bedeutung zukommt: „Anpassung" (engl. adaptation).
Weiter oben (s. S. 129) war ferner im Zusammenhang mit Service's
Theorie der Entstehung des Häuptlingstums die Rede von *ökologischen Nischen*, die die regionale Spezialisierung von Lokalgruppen erforderlich machen und somit erster Anlaß für die
Herausbildung von Austauschsystemen und damit politischer Zentralisierung sind. Es ist daher jetzt an der Zeit, auf die Probleme
bei der Verwendung biologischer Konzepte in der Ethnologie, insbesondere der Kulturökologie, genauer einzugehen. Das soll im
nächsten Kapitel geschehen.

8. Weiterführende Literatur

Wer sich näher mit ethnologischer Kulturtheorie beschäftigen möchte, findet durch folgende Werke einen guten Einstieg:
KAPLAN, David; und Robert A. MANNERS: *Culture Theory* — Englewood Cliffs, New Jersey: Prentice-Hall, 1972.
KEESING, Roger M.: Theories of Culture. *Annual Review of Anthropology*, Band 3, S. 73–97, 1974.
Siehe auch das Kapitel 5 in meinem bereits erwähnten Buch (Bargatzky 1985). — Einen ersten Einstieg in die Ethnographie Hawaiis findet man in folgender Sammlung von Aufsätzen:
HANDY, E. C. Craighill (Hrsg.): *Ancient Hawaiian Civilization.* — Rutland, Vermont, 1973. (5. Auflage, überarbeitet).
Sehr nützlich ist auch die Lektüre des entsprechenden Kapitels 10 in Goldmans bereits mehrfach erwähntem Werk (Goldman 1970). Dort wird auch auf die ethnographischen Quellen verwiesen.

Kapitel VI
ÜBER DIE VERWENDUNG BIOLOGISCHER TERMINI IN DER KULTURÖKOLOGIE

1. Einführung

Die Ethnologie ist nicht nur eine recht junge Wissenschaft – kaum 100 Jahre alt – sie hat sich auch noch den denkbar schwierigsten Gegenstand gewählt: Kultur und Gesellschaft in ihren vielfältigen Erscheinungen. Was Wunder, daß sie sich der Aufgabe, ihren Gegenstand zu durchdringen, seine Bedingungen zu ergründen und seine Veränderungen zu erklären, nicht immer gewachsen fühlt und Anlehnung bei anderen, älteren und ausgereifteren Wissenschaften sucht.

Nun ist an der Übernahme von Konzepten aus einer Wissenschaft in eine andere an sich nichts auszusetzen. Die Grenzen zwischen den Wissenschaften wurden vom Menschen gezogen und gehen oft auf historisch bedingte Zufälligkeiten zurück; sie entsprechen also nicht notwendigerweise auch den natürlichen Gegebenheiten. So gesehen könnte die Anwendung von Konzepten der einen Wissenschaft auf den Gegenstandsbereich der anderen nützlich und anregend sein und womöglich sogar zu überraschenden Entdeckungen führen. Andererseits sind solche Übertragungen nicht unproblematisch, wenn man die Konzepte der anderen Wissenschaft nicht richtig verstanden hat und sie in der eigenen Wissenschaft *analog* verwendet. Dann besteht die Gefahr, daß der eigene Gegenstandsbereich sich in den anderen quasi „auflöst", daß die Wirklichkeit hier auf die Wirklichkeit dort reduziert und diese Reduktion auch noch als großer Fortschritt gefeiert wird. Dieser Gefahr ist die Ethnologie ausgesetzt, wenn sie sich biologische Vorstellungen zu eigen macht, ohne den Kontext zu berücksichtigen, der die entsprechenden Fachtermini in der Biologie erst zu sinnvollen Forschungsinstrumenten macht. Denn alle Fachtermini sind Teile wissenschaftlicher Theorien – etwa der Theorie der natürlichen Selektion – und sie gewinnen ihre Bedeutung erst im Rahmen solcher Theorien. In der Ethnologie verfügen wir aber nicht über vergleichsweise durchgearbeitete und durchformulierte Theorien. Gegen eine Übertragung von Termini aus der Nachbarwissenschaft wäre nichts einzuwenden, wenn die entsprechenden Termini im Rahmen vergleichbarer ethnologischer Theorien eine neue Bedeutung erhielten. Da aber solche Theorien in der Ethnologie fehlen, bzw. nicht in entsprechend ausgereifter Form durchformuliert zur Verfügung stehen wie in der Biologie, werden mit den biologischen Termini auch die entsprechenden Vorstellungen übernommen mit der Folge, daß menschliches Verhalten somit quasi als eine etwas kompliziertere Form des tierischen Verhaltens erscheint. Die „Kultur" sorgt eben dafür, daß es komplizierter ist, ansonsten ist es aber prinzipiell das gleiche Verhalten. Weit davon entfernt, überraschende Entdeckungen zu machen, reaktiviert die Ethnologie auf diese Weise oft nur bereits veraltetes Wissen der Nachbarwissenschaften und verfehlt somit den eigenen Gegenstand, indem sie ihn nach dem von dort übernommenen Modell nachbildet.

Die Problematik der Verwendung biologischer Konzepte in der Kulturökologie soll in diesem Kapitel anhand einiger besonders beliebter Zauberwörter und Zauberformeln wie „Nische", „Liebigs Gesetz des Minimums" und „Anpassung" erörtert werden. Die Polemik in diesem Zusammenhang ist berechtigt, weil eben die Anwendung dieser Termini ohne den expliziten Bezug zu einer ethnologischen Theorie geschieht und daher zu Scheinwissen verhilft.

2. Nische und Population

In kulturökologisch ausgerichteten ethnologischen Untersuchungen begegnen uns immer wieder *Nische*, bzw. *ökologische Nische* und *Population* als Schlüsselbegriffe. Dabei wird das *Nischen*-Konzept auf verschiedenen Abstraktionsebenen verwendet. Sowohl die ethnische Gruppe, als auch die Population erscheinen als die Grundeinheit, deren Nische ermittelt werden soll. Wenden wir uns zunächst einem Beispiel zu, das den Fall der ethnischen Gruppe als Gegenstand der Nischen-Perspektive erläutert.

Die ethnische Gruppe als Grundeinheit

Das Konzept der ökologischen Nische wurde von Fredrik Barth (1956) verwendet, um u. a. das überkommene Konzept vom *Kulturareal* (culture area) zu überwinden und die symbiotischen

Beziehungen zwischen ethnischen Gruppen und ihren natürlichen Umwelten besser zu beschreiben, als es mit Hilfe des Kulturareal-Konzeptes möglich ist. Das Kulturareal-Konzept wurde von nordamerikanischen Ethnologen, u. a. A. L. Kroeber, Franz Boas und Clark Wissler entwickelt und diente zunächst der besseren Anordnung von Gegenständen in ethnographischen Museen. Es entstand, weil man in Nordamerika eine gewisse Übereinstimmung zwischen Komplexen von kulturellen Merkmalen und geographischen Arealen feststellen konnte. Die Übertragung des Konzeptes in andere Regionen war weniger erfolgreich und dies führte zu Zweifeln an seiner interkulturellen Nützlichkeit in der Klassifikation von Kulturen in ihren natürlichen Umwelten (siehe Linton 1964: 383 f.). Daher griff Barth auch zum Konzept der ökologischen Nische und seiner Argumentation wollen wir nun ein Stück weit folgen.

Interethnische Beziehungen in Swat

In der Swat-Provinz des nordwestlichen Pakistan findet man u. a. drei ethnische Gruppen: *Pathanen, Kohistani* und *Gujar*. Die Kohistani betreiben Landwirtschaft auf der Grundlage von Pflugbau und Terrassierung. Darüber hinaus betreiben sie auch Transhumanz und züchten Schafe, Ziegen und Rinder, insbesondere Wasserbüffel. Sie könnten im Prinzip in der gesamten Swat-Provinz leben, wurden aber wahrscheinlich von den Pathanen zwischen 1000 und 1600 A. D. in den nördlichen, gebirgigen Teil verdrängt. – Die Pathanen betreiben einen entwickelten Pflugbau und Transhumanz; sie können zweimal jährlich eine Ernte einbringen. Ihr Territorium erstreckt sich nun genau so weit, als es ihnen aufgrund der Gegebenheiten der natürlichen Umwelt noch möglich ist, zweimal jährlich Weizen, Mais und Reis zu ernten. Dies ist nur in den südlicheren, tiefer gelegenen Ebenen und breiten Tälern möglich, nicht aber in den nördlichen, heute von den Kohistani besiedelten Bergtälern. – Die Gujar sind Hirtennomaden und züchten Schafe, Ziegen, Rinder und Wasserbüffel. Sie betreiben auch ein wenig Anbau (Mais, Weizen oder Hirse), tauschen aber auch Getreide gegen Butter, Fleisch und Wolle ein. Sie leben fast über das gesamte Gebiet der Swat-Provinz verteilt. In die Kastengesellschaft der Pathanen sind sie beispielsweise als eigene Hirten-Kaste integriert. Soweit sie auf dem Gebiet der Kohistani leben, findet man sie aber vorwiegend im westlichen Teil, nicht im östlichen, der für den Bodenbau der Kohistani die besseren Voraussetzungen mit sich bringt. Daß im östlichen Teil die Gujar bis auf wenige Ausnahmen nicht vertreten sind, hat politisch-soziale Gründe, keine ökologischen. Die Kohistani leben nämlich in großen, wohlorganisierten Dörfern. Die Gujar besitzen als Hirtennomaden aber keine vergleichbare Organisationsform, sind also machtpolitisch nicht in der Lage, die Kohistani zu vertreiben, deren östliches Gebiet sie genauso gut nutzen könnten, wie das westliche. Ebenso wenig sind sie in der Lage, die militärisch starken Pathanen zu vertreiben, vor denen schon die Kohistani zurückweichen mußten.

Barth (1956) bedient sich nun des Konzeptes der ökologischen Nische, um die geographische Verteilung und die sozialen „Symbiosen" dieser drei ethnischen Gruppen zu beschreiben. Mit „Nische" meint Barth die *gesamte* Umwelt einer Gruppe, also die politischen und sozialen Gegebenheiten ebenso, wie die natürlichen. Wenn verschiedene ethnische Gruppen im Prinzip in der Lage sind, die gleichen Gebiete zu bewohnen, dann wird die Nische, die sie ausbeuten, durch die Unterschiede in den politischen und sozialen Organisationsformen bedingt. Der Wettbewerb um gleiche Ressourcen führt dann – je nach dem Machtgefälle – zu Vertreibung, Koexistenz oder Kooperation.

John W. Bennett (1976: 167) meldet nun Zweifel am Nutzen dieser *analogen* Verwendung des Nische-Konzeptes durch Barth an. Die Besetzung von Nischen bei Tieren und Pflanzen sei das Ergebnis der genetisch bedingten, natürlichen Selektion. Menschen werden aber gerade *nicht* durch natürliche Selektion dazu geführt, sich für Bodenbau oder Nomadentum zu entscheiden. Nischenbesetzung als Folge natürlicher Selektion und menschliche, soziale Kooperations- oder Wettbewerbsformen sind also zu unterschiedliche Dinge, als daß es gerechtfertigt sei, zu ihrer Beschreibung den gleichen biologischen Terminus zu verwenden. Bennett sieht daher in Barths Verwendung des Terminus „ökologische Nische" keinen Erkenntnisgewinn.

Die Population als Grundeinheit

Ziel einer „synthetischen Wissenschaft vom Menschen" sollte es, Roy A. Rappaport (1979: 58–63) zufolge sein, das Augenmerk des Wissenschaftlers nicht ausschließlich auf das zu richten, was die menschliche Art von anderen Arten unterscheidet, sondern das zu erfassen, was den Arten *gemeinsam ist*. Von hier aus schreitet man dann fort zu den *Unterschieden*. Man beginnt bei der einfachen Tatsache, daß die menschliche Art eine Art unter vielen ist. Als solche sind ihre Beziehungen zu ihrer physischen und biotischen Umwelt fortdauernd, unauflöslich und notwendig – wie bei anderen Arten auch. Daraus ergibt sich für Rappaport die Konsequenz, nicht die „Kultur", sondern die *Population* zur Untersuchungseinheit in der Umwelt (environed unit) (siehe Vayda und Rappaport 1968) zu wählen. Unter „Kultur" versteht Rappaport dabei jene Merkmale, die eine besondere Gruppe oder Kategorie von Menschen von anderen unterscheiden. Auch Populationen sind ja Gruppen derselben Art und so kann man Rappaport zufolge Kulturen, bzw. ihre Bestandteile, als Merkmale oder Eigenschaften von Populationen ansehen. Daraus ergibt sich für Rappaport zweierlei:

1. Kulturen können als Instrumente gesehen werden, die von Populationen bei der Gestaltung der Beziehung zur Umwelt eingesetzt werden.

Es wäre allerdings verfehlt, meint Rappaport, Kulturen ausschließlich in diesem instrumentalen Sinne zu verstehen, denn

2. Kulturen haben Systemcharakter! Das bedeutet, man kann ihnen – im übertragenen Sinne – eigene „Ziele" und „Bedürfnisse" zusprechen, die teilweise nicht mit den organischen Bedürfnissen der Population übereinstimmen. Kulturelle Eigenschaften einer Population können für ihre organischen Eigenschaften sogar schädlich sein (siehe Rappaport 1979: 62).

Zwischen Kultur und belebter Welt (Bios) kann also ein Gegensatz bestehen – wahrscheinlich ist er sogar unvermeidlich! Dies zu erkennen sollte, Rappaport zufolge, das vordringlichste Problem einer ökologisch orientierten Anthropologie sein. Die Erkenntnis dieses Verhältnisses von Kultur und Population, bzw. Kultur und Bios könnte erschwert werden, wenn man sich anthropologischer Tradition gehorchend auf die „Kultur" als Untersuchungseinheit beschränkt. Man würde sich auf das konzentrieren, was dem Menschen wesentlich zu eigen ist und damit auch noch zur wissenschaftlichen Strategie erheben, was in unserem privaten und öffentlichen Leben bereits manifestiert ist: unsere Trennung von der Natur – ja, sogar unsere Gegnerschaft zu ihr. Bezieht man sich aber auf die menschliche Population als Untersuchungseinheit, so nimmt man damit einerseits einen Blickwinkel ein, der den

Menschen als Teil der Natur erkennt, wie man auch andererseits die einzigartige Stellung des Menschen als Kulturwesen nicht aus dem Auge verliert (vgl. Rappaport 1979: 63).

Die Grenzen von (menschlichen) Populationen können verhältnismäßig leicht bestimmt und definiert werden, jedenfalls leichter, als dies bei „Kulturen" der Fall ist. Von hier aus wäre die Übernahme des Populationskonzepts durch die Anthropologie zu verteidigen. Darüber hinaus sind Populationen auch *abzählbar*. Doch schon bald ergeben sich auch hier Schwierigkeiten. Welche, soll nun erläutert werden.

Das Nische-Konzept

Das Nische-Konzept in bezug auf den Menschen könnte auf verschiedenen Abstraktionsebenen – Individuum, Population, Art, – verwendet werden. Die oben beschriebenen Definitionsmerkmale des Populationskonzeptes könnten es nun durchaus als sinnvoll erscheinen lassen, auf die *Population* als Einheit der Erforschung menschlicher ökologischer Nischen zurückzugreifen. Wo ist dies aber am besten möglich? Hardesty (1975: 74) meint: In Gesellschaften auf einfachem kulturellem Niveau (simple cultural level). Damit bezieht er sich offenbar auf Stammesgesellschaften, sogenannte *segmentäre* Gesellschaften ohne zentrale politische Führerschaft, deren einzelne Segmente *Lokalgruppen* bilden, die weitgehend autonom sind. Hardesty scheint nun „Lokalgruppe" (local group) und „lokale Population" (local population) gleichzusetzen, wobei „lokale Population" offenbar das gleiche bedeutet, wie „Population". Er drückt sich hier leider nicht allzu deutlich aus. Setzen wir aber einmal voraus, daß er „Population" und „Lokalgruppe" bei segmentären Gesellschaften einander gleichsetzt – dies scheint seinen Intentionen wohl zu entsprechen – so spricht folgendes für die Wahl der Population, bzw. Lokalgruppe als Einheit der Nischen-Bestimmung:

1. Lokalgruppen im anthropologischen Sinne, bzw. Populationen besitzen eine ausgeprägte, gut identifizierbare Gruppenkultur;

2. sie sind noch nicht, vermittels sozialer oder politischer Institutionen, in ortsübergreifende Organisationen integriert. Im Falle komplexer kultureller Organisationsformen verlieren lokale Populationen jedoch etwas von ihrer ökologischen Autonomie, denn sie werden in ein übergreifendes Netzwerk der

Ressourcenausnützung einbezogen. Ist dies der Fall, dann kann die ökologische Besonderheit der Lokalpopulation nicht ohne Bezug auf die größere politische Einheit wie Staat, Häuptlingstum oder Handelsnetz gesehen werden.

Hardesty schlägt nun vor, die umfassendere politische Einheit (larger political unit) — also Staat, Häuptlingstum, Handelsnetz — als *Kulturelle Art* (cultural species) aufzufassen, die bestimmte ökologische Eigenschaften besitzt und auch als integrierte ökonomische Organisation zu verstehen ist. Diese „Kulturelle Art" solle als Grundeinheit der Nischen-Untersuchung dienen, da sie durch Strategien und Techniken der Ressourcenausbeutung integriert ist. — Fassen wir kurz zusammen: Hardesty ist sich bewußt, daß Populationen nicht isoliert von anderen Populationen gesehen werden können und daß sie ihre „ökologische Autonomie" mehr und mehr verlieren, wenn sie in umfassendere soziale und politische Organisationen integriert werden. Er schlägt daher vor, für die Erforschung der Nische nicht die lokale Population, sondern jenes unfassendere organisatorische Gebilde zu verwenden, das er „Kulturelle Art" nennt und das durch bestimmte Techniken der Ressourcenausbeutung integriert ist.

Abgesehen von dem fragwürdigen Gewinn für die Wissenschaft, den Hardesty's Wortschöpfung der „Kulturellen Art" bringt — warum sollte man nicht bei „Häuptlingstum", „Staat", etc. bleiben? — verschiebt Hardesty mit diesem Ansatz das Problem nur. Er geht aus von der Frage nach der angemessenen Bezugsgröße der Erforschung ökologischer Nischen und lehnt die „biologische Population" ab, da sie bei zunehmender Komplexität des soziokulturellen Niveaus der umgebenden Organisation ökologische Autonomie verliert. Er scheint also anzunehmen, daß diese von ihm „Kulturelle Art" getaufte soziokulturelle Organisationsform diese Autonomie besitzt, da sie es sei, deren Nische es zu erforschen gilt. — Nun läßt sich gegen diesen Gedankengang einwenden, daß bereits die Annahme einer ökologischen Autonomie der sogenannten „ecological population at simple cultural levels" (Hardesty 1975: 74) eine Fiktion ist: jede menschliche Gruppe zählt auch andere Gruppen mit oft unterschiedlicher Kultur zu ihrer Umwelt und interagiert mit ihnen. Dies gilt bereits für Hordengesellschaften mit Jäger-Sammler-Wirtschaft (siehe Bargatzky 1980) und erst recht für Gruppen mit produzierender pflanzerischer Wirtschaftsform. Häuptlingstümer und Staaten sind vollends am wenigsten dazu geeignet, als

Beispiele für eine irgendwie geartete „ökologische Autonomie" zu dienen: gerade mit steigender kultureller Komplexität nimmt der Symbiose- und Wettbewerbscharakter in den Beziehungen der sozio-kulturell-politischen Einheiten zu. Solche Gesellschaften verfügen dann über sehr unterschiedliche natürliche Umwelten und sind in komplexe Netzwerke von zeremoniellen und ökonomischen Austauschbeziehungen einbezogen, wie im Falle des Kula-Handels (Malinowski 1922) und ähnlicher Systeme in Melanesien (Schwartz 1963). Darüber hinaus ist es spätestens seit Leachs epochemachendem Werk „Political Systems of Highland Burma" (Leach 1954) offenkundig geworden, daß politisches System, sprachliche Grenzen und kulturelle Traditionen nicht immer zur Deckung gelangen. Dieser Umstand dürfte aber der Isolierung einer „kulturellen Art" nahezu unüberwindliche Schwierigkeiten bereiten.

Nische: individuelles- oder Gruppenniveau?

Gegenwärtig scheint also im Lager der Kultur- und Sozialanthropologen eher Unsicherheit und Ungeschick im Umgang mit den von der biologischen Ökologie übernommenen Konzepten zu herrschen, wie ein weiteres Beispiel zeigen soll. Auch dieses Beispiel handelt von der Suche nach der richtigen Einheit für die Untersuchung von Nischen-Verhältnissen und zwar geht es hier um die Frage nach der *Einheit* der Selektion im Darwin'schen Sinn (Gen, Individuum, Population oder biotische Gemeinschaft). Zwar erfolgt biotische Evolution durch Selektion bestimmter genetischer Mutationen, andererseits besagt das *Prinzip der funktionellen Integration der Organisationsstufen* (s. o. S. 66), daß den höheren Organisationsstufen (z. B. Populationssystem, Ökosystem) gegenüber den unteren eine gewisse Autonomie zukommt. Könnte also der Evolutionsprozeß nicht auch bei diesen oberen Stufen ansetzen (siehe das Problem der Gruppenselektion, nächster Abschnitt)? Merkmale von Populations- oder Ökosystemen könnten also durch Selektion auf der jeweiligen höheren Ebene entstanden sein. Das scheinbar kaum zu eliminierende Problem bei dieser Art von Überlegung kann man als *teleologischen Fehlschluß* bezeichnen: *Evolutionsrichtung* (ein empirisch feststellbarer *Trend*) wird *teleologisch* als *Evolutionsziel* gedeutet, dem System also quasi die *Absicht* unterstellt, diesen Zustand „gewollt" zu haben.

Um keinen teleologischen Fehlschluß zu begehen, greifen sowohl Biologen als auch Anthropologen gerne auf tiefere Ordnungsstufen als Einheit der Selektion zurück, auf *Gene* oder *Individuen*. So behauptet ein Anthropologe, „the challenge is to develop theories which can account for system properties in terms of processes at the individual level" (Love 1977: 33). Anhand des Nische-Konzeptes versucht er, einen Baustein zu solch einer Theorie zu liefern. Nun schreibt er aber folgendes über „Nische":

"The niche of a *human group* is an aggregate representation of the relations of its members to income-generating resources at a point in space and time." (Love 1977: 32; Hervorhebung von mir).

(Unter „income-generating resources" versteht der Autor Land, Wasser, Kapital, Raum und Zeit im Falle einer „agricultural situation"). Dieser Ansatz, so der Autor weiter, „assumes that *competition between individuals* is a major force in structural change and the formation and dissolution of social categories and groups". (ebd.; Hervorhebung von mir).

Einerseits fordert der Autor also Theorien, die Systemeigenschaften durch ihre Reduktion auf Prozesse auf der Individuenebene erklären (z. B. „competition"), andererseits begeht er dann die Inkonsequenz, von der Nische einer menschlichen *Gruppe* zu sprechen, die er freilich als eine Art Vektor bestimmter Beziehungen der einzelnen Gruppenmitglieder auffaßt. Hier liegt die Frage auf der Hand, warum der Autor nicht auch „Nische" als Merkmal der Individuum-Ebene verstehen möchte.

Diese Ausführungen sollen erläutern, mit welchen Problemen es Anthropologen zu tun haben, wenn sie Konzepte der biologischen Ökologie in ihrer eigenen Wissenschaft verwenden wollen. Im Falle der „Nische" sind solche Versuche bisher noch nicht sehr überzeugend. In jedem Falle sollten Anthropologen biologische Konzepte nicht *unbesehen* übernehmen, sondern nur mit Vorsicht und im Rahmen von Theorien, in denen solchen Konzepten eine fest umrissene Bedeutung zugewiesen wird. Daran scheint es aber bislang noch zu fehlen.

3. Gruppenselektion?

Es wurde bereits zweimal auf den sogenannten *teleologischen Fehlschluß* hingewiesen (s. a. S. 90), den man bei Untersuchungen des Evolutionsgeschehens stets in Gefahr ist, zu vollziehen: nämlich die Gleichsetzung von Evolutions*trend* und Evolutions*ziel*. Insbesondere die Diskussion der Frage nach der Existenz und Bedeutung der *Gruppenselektion* ist von diesem Problem belastet.

Nach den Prinzipien der Darwin'schen Theorie ist es ausreichend, zur Erklärung der Evolution der Arten die Hypothese der *natürlichen Selektion* heranzuziehen. Natürliche Selektion wirkt auf der Ebene der Individuen; solche Individuen, die ihrer Umgebung besser „angepaßt" sind, erhöhen ihre Überlebenschancen und damit die ihrer Nachkommen. Nun gibt es aber Phänomene wie etwa die unterschiedliche Fruchtbarkeit und Überlebensfähigkeit *lokaler Populationen* und *biotischer* Gemeinschaften, die man anscheinend nicht allein mit Darwin'schen Prinzipien zu erklären vermag. Auch das Prinzip der *funktionellen Integration* der Organisationsstufen im Bereich des Lebens (s. o. S. 66) läßt sich wohl nicht allein mit Darwin'schen Vorstellungen erklären; also die Tatsache, daß auf jeder Organisationsstufe neue Merkmale hinzutreten, die sich nicht auf die darunterliegende Stufe reduzieren lassen. Gruppen besitzen Merkmale, die Individuen fehlen und daher müssen auch die anpassungsmäßigen Erfordernisse der Gruppe andere sein, als die des Individuums. Mit anderen Worten: Gruppenbedürfnisse können sich gegenüber den Bedürfnissen von Individuen durchsetzen. Dergleichen Feststellungen führten zur Postulierung der *Gruppenselektion*.

Nach Odum (1980: 446) ist Gruppenselektion „natürliche Selektion zwischen Organismengruppen, die nicht unbedingt durch wechselseitige Beziehungen eng miteinander verknüpft sind". Sie „führt theoretisch zur Erhaltung von Merkmalen, die für die Populationen und Gemeinschaften vorteilhaft, für die Genotypen (d. h. Erbanlagen, T. B.) innerhalb der Populationen aber selektiv ungünstig sind. Umgekehrt kann sie für das Überleben der Arten ungünstige, aber innerhalb der Populationen selektiv günstige Merkmale eliminieren oder bei kleiner Zahl erhalten".

Das Prinzip der Gruppenselektion wurde zumeist verwendet, um die Evolution sozialer Organisationen zu erklären. Es scheint sehr schwer zu sein, beispielsweise komplexe soziale Beziehungen bei Insekten, Vögeln oder Säugetieren allein mit Hilfe Darwin'scher Prinzipien der Individual-Selektion zu verstehen. Dies betrifft insbesondere das sogenannte „altruistische" Verhalten mancher Mitglieder einer Gruppe, die sich für die Gruppe opfern oder sich nicht fortpflanzen und deren Verhalten für die Gruppe *als ganze* von Vorteil ist.

Dennoch bleibt die Gruppenselektion unter Genetikern und Biologen ein umstrittener Gegenstand. Man bezweifelt zwar nicht grundsätzlich, daß es sie geben *kann*, man ist sich aber über ihren *Einfluß* auf den Evolutionsprozeß im Zweifel. Den Vertretern der Gruppenselektion wie Wynne-Edwards (1962) stehen andere Biologen wie Williams (1966) gegenüber, denen zufolge fast alle Anpassungen von Gruppen, die man einer Gruppenselektion zuschrieb, auf das traditionelle (Darwin'sche) Prinzip der natürlichen Selektion von Individuen zurückgeführt werden können. Laut Hardesty (1977: 37) sind diese Biologen gegenwärtig in der Mehrzahl.

Für die Kultur-Anthropologen ist das Prinzip der Gruppenselektion wichtig, weil menschliche soziale Gruppen ideale Voraussetzungen für das Wirken dieses Prinzips besitzen:

– Lokalgruppen sind einander in der Regel feindlich gesinnt.
– Sie treten in Wettbewerbsbeziehungen ein.
– Kulturelle Innovationen und ihre kumulativen Wirkungen können sich auf die Reproduktionsstrategien der Lokalgruppen auswirken und somit deren Wettbewerbsfähigkeit – etwa beim Streit um knappe Ressourcen – unterschiedlich beeinflussen.
– Lokalgruppen können in bezug auf Merkmale wie *Planung*, *zweckgerichtetes Handeln* und Vorausschau als Einheiten aufgefaßt werden, wobei solche Handlungen und Eigenschaften als der Erhaltung der Gruppe und / oder ihrer Wettbewerbsfähig dienend betrachtet werden können.

Das Konzept der Gruppen-Selektionen kann großen heuristischen Wert bei der Erklärung von Phänomenen wie dem selektiven weiblichen Infantizid bei den Netsilik-Eskimo besitzen (siehe Balikci 1967). Menschliche Gruppen, die unter solch extremen Umweltbedingungen leben, wie sie bei diesen Eskimo vorherrschen, müssen darauf bedacht sein, ihre Größe zu beschränken. Mädchen stellen eine potentielle Gefahr für die Gruppe dar, da sie als Frauen im gebärfähigen Alter zur Vermehrung der Gruppe beitragen. Daher, so könnte man folgern, werden Mädchen oft kurz nach der Geburt getötet. Dieser Kulturzug ist für die Gruppe von Nutzen. Allerdings muß davor gewarnt werden, das Konzept der Gruppen-Selektion allein seines heuristischen Wertes wegen unbesehen zur Erklärung soziokultureller Phänomene heranzuziehen, denn dann behandelt man menschliche Gruppen in Analogie zu *Organismen*. Evolution wird dann durch die Annahme erklärt, daß sich die menschliche Gruppe mitsamt ihrer Kultur, wie auch der Organismus, ihrer Umwelt anzupassen hat (siehe Hardesty 1977: 42). Nun ist es aber sehr problematisch, beispielsweise soziokulturelle Systeme, bzw. Gesellschaften wie *Organismen* zu betrachten (siehe Dahrendorf 1958). Mag es sonst, für heuristische Zwecke, nützlich sein, Systeme auf höherer Integrationsstufe wie Organismen zu behandeln, so sollte man es nicht dabei belassen. Was vonnöten ist, sind Modelle der Ökosystem-Evolution, die auf dergleichen heuristische Hilfskonstruktionen verzichten können. Solche Modelle haben der *Eigenständigkeit* der höheren Organisationsstufen Rechnung zu tragen. Dies würde bedeuten: ein Konzept wie „Gruppenselektion" müßte auf eine Weise rekonstruiert werden, die eben jenen auf der höheren Organisationsstufe auftretenden Eigenschaften gerecht wird, ohne daß es auf Eigenschaften tieferer Organisationsstufen reduziert wird. Erst eine solche Rekonstruktion läßt „Gruppenselektion" zu einem sinnvollen Konzept im Rahmen eines Modells der Ökosystem-Evolution werden. Gegenwärtig scheint man „Gruppenselektion" jedoch vorwiegend noch heuristisch zu verwenden.

4. Liebigs „Gesetz des Minimums" und das Prinzip der Limitierenden Faktoren

Das Beispiel der Netsilik-Eskimo im vorausgehenden Abschnitt hat gezeigt, wie bei gegebenen Strategien der Ressourcen-Ausbeutung die Größe und Zusammensetzung der Lokalgruppen in Abhängigkeit vom Vorkommen gewisser Ressourcen variieren kann. Ähnliche Probleme haben in der biologischen Ökologie zur Erforschung sogenannter „limitierender Faktoren" geführt. Anthropologen haben diese Untersuchungen dann benutzt, um sich Anregungen für die Bearbeitung ihrer jeweiligen Forschungsprobleme zu holen.

Das Prinzip der Limitierenden Faktoren in der Ökologie

Das Gedeihen von Organismen hängt von „kritischen" oder „limitierenden" Faktoren ab. So werden sie etwa kontrolliert
1. von „der Menge und Variabilität von Stoffen, die sie min-

destens in kleinen Mengen benötigen und physikalischen Faktoren, die kritisch sind" (z. B. Klimafaktoren) (Odum 1980: 174).

2. „Durch die Toleranzgrenzen der Organismen gegenüber den genannten Faktoren und anderen Komponenten der Umwelt" (ebd.).

Die Erforschung solcher „limitierender Faktoren" läßt sich auf die Arbeiten des Chemikers Justus *Liebig* zurückverfolgen. Im Jahre 1840 veröffentlichte er ein Buch,[1] in dem er untersuchte, wie sich verschiedene Faktoren auf das Pflanzenwachstum auswirken. Er fand u. a. heraus, daß das Pflanzenwachstum häufig von Elementen begrenzt wird, sogenannten *Spurenelementen* wie *Bor*, die nur in geringen Mengen benötigt werden. Kohlendioxide und Wasser, die in der Regel in ausreichender Menge zur Verfügung stehen, wirken dagegen auf das Pflanzenwachstum nicht in gleicher Weise kontrollierend. Die Feststellung, daß also das Pflanzenwachstum von den „Minimumstoffen" abhängt, wurde als *„Liebigs Gesetz des Minimums"* bekannt.

Heute wird, Odum zufolge (1980: 167 f.), dieses Gesetz als Teil eines umfassenderen Konzeptes von den limitierenden Faktoren verstanden; es beschreibt nur einen Aspekt des großen Fragenkomplexes der Kontrolle der Organismen durch verschiedene Umweltfaktoren wie Temperatur, Klima, Vorhandensein von Nährstoffen, usw.

„Liebigs Gesetz des Minimums"
in der Kulturökologie

In der Kulturökologie wurde das Konzept der limitierenden Faktoren insbesondere von solchen Anthropologen übernommen, die sich um die Aufklärung der demographischen Verhältnisse von Wildbeutern bemühen. Dabei wird oft auf das Liebig'sche Gesetz des Minimums zurückgegriffen, wenn es etwa um die Frage geht, inwieweit die maximale Bevölkerungsdichte einer Gruppe vom Vorkommen bestimmter Ressourcen abhängen könnte. Die klassische Formulierung dieses Gesetzes in der Kulturökologie stammt von George A. Bartholomew und Joseph B. Birdsell und weil sie in der kulturökologischen Diskussion solch

---

1 J. Liebig: Chemistry in Its Application to Agriculture and Physiology, London: Taylor and Walton, 1840.

einen breiten Raum einnimmt, möchte ich sie hier als Zitat bringen:

> "Since ... population density is the most critical single ecological datum, anthropologists studying the simpler cultures characterized by few storage techniques would do well to search for those critical limiting factors which do determine density ... In some cases the size of a population will be determined not by the availability of an abundance of food during ten months of the year but by a regular seasonal scarcity in the remaining two months" (Bartholomew und Birdsell 1953: 488).

Ausgangspunkt der Betrachtungen von Bartholomew und Birdsell war die Beobachtung, daß die Größe des Stammesterritoriums — und damit die Bevölkerungsdichte — australischer Ureinwohner von der mittleren jährlichen Niederschlagsmenge abhängt, die somit als limitierender Faktor wirkt (siehe Birdsell 1953; 1973: 337 ff.). Birdsells These ist allerdings umstritten; Kritik daran übten z. B. Bennett (1976: 176 f.), Hardesty (1977: 196 f.) und Ellen (1982: 11 f.).[1]

Es sei an dieser Stelle sogleich angemerkt, daß die Bezugnahme auf dieses Gesetz bei Anthropologen nur *metaphorischen Charakter* hat, denn das Liebig'sche Gesetz selber beschreibt nur einen ganz fest umrissenen Zusammenhang: eben die Abhängigkeit des Pflanzenwachstums von gewissen chemischen Stoffen. Zwar haben eine Reihe von Biologen versucht, Liebigs Befund auch auf andere Faktoren auszudehnen (z. B. Temperatur, Zeit), heute sieht man davon jedoch ab und verwendet das Konzept des Minimums nur im ursprünglichen Liebig'schen Sinn bezüglich *chemischer Stoffe*. Wenn das Gedeihen eines Organismus in Abhängigkeit von nicht-chemischen Faktoren untersucht wird, spricht man im allgemeinen von *limitierenden Faktoren,* bzw. von den *Toleranzgrenzen* eines Organismus bezüglich dieser Faktoren (siehe Odum 1980: 167 ff.). Daher sollten Ethnologen und Kulturanthropologen auch nicht von *Liebigs Gesetz des Minimums* sprechen, wenn sie etwa der Frage nach der limitierenden Wirkung bestimmter natürlicher Ressourcen auf die Bevölkerungsdichte nachgehen. Die Bemühung des Liebig'schen Gesetzes hat daher in solchen Fällen nurmehr metaphorischen Charakter. Um diesen

---

1 Ellen behauptet merkwürdigerweise auch, daß Hiatt (1962) Kritik an Birdsell übe. Der betreffende Aufsatz von L. R. Hiatt enthält aber keinen Hinweis auf die Birdsell'sche These.

metaphorischen Charakter zu betonen, werde ich daher „Liebigs Gesetz" in Anführungszeichen setzen.

In der Schreibweise der Kultur- und Sozialanthropologen soll nun der Hinweis auf „Liebigs Gesetz" einen bestimmten, klar umrissenen Sachverhalt bezeichnen. „Liebigs Gesetz" besage, so Hassan (1975: 32), daß die *maximale Bevölkerungsdichte* einer Gruppe nicht von den im *Jahresmittel* zur Verfügung stehenden Schlüsselressourcen abhängt, sondern eher von der Menge der in Zeiten der *Knappheit* erbeutbaren Ressourcen. „Liebigs Gesetz" in dieser übertragenen Bedeutung spielt eine große Rolle bei der Erforschung der Lebensverhältnisse wildbeuterischer Gruppen (siehe Lee und DeVore (Hrsg.) 1968). Den Anlaß zu dieser Formulierung des „Liebig'schen Gesetzes" gab der erstaunliche Sachverhalt, daß sogar heutige Wildbeuter anscheinend durchaus kein Leben in Armseligkeit, ständig am Rande des Hungertodes führen, sondern, im Gegenteil, daß ihnen ausreichend Nahrungsressourcen zur Verfügung stehen. Man hat daher sogar behauptet, Wildbeuter lebten in einer Art „ursprünglicher Überflußgesellschaft" (original affluent society; siehe Sahlins 1968; 1972). Man erklärte sich diese Tatsache im Sinne des evolutionistisch-kulturökologischen Paradigmas, indem man das Wirken einer Art *Langzeitstrategie* der Bevölkerungkontrolle postulierte, die zu hinreichend geringer Bevölkerungsdichte führt, so daß die Wildbeuterpopulationen gegen saisonale oder unvorhersehbare Knappheit an Ressourcen gefeit sind.

„Langzeitstrategie" bezieht sich hier nicht auf bewußte Rationalität der Handelnden, sondern der Begriff entstammt der Sprache des Beobachters. Das bedeutet, man postuliert quasi „hinter" der *bewußten* Rationalität der Handelnden nochmals eine Art „Systemrationalität" des *Ökosystems*, in dem die Wildbeuter-Populationen eine Komponente unter anderen sind. Durch *natürliche Selektion* habe sich dann, über viele Generationen hinweg, eine *Homöostasie* dieses *Ökosystems* herausgebildet, die u. a. dadurch gewährleistet ist, daß die Wildbeuter – ganz gleich, aus was für bewußten Gründen auch immer – ihre Populationsgröße und Populationsdichte hinreichend gering halten. In der Regel sollen demnach Lokalgruppen bei Wildbeutern aus durchschnittlich 25 Mitgliedern bestehen (Birdsell 1968: 239). Für eiszeitliche Wildbeutergesellschaften gelangt man zu einer Bevölkerungsdichte von einer Person pro Quadratmeile (2,6 km^2; siehe Lee und DeVore 1968: 11). Diese Bevölkerungsdichte wird als eine durch Evolution erfolgte Anpassung der Bevölkerungsdichte an gewisse Ressourcen verstanden, und zwar an ihre Verfügbarkeit in Zeiten der Knappheit. „Liebigs Gesetz" dient dazu, diesen Sachverhalt zu beschreiben. Betrachtet man nicht die Wildbeuterpopulation, sondern das umfassende Ökosystem, an dem sie teil hat, so beschreibt demnach „Liebigs Gesetz" ein Prinzip der ökosystemischen Homöostasie.

Ein weiteres Beispiel für die Anwendung von
„Liebigs Gesetz":
Prestigesuche und Dürrezeiten in Indianerkulturen der
nordamerikanischen Nordwestküste

Wayne Suttles (1968) versucht nachzuweisen, daß im Bereich der Indianerkulturen der nordamerikanischen Nordwestküste immer wieder Notzeiten herrschten, in denen die ansonsten reichlichen natürlichen Ressourcen (u. a. Fische und Wale) knapp wurden. Sämtliche Nordwestküstenkulturen verfügen über soziale Organisationsformen von einer außerordentlichen Komplexität, die man bei anderen Völkern mit wildbeuterischer Wirtschaftsform sonst nicht vorfand. Ein bemerkenswertes Merkmal ist die *Prestigesuche,* die dazu führte, daß man z. B. Nahrungsmittel ansammelte, um sie bei bestimmten zeremoniellen Anlässen *(potlach)* zu verteilen. Suttles bringt nun Prestigesuche mit den Dürrezeiten im Habitat in Verbindung: die Ansammlung von Nahrungsmitteln und ihre Akkumulation zum Zwecke der Verteilung erfüllt nicht nur die *manifeste Funktion* des Prestigegewinns, sondern überdies die *latente Funktion* der Versorgung der Bevölkerung in Notzeiten: „... indirectly prestige seeking enabled hungry people to obtain food". (Suttles 1968: 60). Daß Suttles dabei an eine *latente Funktion* denkt, die sich quasi als *selektive Anpassung* im Laufe der Zeit entwickelte, läßt sich aus seinen eigenen Worten entnehmen: „... if this seems to imply conscious purposiveness, we may say it is because populations that have unconsciously stumbled on ways of feeding hungry members survive better than those who let them starve." (ebd.) Auch diese Argumentation vertritt implizit den Standpunkt der Gruppenevolution und des Gruppenvorteils.
Suttles bezieht sich ausdrücklich auf „Liebigs Gesetz", um den Zusammenhang zwischen Zeiten der Knappheit und kulturellen Merkmalen wie dem Prestige-Wesen und Häuptlingstum

zu erklären und er postuliert: „Perhaps ... a single, once-a-generation failure of a major fish run or prolonged period of severe weather may explain an otherwise inexplorable practise such as the Northwest coast search for prestige" (ebd.) Suttles geht es hier also nicht um den Zusammenhang von potentiell knappen Gütern und demographischen Variablen, sondern um die Erklärung eines *kulturellen Merkmals* vermittels des sogenannten „Liebig'schen Gesetzes".[1]

Kritik an der Verwendung von „Liebigs Gesetz"

Gehen wir nochmals zur streng biologischen Bedeutung des Liebig'schen Gesetzes zurück. Wir erinnern uns an Odums (1980: 167) Umschreibung: ein Organismus braucht, um leben und gedeihen zu können, bestimmte Stoffe die für sein Wachstum und seine Vermehrung notwendig sind. Unter bestimmten Bedingungen sind diese Stoffe meistens in so geringen Mengen vorhanden, daß sie sich einem für die betreffende Population *kritischen Minimum* nähern und dann wachstumsbegrenzend –limitierend– wirken. Diese Bedingungen bestehen aber unter Verhältnissen des *Fließgleichgewichts (steady state)!*

Nun ist nichts Grundsätzliches gegen die Übernahme von Konzepten aus einer Nachbarwissenschaft zu sagen, vorausgesetzt, man ist sich über die Voraussetzungen im klaren, an die in dieser Nachbarwissenschaft die betreffenden Konzepte gebunden sind. In der Biologie ist eine der Voraussetzungen für die Anwendung des Liebigschen Gesetzes, oder anderer Prinzipien der limitierenden Faktoren, die *Theorie vom Fließgleichgewicht.* Es ist aber höchst problematisch, dieses letztere Konzept unbesehen auf die Untersuchung solcher Ökosysteme anzuwenden, deren Komponenten menschliche Gesellschaften und Kulturen sind, denn

   1. zur Umwelt menschlicher Gruppen zählen auch andere menschliche Gruppen mit oft unterschiedlichem oder auch ähnlichem kulturellem Inventar. Ökosysteme mit solchen Komponenten lassen sich daher nicht im gleichen Maße analytisch isolieren, wie dies bei anderen, von der Biologie untersuchten

---

1 Eine ausführliche theorie- und ideologiekritische Darstellung der *potlatch*-Theorien im Rahmen der amerikanischen Kulturökologie stammt von Seiler (1979: 143–70). Meine Kritik der Kulturökologie überschneidet sich stellenweise mit derjenigen Seilers.

Ökosystemen der Fall sein mag. Dies bedeutet, daß wir es bei menschlichen Gruppen mit Phänomenen wie *Austausch* und *Handel* zu tun haben — mit anderen Worten: lokale Ressourcenverknappung kann auf diese Weise behoben werden, so daß die Entwicklung *latenter Funktionen* wie etwa bei der mutmaßlichen demographischen und/oder kulturellen Anpassung an „limitierende Faktoren" überhaupt nicht stattzufinden braucht. Handel und Austausch stellen energetische und informationsmäßige *Eingaben* in das lokale System dar, die wohl kaum mit dem biologischen Konzept des *Fließgleichgewichts* abgedeckt werden können.

2. Limitierenden Faktoren kann ferner durch *Innovationen* begegnet werden. Neue ökonomische Strategien können entwickelt werden, etwa pflanzerische, die die Abhängigkeit von bestimmten limitierenden Faktoren verringern oder gar ganz beseitigen. Der Energiefluß im Ökosystem würde durch solche Maßnahmen erheblich verändert werden, so daß man auch hier nicht mehr auf biologische Analogien verweisen und von einem Fließgleichgewicht sprechen kann. Dies bedeutet aber:

3. Soziokulturelle Systeme sind in weitaus höherem Maße evolutionsfähig, als etwa biotische. Strukturelle Veränderungen in biotischen Systemen, etwa die Evolution einer neuen Art, oder genetische Veränderungen bei einer Art benötigen in der Regel lange Zeiträume, jedenfalls *mehrere Generationen*, um sich durchzusetzen; soziokulturelle Systeme können sich dagegen bereits während einer Generation der Lebenszeit ihrer menschlichen Träger erheblich verändern.

Dies alles soll nicht bedeuten, daß etwa menschliche Populationen grundsätzlich nicht von limitierenden Faktoren abhängen können. Vermutlich nimmt eine solche Abhängigkeit mit der relativen Isolation der Gruppe zu. Menschliche soziokulturelle Systeme unterliegen aber in weit geringerem Maße sogenannten limitierenden Faktoren, da das Fließgleichgewicht — zumindest potentiell — durch *exogenen* oder *endogenen* Wandel verändert werden kann und damit die Voraussetzungen für die Anwendung des Prinzips der limitierenden Faktoren, etwa in der Gestalt von Liebigs Gesetz (oder „Liebigs Gesetz") entfallen.

5. Das Problem der sogenannten Umweltanpassung der Kultur

Das Konzept der „Umweltanpassung der Kultur"

Das Konzept der „Umweltanpassung der Kultur" (adaptation) ist so sehr ein untrennbarer Bestandteil evolutionistischer und kulturökologischer Denkmodelle geworden, daß man es mit Fug und Recht als eines der Schlüsselkonzepte des zeitgenössischen anthropologischen Denkens bezeichnen darf. Die Gruppengröße der !Kung-Buschleute der Kalahari (siehe Lee 1968, 1969); Strategien des Nahrungserwerbs und der Siedlungsweise bei den Netsilik-Eskimo (siehe Balikci 1968), die Statuen auf der Osterinsel (Sahlins 1955), das Rauben von Kamelen bei arabischen Beduinen (siehe Sweet 1969), voreuropäisches Kriegswesen bei den Maori Neuseelands (siehe Vayda 1961), Weissagungspraktiken der Naskapi-Indianer Labradors (Moore 1957), die heilige Kuh Indiens (M. Harris 1966) — all diese und noch viele andere Kulturmerkmale wurden und werden noch gerne von etlichen Autoren als Beispiele für „Umweltanpassung der Kultur" angeführt. Dieser häufige Gebrauch des Wortes „Anpassung" führte dann Roger Keesing (1974) dazu, in seiner Klassifizierung von Kulturtheorien von sogenannten „cultural adaptationist"-Theorien zu sprechen und Burnham (1973: 93) bemerkte einmal, in manchen anthropologischen Zirkeln sei die Vorstellung von Kultur als dem wichtigsten menschlichen Instrument zur Anpassung an sich wandelnde Umweltverhältnisse bereits ein Glaubensartikel und folglich würde selten ernsthaft darüber nachgedacht, was denn nun „Anpassung" eigentlich bedeute.

„Anpassung" ist ein Terminus der Biologie, insbesondere der Ökologie und bedeutet zunächst einmal ganz einfach: „the good fit of organisms to their environment" (siehe Gould und Lewontin 1979: 592). Was aber nun eine „Anpassung" im konkreten Fall ist und was nicht — darüber scheint man sich in der Biologie oft nicht einig zu sein und in der Kultur- und Sozialanthropologie, die es nicht mit Organismen, sondern mit menschlichen *Gruppen* zu tun hat, vervielfältigen sich folglich die Probleme bei der Arbeit mit diesem Konzept. In diesem Kapitel möchte ich nun auf einige dieser Probleme hinweisen und auch Wege zu ihrer Lösung andeuten. Diese Probleme scheinen mir vorwiegend zwei Klassen anzugehören: da wären zunächst die eher praktischen, „technischen" Probleme der Begriffsbildung und Operationalisierung zu nennen. Des weiteren — und dies ist der entscheidende Aspekt — gibt es auch große Probleme bezüglich des „kulturphilosophischen Hintergrundes" dieses Konzepts.

Probleme der Operationalisierung und des wissenschaftstheoretischen Status von *Anpassung*

Burnham (1973: 93) hat die entscheidende Frage gestellt: wie wollen wir die adaptiven Vor- und Nachteile eines bestimmten Merkmals einer bestimmten Kultur denn eigentlich bestimmen und messen? Messen erfordert stets einen Maßstab — zum Beispiel in Form einer entgegengesetzten Kategorie, wie etwa „Nicht-Anpassung" (siehe Carneiro 1972: 254—255), sonst besteht die Gefahr, daß man darauf verfallen könnte — wovor Sahlins (1968) gewarnt hat — einfach das, was existiert, als „angepaßt" zu bezeichnen, weil es ja sonst nicht existierte. Natürlich besteht die Möglichkeit, daß Kulturzüge wie die oben genannten „adaptiv" sind — aber wir brauchen einen Maßstab, um diese Angepaßtheit zu messen und solch ein Maßstab ist schwer zu finden. Die Strategie der „cultural adaptationists" läuft in der Regel auf das Verfahren hinaus, Plausibilitätsargumente zugunsten der „Angepaßtheit" eines Merkmals ins Feld zu führen — aber damit begibt man sich eben, wie oben angedeutet, in die Gefahr, letztlich einfach das *was ist* als „angepaßt" zu bezeichnen. Dieser „adaptive Zirkelschluß" ist eine Variante des „evolutionären Zirkelschlusses", demzufolge „the survival of the fittest" oft nichts anderes ist, als das „Überleben des Überlebenden", denn wer überlebt, muß wohl „the fittest" sein (siehe Stegmüller 1975: 430; Harfst 1972: 464). Diese Aussicht, bei der Verwendung von Plausibilitätsargumenten auf die Bahn des Wunschdenkens und der Zirkelschlüsse zu geraten, macht wohl deutlich, daß wir einen von der *Existenz* eines Kulturmerkmals *allein* unabhängigen Maßstab benötigen, um beurteilen zu können, ob dies Merkmal an die Umwelt angepaßt ist, oder nicht.

Es gibt Autoren, die bei der Suche nach einem Maßstab Anlehnung an die Verwendung des Wortes „Anpassung" in der Biologie suchen. Die Anpassung einer Tier- oder Pflanzenart an ihre natürliche Umwelt wird dort an der relativ größeren Anzahl von Nachkommen gemessen, die eine Population aufgrund ihrer günstigeren genetischen Ausstattung im Vergleich mit den übrigen Populationen besitzt, die sich mit ihr im Wettbewerb um Lebensraum und Ressourcen befinden (siehe Burnham 1973: 94). Kultur wird aber durch *Lernen*, und *nicht* genetisch übertragen. Unterschiedliche Reproduktionsraten von menschlichen Populationen sind daher *keine* Selektionsverfahren, die auf Ausbreitung und Evolution von Kultur Einfluß haben. Eine menschliche Population kann ja aussterben, aber zuvor ihre Kultur weitergeben; umgekehrt kann eine Population eine andere Kultur übernehmen. Daraus folgt, daß die Reproduktionsrate beim Menschen kein Kriterium für die Angepaßtheit von einzelnen soziokulturellen Merkmalen oder sogar von ganzen soziokulturellen Systemen sein kann.

Zur „Philosophie" des Anpassungskonzeptes

Die hier vorgetragene Kritik am Konzept der „Anpassung" und seiner Verwendung im Bereich der Kultur- und Sozialanthropologie beruht auf meiner Behauptung, daß diesem Konzept letztlich das Reiz-Reaktionsschema der behavioristischen Psychologie zugrundeliegt und daß es als solches Teil eines *Homöostasie-Paradigmas* ist. In den vergangenen zwei bis drei Jahrzehnten wurde bereits viel über die Inadäquatheit homöostatischer und behavioristischer Denkansätze im Bereich der Kultur- und Gesellschaftswissenschaften geschrieben, daher möchte ich diesen Aspekt hier nicht ausführlich behandeln (siehe von Bertalanffy 1970; Dahrendorf 1958; Miller, Galanter und Pribram 1960). Nur soviel soll hier angemerkt werden: Das Reiz-Reaktionsschema als Modell zur umfassenden Erklärung des Verhaltens ist gescheitert, weil es die aktive, „stress-suchende", *explorative* Komponente des Verhaltens nicht berücksichtigt hat. Das heißt nicht, daß es wohl bestimmte *reaktive* Verhaltensbereiche sinnvoll zu deuten vermag. Menschen haben aber „Pläne" die ihr Verhalten leiten (Miller et. al. 1960); sie sind nicht die passiven Roboter, die der Behaviorismus aus ihnen macht. Dieser Kritik am Reiz-Reaktionsschema von seiten der Psychologie entspricht die von Soziologen vorgetragene Kritik an den Versuchen, Gruppenverhalten behavioristisch zu erklären: homöostatische Modelle vernachlässigen die Dynamik der Antagonismen und des Konflikts, die menschliche Gruppen und Gesellschaften auf allen Ebenen der organisatorischen Integration kennzeichnen. Das Reiz-Reaktionsschema vermag es nur, die Wiedererlangung der Homöostasie zu erklären, es versagt dort, wo die Homöostasie − wie bei der

Streßsuche und beim explorativen Verhalten schlechthin – verlassen wird, ohne daß eine äußere Reizeinwirkung vorhanden ist. Homöostatisch-behavioristische Verhaltensmodelle betonen also letztlich die Vorstellung der *Passivität* und die Kritik an ihnen und ihrem Totalitätsanspruch für den Bereich menschlichen Verhaltens muß von dieser unangemessenen Voraussetzung ausgehen.

Gehen wir noch einen Schritt weiter. „Homöostasie" – im soziokulturellen Bereich verwendet – und „Reiz-Reaktion" haben einen gemeinsamen Verwandten: die *Natur-Kultur-Dichotomie* und was gegen diese in unserem Denken fest verwurzelte Vorstellung an Kritik vorgebracht werden kann, betrifft auch implizit das Konzept der Umweltanpassung der Kultur. Ein System im Zustand der Homöostasie ändert sich nicht aus sich selbst heraus, es bedarf des äußeren Reizes für den Wandel, einen Wandel, der aus *adaptiven Reaktionen* besteht, mit dem das System auf die veränderten Umweltbedingungen – die Reize – reagiert. Dieses Denkschema wird auch auf das als Dichotomie gedachte Verhältnis Natur-Kultur angewendet. Dies soll nun anhand einiger Beispiele aus der anthropologischen Literatur gezeigt werden.

„Adaptationisten" argumentieren in der Regel etwa wie folgt: Gesellschaften befinden sich in einem Zustand der Homöostasie, solange sich die Umweltbedingungen – natürliche und/oder kulturelle – nicht ändern. Wenn sie nun unter dem Einfluß *äußerer* sich verändernder Faktoren geraten, dann reagieren sie „adaptiv" und vermittels der sich hieraus ergebenden „Anpassungen" kann die Homöostasie wieder hergestellt werden. Unter ökologisch orientierten Anthropologen ist dieses Denkmodell als „Romer's Rule" (Hockett und Ascher 1964: 137) populär geworden. Da man ihm häufig begegnet, soll nun in einem kurzen Exkurs Geschichte und Inhalt dieses Modells vorgestellt werden. Der Rückgriff auf die Paläontologie und Biologie der Evolution verdeutlicht dabei anschaulich die Argumentationsweise der „Adaptationisten".

Exkurs: „Romer's Rule"

1933 veröffentlichte der amerikanische Paläontologe Alfred Sherwood Romer erstmals sein Buch *Man and the Vertebrates*. Darin stellte er eine interessante Hypothese zur Evolution der Landtiere auf, die im wesentlichen heute noch anerkannt wird.

Während des Übergangs der Karbon- zur Devonzeit — vor ca. 350 Millionen Jahren — herrschten tropische Klimaverhältnisse in weiten Teilen der Erde. Die primitivsten der bislang bekannten Amphibien lebten damals in Süßwasserteichen und -strömen, die aufgrund der starken Erwärmung arm an gelöstem Sauerstoff waren und gelegentlich austrockneten. Mit ihnen im gleichen Habitat lebten Fische, Quastenflosser *(Crossopterygii)*, die den Amphibien bezüglich der Nahrungsgewohnheiten und des Körperbaus ähnlich waren. Die Amphibien hatten aber besser entwickelte paarweise Flossen, aus denen sich später die Glieder entwickelten. Dies geschah, nach Romer, wie folgt: das Devon war ein Zeitalter saisonaler Trockenheiten. Trocknete ein Tümpel aus, dann waren die Amphibien mit ihren besser entwikkelten Gliedern den Quastenflossern gegenüber im Vorteil; sie konnten dann über Land zu einer anderen Wasserstelle kriechen, um dort wieder zu ihrer Wasserexistenz zurückzukehren: ,,Land limbs were developed to reach the water, not to leave it." ,,The development of limbs and the consequent ability to live on land seem, paradoxically, to have been adaptations for remaining in the water, and true land life seems to have been, so to speek, only the result of a happy accident" (Romer 1954: 48; 49). Die Innovation — Gliedmaßen — hatte also einen *konservativen* Charakter; sie sollte es dem Tier ursprünglich ermöglichen, unter geänderten Umweltbedingungen seinen alten Gleichgewichtszustand — das Leben im Wasser — zu bewahren: ,,The amphibian is conservative in its basic developmental processes" (Romer 1954: 52).
Dies war der Ausgangspunkt. Charles F. Hockett und Robert Ascher verallgemeinerten später diesen Befund und schrieben:

"The initial survival value of a favorable innovation is conservative, in that it renders possible the maintenance of a traditional way of life in the face of changed circumstances." (Hockett und Ascher 1964: 137).

Dies nannten Hockett und Ascher ,,Romer's Rule" und als solche ging diese Regel seither in die kulturanthroplogische Literatur ein.[1]

---

1 Der Vollständigkeit halber soll hier angemerkt werden, daß nach dem heutigen Stand der Forschung die Quastenflosser (Crossopterygii) selber als Vorfahren der Landwirbeltiere erscheinen und den entscheidenden Schritt an Land vollzogen. Romers grundlegende Hypothese findet aber unter Biologen anscheinend weiterhin Zustimmung (siehe Cziehak 1981: 871).

Eine Argumentation nach dem Vorbild von „Romer's Rule"
finden wir beispielsweise in einem Aufsatz von Irving Goldman
(1960: 710 f.). Rappaport schreibt, „adaptation" beziehe sich
auf Prozesse
"by which organisms or groups *maintain homoeostasis* in and
among themselves in the face of both short-term environmental
fluctations and long-terms changes in the composition and
structure of their environments" (Rappaport 1971: 23 f.; siehe
Rappaport 1971 a: 59 f. Hervorhebung von mir, T. B.)
Für Swedlund ist das Maß für Anpassung
"the ability of the population units to persist successfully.
It does not mean simply homeostasis ... unless homeostasis
refers to the ability to *adjust and conform* to new equilibra-
ting conditions" (Swedlund 1978: 145, Hervorhebung von mir
T. B.).
Für Robert L. Carneiro ist Sozialorganisation
"the way in which the individuals of a group within an animal
species coordinate their behaviuor in adapting to the exigencies
of life. Human social organization is simply the way in which
human beings, through cultural means, do the same thing"
(Carneiro 1968: 551).
Die Fortsetzung dieses Zitats ist eine schöne Belegstelle für meine
Behauptung, daß die Dichotomisierung von „Natur" und "Kultur"
dem adaptionistischen Denken zugrundeliegt; ferner kommt bei
Carneiro auch das mechanistische „Reiz-Reaktionsschema" des
Wandels deutlich zum Vorschein:
"Culture ... is something which man interposes *between him-
self and his environment* in order to ensure his security and
survival. As such, culture is adaptive" (ebd.; Hervorhebung von
mir. Siehe auch die Seiten 552 und 553 von Carneiros Artikel).
Die Natur-Kultur Dichotomie ist J. W. Bennett (1976: 11) zufolge
eine Denkweise, die mit Bevölkerungsanstieg und technologischer
Expansion in ihren exponentiellen Formen zusammenhängt.
Der Natur wird dabei das passive Element zugewiesen, der „Kul-
tur" das aktive. Einen Höhepunkt in der Entwicklung dieses
Denkens sieht Bennett etwa in Leslie A. White's „Kulturologie"
(White 1959). Diesen überspitzten Denkmodellen stellen die
Adaptationisten oft andere entgegen, die ebenso überspitzt der
„Natur" die aktive und der „Kultur" die passive Rolle zuweisen.
Der kulturologische Ansatz sieht das menschliche Verhältnis
zur Natur unter dem Gesichtspunkt der rationalen und zweckge-

richteten Manipulation der Natur; Kulturologen interessieren sich nicht für die unvorhergesehenen und unvorhersehbaren Nebenwirkungen von Umwelteingriffen. Sie denken linearkausal-mechanistisch. Das Maß der Naturausnutzung in Form von Energie ist für sie zugleich das Maß für den Grad der soziokulturellen Evolution. Wie die Adaptationisten sehen aber auch sie die Beziehung zwischen „Kultur" und „Natur" letztlich unter den Aspekten von Symmetrie und Gleichgewicht, wobei die Adaptationisten jedoch übersehen, was J. B. Bennett die „Output-Funktion" des menschlichen Verhaltens nennt, nämlich „the transforming, producing, and consuming phases of human behavior" (Benett 1976: 10–11). Sowohl Kulturologen als auch Adaptationisten übersehen aufgrund ihres *Homöostasie*-Ansatzes die Tatsache, daß der Mensch auch ein Ausbeuter der Natur ist und daß er daher Probleme schafft – für sich und für seine Umwelt. Eine Kritik am Konzept der „Anpassung" hat diese Tatsache zu berücksichtigen und zu begründen.

Plan und *Bild* als Metaphern für die Natur-Kulturbeziehungen

Das adaptationistische Modell in der Kultur- und Sozialanthropologie scheint mir dem zu gleichen, was Ludwig von Bertalanffy (1970; 1973: 199–201) einst das „Robotermodell des menschlichen Verhaltens" in der Psychologie genannt hat. Konzepte und Modelle, die auf den Prinzipien des „Gleichgewichts", der „Homöostasie" der „Angleichung" (adjustment) basieren, mögen geeignet sein – so von Bertalanffy – die Erhaltung eines Systems zu erklären, sie sind aber ungeeignet, wenn es um Dinge geht wie *Wandel, Differenzierung, Evolution, Entropie-Rückgang, Entstehung unwahrscheinlicher Zustände* (Ordnungszustände), *Kreativität, Aufbau von Spannungen, Selbstwahrnehmung,* usw. (siehe von Bertalanffy 1973: 21).
Obwohl solches „Roboterdenken" in der Psychologie natürlich sehr umstritten war und oft auch explizit zurückgewiesen wurde, so blieb es doch, mehr oder weniger offen, lange Zeit dominant, so wie in der Kulturökologie der „Adaptationismus", den man als die kulturanthropologische Variante des „Roboterdenkens" bezeichnen könnte. Einen Wendepunkt in der Theoriediskussion der Psychologie brachte 1960 die Veröffentlichung eines Buches von George A. Miller, Eugene Galanter und Karl H. Pribram: *Plans and the structure of behaviour.* Dieses Buch stimulierte die

Entwicklung der sogenannten „complexity-curiosity"-Theorien in der Psychologie (siehe Berlyne 1960; Kmieciak 1974). Die Argumentation von Miller, Galanter und Pribram, die mir auch für die Weiterentwicklung des kulturanthropologischen Denkens wichtig erscheint, soll hier ganz kurz und vereinfachend wiedergegeben werden. Ein Organismus besitzt einen *Plan*, der die Art und Weise kontrolliert, in der eine Sequenz verschiedener Handlungen (operations) ausgeführt wird. Nun besteht ferner eine Beziehung zwischen diesem Plan und einem bestimmten *Bild* (image). Das Bild wird definiert als die Gesamtheit des angesammelten und *geordneten* Wissens, das der Organismus über sich selbst und die Welt besitzt und das auch alles einschließt, was der Organismus an *Fakten und Werten gelernt* hat (siehe Miller et al. 1960: 16–18). *Pläne* dienen nun dazu, bestimmte Handlungsfolgen auszuführen, die das *Bild* beinhaltet. – Mit Konzepten wie „Plan" und „Bild" wollen Miller, Galanter und Pribram dem klassischen behavioristischen Modell vom *Reflexbogen* (d. h. dem Reiz- und Reaktionsschema) als dem fundamentalen Muster des Verhaltens entgegentreten und zugleich eine Grundlage bieten für die Diskussion von Phänomenen wie *spontaner Aktivität, Kreativität, Neugierde, Streß-Suche* und *explorativem Verhalten,* die im behavioristischen Reiz-Reaktionsschema keinen Platz haben.

Kehren wir zum Adaptationismus zurück. Auch in der Kulturanthropologie wird Gruppen- bzw. Systemverhalten noch weitgehend als Prozeß der Reaktion – sprich „Anpassung" – an äußere Reize verstanden. Wenn sich auch oft Formulierungen bei Anthropologen finden, die auf ein Verständnis des „aktiven" Charakters soziokultureller Variablen deuten (z. B. Alland 1975: 69; Gudeman 1978: 357; Harner 1970: 70; Kaplan und Manners 1972: 77; Keesing 1976: 206–7; Sahlins 1968: 367) so sind dergleichen Äußerungen doch letztlich im Rahmen eines adaptationistischen Modells formuliert, worauf nicht zuletzt die Verwendung des Wortes „Anpassung" für alle möglichen, z. T. recht verschiedenen Sachverhalte hinweist. Der *adaptationistische Rahmen* ist jedoch ungeeignet, soziokulturelle Differenzierung und Evolution und die Entstehung institutionalisierten, umweltschädigenden Verhaltens zu erklären. Wir benötigen Konzepte, die es uns ermöglichen, den metaphorischen Gehalt von „Plan" und „Bild" in erklärungskräftige, wissenschaftliche Theorien des kulturellen Verhaltens umzusetzen, die es uns also ermöglichen, vom

Verhalten soziokultureller Systeme zu sprechen, *als ob* es von einem „Plan" (oder von „Plänen") geleitet sei, nach Maßgabe eines bestimmten „Bildes". Ansätze dazu sind vorhanden. Auf seiten der Kulturanthropologen ist John W. Bennett (1976) einer der entscheidensten Kritiker des Adaptationsmus. Ferner sei noch auf das unausgeschöpfte theoretische Potential der Gedanken hingewiesen, die Gregory Bateson in seinem Buch *Steps to an Ecology of Mind* (1973) niedergeschrieben hat. Eine weitere, vielversprechende Möglichkeit zeichnet sich ab in der Einbeziehung ökologischer Aspekte in die Modellbildung „struktural-marxistischer" Autoren aus Frankreich (Godelier 1978: 763) und den USA (Faris 1975; J. Friedman 1974: 446). Auch in den neueren Arbeiten Roy A. Rappaports, auf die ich im nächsten Kapitel eingehen möchte, sind die Umrisse einer Theorie der Kultur-Umweltbeziehungen zu erkennen, die den Adaptationismus hinter sich läßt.

6. Weiterführende Literatur

Kulturökologen, die „Liebigs Gesetz" verwenden, berufen sich stets auf folgenden Aufsatz:
BARTHOLOMEW, George A.; und Joseph B. BIRDSELL: Ecology and the Protohominids. *American Anthropologist*, Band 55, S. 481–98, 1953.
Im folgenden Aufsatz wurde das Konzept der Umweltanpassung der Kultur einer Kritik unterzogen:
BARGATZKY, Thomas: Culture, Environment, and the Ills of Adaptationism. *Current Anthropology*, Band 25 (4), S. 399–415, 1984.
Dort findet man auch eine etwas umfassendere Bibliographie zu diesem Thema.

Kapitel VII
KULTURÖKOLOGIE ZWISCHEN WISSENSCHAFT UND METAPHYSIK UND DER ZAUBER DER „ÖKOLOGIE DES GEISTES"

1. Einführung

Einige Spielarten des kulturökologischen Denkens sind nicht frei von eher philosophisch ausgerichteten Überlegungen bezüglich der Stellung des Menschen in der Natur und der Bedeutung der kulturellen und sozialen Evolution für das Verständnis dieser Stellung. Dabei wird oft der Bereich des wissenschaftlichen Denkens verlassen, die entsprechenden Schriften erheben den Anspruch, über den Bereich des empirisch erfahrbaren Wissens hinaus Gültiges zu sagen. Der Ethnologe tritt als Philosoph auf. Dieses Kapitel ist den Problemen gewidmet, die sich beim Betreiben kulturökologischer Philosophie einstellen. Im 6. Kapitel hatten wir bereits ein Schlüsselkonzept der zu philosophierender Spekulation neigenden Ethnologen und Kulturökologen behandelt, als vom Konzept der *Umweltanpassung der Kultur* die Rede war. In diesem Kapitel sollen nun zunächst drei zur Zeit recht verbreitete Theorien der soziokulturellen Evolution besprochen werden, die allesamt bestimmten Umweltfaktoren eine wichtige Rolle zuschreiben. Dabei handelt es sich um Robert L. Carneiro's Theorie der „umweltbedingten Abgegrenztheit" (Carneiro 1970), Karl Wittfogels sogenannte „hydraulische Hypothese" (Wittfogel 1957) und Elman R. Service's Redistributionshypothese (Service 1962, 1975). Alle drei genannten Theorien sind von ähnlicher logischer Struktur (siehe Earle 1978: 4 f.). Im Anschluß daran soll ein Modell vorgestellt werden, das den Ansatz zur Überwindung des Umweltdeterminismus in sich trägt, der die meisten anderen Evolutionstheorien kennzeichnet, die auf Gegebenheiten der natürlichen Umwelt zurückgreifen. Dieses Modell wird unter dem Titel „Grundriß einer Ökologie des Geistes" vorgestellt. Das ist natürlich eine Anspielung an den Titel von Gregory Batesons's Buch „Steps to an Ecology of Mind" (1973). Die Verwendung der Bezeichnung „Ökologie des Geistes" geschieht hier respektvoll und zugleich in polemischer Absicht. Respektvoll, weil ich die Leistungen der Autoren bewundere, die dieses Modell erstellten. Polemisch, weil es auch gewisse bedenkliche Züge trägt, von denen der letzte Abschnitt berichten soll. Dort werden die Grenzen der Ökologie des Geistes aufgezeigt und Wege zu ihrer Überwindung angedeutet.

Was nun die „Ökologie des Geistes", bzw. die „ecology of mind" genau ist, läßt sich mit wenigen Worten kaum sagen, da es sich dabei nicht um eine systematisch geordnete Theorie handelt, sondern um den Namen, den Gregory Bateson den konvergierenden Tendenzen gab, die in seinem Schaffen in einer Zeitepoche von über dreißig Jahren zutage traten. Ich möchte daher versusuchen, die Ökologie des Geistes kurz mit eigenen Worten zu kennzeichnen.

Bateson, als einem der Mitbegründer der Kybernetik (siehe Bateson 1967), geht es einerseits um die Entstehung der *Ordnung*, andererseits um die Befreiung des Denkens aus den Konventionen der *Qualität* und der *Quantität.* „Mind" steht bei ihm nicht nur für individuelles Bewußtsein, sondern das individuelle Bewußtsein ist ein Teil einer umfassenderen Ordnung. Diese Ordnung mit den Descart'schen Kategorien *res extensa* und *res cogitans* erfassen zu wollen, wäre verfehlt. Qualität und Quantität sind ungeeignete Kategorien zur Beschreibung dieser Ordnung, an der sowohl das individuelle Bewußtsein, als auch die Natur teilhaben, denn: „The individual mind is immanent but not only in the body. It is immanent also in pathways and messages outside the body" (Bateson 1973: 436). Die Ordnung, zu der sich Belebtes und Unbelebtes, Materie und Geist, Tod und Leben verbinden – diese Kategorien sind für Bateson letztlich bedeutungslos – trägt einen Namen: „Mind", diesmal großgeschrieben. Die Ordnung, zu der die Komponenten von Mind sich zusammenfinden, gleicht ferner der des Fließgleichgewichts eines ökologischen, wandlungsfähigen Systems, daher spricht Bateson von der „ecology of Mind".

Gregory Bateson (1904–1980), einer der brilliantesten Denker unseres Jahrhunderts, war von außerordentlichem Einfluß in der Ethnologie, Psychiatrie, Biologie und Systemtheorie und dieser Einfluß scheint noch im Wachsen begriffen zu sein. Sein Denken ist im Zusammenhang dieser Einführung in die Kulturökologie von Bedeutung, weil es kulturökologisches Forschen aus der Befangenheit simpler linearer Kausalmodelle befreien könnte. Andererseits weist Bateson die Wissenschaft auf Pfade, die man letztlich wohl am treffendsten mit dem Wort „metaphysisch" bezeichnen sollte und die zu betreten nicht jeder empirisch arbeitende Wissenschaftler bereit sein wird, denn Batesons Denken stellt einen radikalen Bruch mit einer durch 300 Jahre cartesisches Denken bestimmten Wissenschaftstradition dar.

2. Lineare und nichtlineare Evolutionstheorien und die Rolle der Umweltfaktoren

Den Theorien von Carneiro, Wittfogel und Service ist folgendes gemeinsam: Bevölkerungsdichte erscheint als unabhängige Variable, die bestimmte soziokulturelle Konsequenzen hat – knappe Ressourcen, agrarische Intensivierung oder Seßhaftigkeit. Treten nun bestimmte, umweltmäßige Gegebenheiten hinzu – umweltmäßige Abgegrenztheit, problematischer Zugang zu Wasser oder geographische Diversifizierung der Ressourcen – dann entwickeln sich im Laufe der Zeit, in Analogie zum Prinzip der *natürlichen Selektion* in der Biologie, bestimmte *soziokulturelle Anpassungen:* Krieg, Bewässerungswirtschaft oder Redistribution, die wiederum die Entwicklung der soziopolitischen Zentralisierung auslösen. Zentralisierung führt dann zuletzt zur Entstehung des Staates.

Carneiro (1970) zufolge führt Bevölkerungswachstum in umweltmäßig abgegrenzten Gebieten, die keine Abwanderung erlauben – z. B. peruanische Küstentäler oder von Wüsten umgebene Vegetationszonen wie das Niltal – zu Krieg um die knapper werdenden agrarischen Ressourcen. Eine Gruppe wird sich schließlich als militärisch erfolgreich erweisen, die unterlegenen Gruppen politisch dominieren und Tribute von ihnen erheben. Der Weg zur Entstehung des Häuptlingstums und später des Staats ist beschritten. Häufige Kriegsführung wird die Gruppe begünstigen, die das Prinzip zentraler Führung am effektivsten verwirklicht.

Wittfogel (1957) zufolge entwickelt sich zentrale politische Organisation als adaptive Reaktion auf das Problem, in hydrologisch problematischen Arealen (z. B. Mesopotamien) komplexe Bewässerungsanlagen zu errichten und zu verwalten. Eine Klasse von Bürokraten kann entstehen, denen die Verwaltung der lebensnotwendigen Bewässerungssysteme nahezu unbegrenzte Macht verleiht. Am Ende dieser Entwicklung steht dann die sogenannte *orientalische Despotie*, die Wittfogel beispielsweise in den altorientalischen Reichen Babylonien und Assyrien, im alten China und im vorkolumbischen Amerika, etwa in Mexiko und im Inkareich, verwirklicht sieht.

Service (1962, 1975) zufolge entwickelt sich in Arealen, in denen bestimmte notwendige Ressourcen regional begrenzt vorkommen und in denen bereits Seßhaftigkeit besteht, ein regionales Redistributionssystem, das die Verteilung der spezialisierten Produkte auf die Haushalte übernimmt, die keinen Zugang zu diesen Ressourcen haben. Auf diese Weise führt ökologische, räumliche Spezialisierung zu ökonomischer, zentralisierter Organisation zum Zwecke der Redistribution und weiter zur Entwicklung des Häuptlingstums und des Staates, wenn die Gruppe, die aufgrund ihrer begünstigten Lokalität die Redistribution übernimmt, das damit verbundene Prestige in einen permanenten politischen Vorteil umsetzen kann.

Services Theorie und Typologie waren von großem Einfluß in der Ethnologie. So versuchten beispielsweise William T. Sanders und Barbara Price (1968), die Service'schen Typen „band", „tribe" und „chiefdom" im vorspanischen Mesoamerika zu identifizieren und die natürlichen Voraussetzungen für das Entstehen der mesoamerikanischen Hochkulturen herauszuarbeiten.

Alle genannten Ansätze haben ein gemeinsames Merkmal: die Betonung einer linearen Kausalkette mit dem Faktor *Bevölkerungswachstum* am Anfang, wobei das Bevölkerungswachstum selbst nicht mehr theoretisch begründet, sondern vorausgesetzt wird. Bereits im Zusammenhang mit Ester Boserups (1965) Theorie der agrarischen Intensivierung (s. o. S. 110) wurde darauf hingewiesen, daß Bevölkerungswachstum sowohl eine Ursache, als auch eine Wirkung agrartechnischer Innovation sein kann und das gleiche gilt auch für den Zusammenhang von Bevölkerungswachstum und sozialer Evolution (siehe Blanton 1983; Cowgill 1975; Faris 1975). Vor der Entstehung komplexer Formen der sozialen Hierarchie kann die Bevölkerungszahl sogar absinken (siehe Wright und Johnson 1975). Mit Recht kritisiert daher Richard E. Blanton den Gebrauch des Faktors Bevölkerungswachstum in den Werken der von ihm so genannten „cultural ecologists" (er bezieht sich dabei insbesondere auch auf Sanders und Price): „A robust theory of cultural evolution will *explain* population transitions, not simply assume growth" (Blanton 1980: 148; Hervorhebung dort). Aber auch andere Wissenschaftler waren mit den unilinearen Theorien der sozialen Evolution unzufrieden. Robert McC. Adams (1966) entwickelte beispielweise ein Modell, in dem es keine *Hauptursache* („prime mover") gibt, sondern das eine ganze Reihe wichtiger Variablen wie Krieg, Bewässerung, redistributive und manageriale Strukturen,[1] Konzentration von Reichtümern, Klassenkonflikt usw. in Form von Rückkoppelungsschleifen miteinander verbindet (siehe Flannery 1972: 408). Kent V. Flannery traf dann die wichtige Unterscheidung zwischen den *Prozessen der Evolution, den Mechanismen* dieser Prozesse und den sogenannten *sozial-umweltmäßigen Streßfaktoren*, die diese Mechanismen auslösen. „Zentralisierung" erscheint bei Flannery beispielsweise als ein Evolutionsprozeß, der durch bestimmte Mechanismen (z. B. *Linearisierung*) herbeigeführt wird. Krieg, Bevölkerungswachstum, umweltmäßige Abgegrenztheit, Bewässerung und andere sozial-ökologische Faktoren stellen bei Flannery nurmehr das jeweils spezifische „adaptive Milieu" dar, das bestimmte Mechanismen auslöst. In den Mechanismen und den Prozessen, die sich aufgrund dieser Mechanismen abspielen, sieht Flannery universale Gegebenheiten der Evolution komplexer Systeme und daher auch menschlicher soziokultureller Systeme. Mechanismen und Prozesse sind somit bei Flannery die *eigentlichen Ursachen* der soziokulturellen Evolution, die sozial-ökologischen Faktoren sind dagegen jeweils historisch und lokal bedingt. Einer Fülle möglicher „adaptiver Milieus" stehen also eine begrenzte Anzahl universaler „Mechanismen" und „Prozesse" gegenüber. Somit wäre erklärt, warum sich, unabhängig von historischer und geographischer Situation, bestimmte „Problemlösungen" der soziokulturellen Evolution,

---

1 In seinem Werk *Oriental Despotism* betonte Wittfogel (1957) die Macht von Verwaltung und Bürokratie in den frühen Hochkulturen, die diesen Gesellschaften ein hochzentralisiertes und despotisches Gepräge gaben, das sich von der Sozialorganisation europäischer Feudalstaaten deutlich unterschied. Im englischen Sprachgebrauch setzte sich im Gefolge der Rezeption des Wittfogel'schen Werkes für die betreffenden Verwaltungspositionen das Adjektiv „managerial" durch, das in den deutschen Übersetzungen des Buches beibehalten wurde (siehe Wittfogel 1977: 78 und passim). Obwohl es sich dabei meines Erachtens nicht um eine geglückte Übersetzung handelt, behalte ich den Ausdruck „managerial" bei, damit die mit Wittfogels Buch verbundene Assoziation „orientalische Despotie – manageriales Regime" erhalten bleibt. – Der *kalaimoku* auf Hawaii (s. o. S. 151) kann als Vertreter des managerialen Regimes eines hawaiianischen „early state" (siehe Bargatzky 1985a) bezeichnet werden. Wittfogel selbst (1977: 306–12) nennt Hawaii als Beispiel für eine „einfache" orientalische Despotie.

beispielsweise die hierarchische Struktur von Machteliten, grundsätzlich so ähnlich sind.

3. Der Grundriß einer „Ökologie des Geistes"

Waren die Evolutionstheorien Carneiros, Wittfogels und Services noch von der Vorstellung der Umweltanpassung der Kultur geprägt, so entwickelte Roy A. Rappaport in seinen neueren Schriften (1976, 1977, 1979) eine komplexe Theorie der soziokulturellen Evolution, die u. a. in enger Beziehung zu den Arbeiten Batesons (1973) und Flannerys (1972) steht. Da diese Theorie einen wichtigen Schritt in Richtung einer Überwindung der reaktiven Anpassungsphilosophie darstellt, soll sie nun ausführlicher behandelt werden.

Die geordnete adaptive Struktur

Wie jedes System besteht auch ein umfassendes Ökosystem aus einer Reihe hierarchisch angeordneter Subsysteme. Die hierarchisch am tiefsten stehenden Subsysteme übernehmen dabei Aufgaben, die sehr spezifisch und genau definiert sind. Je weiter man sich in der Hierarchie nach oben begibt, desto allgemeiner werden die Aufgaben der betreffenden Systeme und desto weniger präzise sind sie demzufolge definiert.

Jedes dieser Subsysteme wird nun von einer Kontrollinstitution reguliert. Die Gesamtheit dieser Kontrollinstanzen ergibt eine *regulative Hierarchie*. Die Aufgabe dieser Instanzen ist es, die Werte der Variablen der zugeordneten Subsysteme im Rahmen gewisser Grenzen zu halten, sogenannten „Zielgrößen" *(goal ranges)*. Die Ziele, die die Kontrollinstanzen dabei verfolgen – also die Aufrechterhaltung der Werte der von ihnen kontrollierten Variablen im Rahmen der Zielgrößen – werden von den *übergeordneten Instanzen gegeben*. Versuchen wir uns dies anhand eines Beispiels zu verdeutlichen.

In Samoa werden bestimmte Nahrungspflanzen (Taro, Yams) von Männern angepflanzt, die einem Haushaltsvorstand *(matai)* untergeordnet sind. Der *matai* ordnet an, wieviel Land gerodet wird, wieviele Taroschößlinge eingesetzt werden, usw., je nach Maßgabe der Bedürfnisse der Familie, für deren Wohlergehen er verantwortlich ist. Der *matai* ist aber wieder ein Teil der

Kontrollinstanz des Dorfrates, *fono*, der Versammlung der *matai*. Jedes Dorf in Samoa hat eine Reihe von Aufgaben zu erfüllen, beispielsweise die Durchführung bestimmter Feste. Dafür benötigt das Dorf stets eine Reihe von Lebensmitteln. Der Umfang der von den einzelnen Haushalten beizubringenden Lebensmittel wird vom *fono* festgesetzt, wobei der einzelne *matai* für seinen Haushalt dem *fono* gegenüber verantwortlich ist. Der *fono* steht also in der Hierarchie der Kontrollinstanzen höher als der einzelne *matai*. Bei seinen Direktiven zur Steuerung der Produktion hat der *matai* also nicht nur die Belange seines eigenen Haushaltes, sondern auch die des Dorfes — vertreten durch den *fono* — zu berücksichtigen. Unter dem *matai* könnte man noch eine weitere, in ihrem Aufgabenbereich noch spezifischere Kontrollinstanz lokalisieren: den einzelnen „Landarbeiter" des Haushaltes, der das Wachsen und Gedeihen der Feldfrüchte kontrolliert.

Die Reihenfolge *fono — matai — Landarbeiter* zeigt uns folgenden Sachverhalt: „oben" in der Hierarchie der Kontrollinstanzen befinden sich Institutionen wie der *fono*, die es mit Direktiven eines höheren Allgemeinheitsgrades zu tun haben, „unten" befinden sich Instanzen, die einen sehr spezifischen Bereich kontrollieren. In jedem *adaptiven System*, so meint nun Rappaport, sind die Beziehungen zwischen den Subsystemen und den Kontrollinstanzen auf den verschiedenen hierarchischen Niveaus so geregelt, daß man ihr Verhalten und die ihnen zugeordneten Direktiven mit einer Reihe von Dimensionen von kontinuierlichem Charakter ordnen kann. Der Weg von „unten" nach „oben" ist dabei stets der Weg von hoher Spezifität zu hoher Allgemeinheit. Entscheidungen sollten etwa „unten" sehr spezifisch und quasi „materialbezogen" sein, „oben" dagegen sehr allgemein und abstrakt. Solche Dimensionen — Rappaport formuliert eine ganze Reihe davon in verschiedenen seiner Schriften (1976, 1977, 1979) — sind etwa: *Reaktionszeit* (kurz auf unteren Niveaus, lang auf höheren) *Arbeitsweise* (ständiges Operieren auf unteren Niveaus, gelegentliche Eingriffe auf höheren), *Reversibilität* (schnelle und leicht reversible Interventionen auf unteren, irreversible Interventionen auf höheren Niveaus) (1979: 153). Andere Dimensionen sind: *Konkretheit, Autorität, Sakralisierung, Inkommensurabilität, Beständigkeit, Bedeutung, Wert*, etc. An der Spitze einer Kontrollhierarchie stehen die allgemeinsten Postulate und Wertvorstellungen, denen quasi höchste *Sakralität* zukommt und die am dauerhaftesten sind: etwa Vorstellungen von Gott und dem Sinn der Welt. Darunter könnte man dann abstrakte (philosophische) Prinzipien setzen und noch darunter (normative) Verhaltensregeln („rules") und zuletzt unmittelbar sachbezogene Anweisungen („commands"), so daß man eine Kontrollhierarchie auf folgende Weise darstellen könnte:

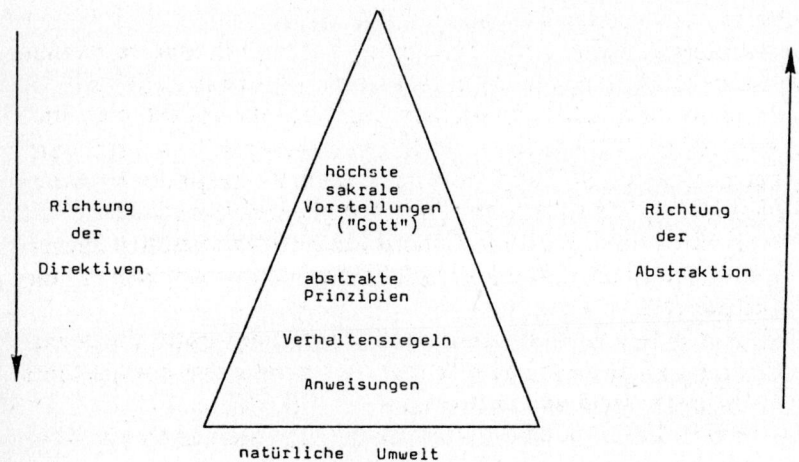

Abb. 19: geordnete adaptive Struktur

Dieses Diagramm verdeutlicht einen Sachverhalt, den wir uns merken müssen, weil er zu Mißverständnissen führt, wenn er nicht berücksichtigt wird: eine regulatorische Hierarchie ist nicht unbedingt das gleiche, wie *politische Zentralisierung oder gar soziale Stratifizierung*. Dies bringt Rappaport sehr deutlich zum Ausdruck:

"... to say that regulatory structure is hierarchical is not to say that it is centralized, nor does it imply social stratification. For instance, among some egalitarian societies, components of regulatory hierarchies are embedded in ritual cycles; in others in segmentary kinship organization ..." (Rappaport 1977: 52).

Dies läßt sich gut am Beispiel Samoas illustrieren, auch wenn wir es hier nicht mit einer egalitären Gesellschaft zu tun haben. So könnte man beispielsweise solch abstrakte Prinzipien wie *feagaiga* („Bündnis"), *fa'aaloalo* („Respekt") oder *mamalu* („Würde")

190

(siehe Shore 1978) auf ihre Funktion und ihren Platz in einer regulatorischen Hierarchie untersuchen und man würde zweifelsohne feststellen, daß ihr Platz auf einem Niveau oberhalb des *fono* zu suchen ist. Noch weiter „oben" dürfte wohl das Prinzip *Atua* („Gott") zu finden sein. Autorität muß also nicht notwendigerweise in bestimmten Personen verkörpert sein, sondern auch in Traditionen, Überlieferungen, Verfassungen, „Übernatürlichem", usw. (siehe Rappaport 1976: 49).

Im vorausgegangenen Kapitel wurde behauptet, daß wir einen Maßstab benötigen, um zu entscheiden, ob etwas „adaptiv" ist oder nicht und daß ein solcher Maßstab zumindest eine entgegengesetzte Kategorie — z. B. „nicht-adaptiv" — erfordert. Genau dies versucht Rappaport mit seinem Konzept der *regulatorischen Hierarchie* zu leisten. Eine „orderly adaptive structure" ist eine Struktur, die nach dem Schema einer regulatorischen Hierarchie aufgebaut ist. „Anpassung" ist für Rappaport primär ein strukturelles Konzept, und:

"... orderly adaptive operation is contingent upon the prevalence of certain formal relationships among the components of the systems in which it occurs" (1979: 80)

Aus diesem Konzept von „Anpassung" läßt sich auch ein Konzept von Fehlanpassung ableiten:

"Maladaptations may be conceived as anomalies in the hierarchical and self-regulatory features we have taken to be characteristic of orderly adaptive structure. That is, relations along the several dimensions of adaptive orders — response time, duration, reversibility, specificity, sanctity, meaning, value — can become disordered, producing interlevel contradictions or conflicts" (Rappaport 1979: 161 vgl. 1976: 56).

„Anpassung" in diesem Sinne, als strukturelles Konzept, ist also keine Eigenschaft bestimmter Variablen (oder Subsysteme), sondern eine Eigenschaft der Beziehungen zwischen Subsystemen auf verschiedenen Niveaus, die durch eine regulatorische Hierarchie gesteuert werden (1976: 65 f.; 1977: 64; 1979: 79; 160).

Daraus folgt auch, daß eine allgemeine Theorie der Anpassung und Evolution, wie Rappaport sie versteht, weniger eine Theorie ist, die bestimmten Zuständen — sagen wir, der natürlichen Umwelt — eine Bedeutung *an sich* beimißt. Es ist vielmehr eine Theorie jener strukturellen Merkmale von Systemen, *die es dem System ermöglichen, sich als Reaktion auf Fluktuationen in der Umwelt zu transformieren* (Rappaport bleibt hier also im Rahmen des Reiz-Reaktionsschemas). Eine „orderly adaptive structure" gehört aber zu diesen Merkmalen. „Adaptive formulations thus have ecological implications, but are not properly subsumed under a category of ecological formulations" (1979: 79). Evolution kann aber auch zu Fehlentwicklungen führen, eben jenen *maladaptations*, wobei dann die Beziehungen der einzelnen hierarchischen Niveaus zueinander nicht mehr dem Prinzip der *orderly adaptive structure* entspricht. Die Voraussetzungen dieser Fehlentwicklungen sollen im nächsten Abschnitt dargestellt werden.

Prozesse, Mechanismen und Faktoren der Evolution und die Entstehung von Systempathologien

Wir haben bereits (s. o. S. 187) von der *Unterscheidung* von *Prozessen, Mechanismen* und sozial-umweltmäßigen *Faktoren* der Evolution gesprochen. Diese Unterschiede nehmen bei Flannery und Rappaport einen wichtigen Platz ein und sind auch für das Verstehen von sogenannten „Fehlanpassungen" notwendig, daher sollen sie hier etwas genauer behandelt werden.

Die Werte, die gewisse Variablen in einem System-Zusammenhang einnehmen können, dürfen sich zumeist nur innerhalb bestimmter Grenzen (goal ranges) bewegen. Wenn nun die Werte dieser Variablen *außerhalb* dieser Grenzen liegen, dann erfährt das Gesamtsystem Streß und dieser Streß kann zwei Dinge zur Folge haben: Zusammenbruch oder evolutionären Wandel des Systems. Im Falle des evolutionären Wandels sind zwei *Prozesse* denkbar: 1) neue Institutionen oder neue Ebenen in der Kontrollhierarchie entstehen, um die abweichenden Variablen wieder in ihre Grenzen zurückzuführen (Spezialisierung, engl. „segregation"), oder 2) Kontrollinstanzen auf höherem Niveau werden gestärkt, um den gleichen Zweck zu erfüllen („Zentralisierung"). Im Falle von soziokulturellen Systemen spricht Flannery (1972: 412) von einem „adaptiven Milieu", das zu solchen Prozessen führt und meint als Faktoren eines solchen Milieus: Bewässerung, Krieg, Bevölkerungswachstum, umweltmäßige Abgrenzung, Erfordernisse des Fernhandels oder auch eine Konfiguration solcher Faktoren. Auch die Diversität natürlicher Ressourcen, klimatische und umweltmäßige Risikofaktoren aller Art, Größe, Umfang und Lokalität der Anbau- und Siedlungsflächen wären hier zu nennen, die man aber — wie auch die zuvor genannten

Faktoren – nicht einfach als umweltmäßige Gegebenheiten auffassen darf, sondern all diese Faktoren sind selber wieder durch das umfassendere soziokulturelle System bedingt – sie können z. B. erst durch Transformationen im System zutage treten, worauf Sanders und Webster (1978: 250–52) hingewiesen haben. So kann etwa eine ursprünglich „risikofreie" natürliche Umwelt Bevölkerungswachstum ermöglichen, was schließlich zur Folge haben kann, daß die Menschen ihre Subsistenz mehr und mehr aus marginalen und immer geringwertigeren Ressourcen bestreiten müssen und daß die Größe der Anbauflächen mehr und mehr reduziert werden muß. Die ursprüngliche „risikofreie" natürliche Umwelt birgt schließlich Risiken für das Fortbestehen des Systems in sich.

Nach welchen *„Mechanismen"* verlaufen nun die Evolutionsprozesse *Spezialisierung* und *Zentralisierung*? Zwei solcher Mechanismen sind *Aufwertung* (engl. „promotion") und *Linearisierung*. „Aufwertung" bedeutet: eine Institution verläßt ihren tieferen Platz in der Kontrollhierarchie, um eine Position auf höherem hierarchischem Niveau zu beziehen. Aufwertung kann beispielsweise zur Spezialisierung führen, wenn sich etwa ein *Aspekt* einer alten Institution konstituiert und einen höheren Platz in der Kontrollhierarchie einnimmt, als ihn die ursprüngliche Institution innehat. Flannery (1972: 413) nennt den Übergang von theokratischen zu mehr militaristisch geprägten Führungseliten in den frühen Zivilisationen als ein Beispiel. Ursprünglich war der Herrscher in solchen Gesellschaften Mitglied einer vergöttlichten Königslinie und dem militärischen Element kam dabei nur ein Platz auf mittlerem oder unterem hierarchischem Niveau zu. Kriegszeiten und überhaupt Zeiten des sozialen Stresses waren dann das „adaptive Milieu", in dem militärische Führer „von unten" die Nachfolge der eigentlichen Herrscher aus dem „göttlichen" Herrscherhaus antraten – entweder durch Berufung oder Machtergreifung. –

Sollten sich Kontrollinstanzen auf tieferer Ebene als unfähig erweisen, die Werte bestimmter, von ihnen kontrollierter Variablen in den vorgesehenen Grenzen zu halten, dann kann es geschehen, daß ihre Aufgaben von Regulatoren auf höheren Ebenen übernommen werden – entweder nur vorübergehend, oder aber ständig. Als Beispiel dafür könnte man etwa die Übernahme der Verwaltung lokaler Bewässerungssysteme durch zentrale Behörden nennen, oder die direkte Entrichtung von Abgaben an überregionale Institutionen, unter Umgehung der lokalen Häuptlinge und Würdenträger. Diese *Linearisierung* fördert also insbesondere den Prozeß der *Zentralisierung*.

Fassen wir zusammen: nach diesem Schema — das übrigens, wie leicht zu erkennen ist, noch auf dem „Reiz-Reaktionsschema" des Adaptationismus beruht — sind also evolutionäre Mechnismen wie Aufwertung und Linearisierung als adaptive Reaktionen auf Störungen durch bestimmte sozial-umweltmäßige Variablen zu verstehen, die zu Evolutionsprozessen wie Spezialisierung und Zentralisierung führen. Nun kann es aber geschehen, daß im Verlauf solcher Evolutionsprozesse quasi etwas „schief" geht, daß nämlich die „geordnete adaptive Struktur" der Kontrollhierarchie „aus den Fugen gerät". Es können sich sogenannte „systemische Pathologien" einstellen. Rappaport nennt deren mehrere: *Hyperkohärenz, Usurpation, Einmischung* (meddling) oder *Degradierung des Sakralen*, um einige zu nennen. Die Degradierung des Sakralen soll im nächsten Abschnitt behandelt werden. „Hyperkohärenz" ist der weitgehende Verlust der relativen Autonomie der einzelnen Subsysteme; alles ist mit allem durch Entscheidungsnetzwerke verbunden, so daß dem System die notwendige Flexibilität abhanden kommt, die es dazu befähigt, auf Änderungen einer bestimmten Größenordnung adäquat und flexibel zu reagieren. „Usurpation" liegt vor, wenn die vormals durch die Ziele übergeordneter Kontrollinstanzen bestimmten Daseinszwecke von Subsystemen einen Platz auf einem gehobenen hierarchischen Niveau einnehmen. Bei der „Einmischung" übergehen einfach übergeordnete Kontrollinstanzen ohne Notwendigkeit untergeordnete und kontrollieren nun direkt die Variablen, die bislang jenen unterstanden. Um aber besser verstehen zu können, wie so etwas geschehen kann, müssen wir uns zuvor mit dem Unterschied zwischen sogenannten *general purpose systems* und *special purpose systems* vertraut machen.

General purpose systems, special purpose systems und die Degradierung des Sakralen im westlichen Weltsystem

Ein wichtiges Element in Rappaports Theorie ist die Übernahme von Vorstellungen aus dem Bereich der mathematischen Spieltheorie, und zwar in einer Form der Vermittlung durch den Biologen Lawrence B. Slobodkin und den Mathematiker Anatol Rapoport (Slobodkin und Rapoport 1974). Slobodkin und

Rapoport begreifen die Interaktionen zwischen dem Organismus und der Umwelt als *Spiel*, mit dem Organismus auf der einen, der Umwelt auf der anderen Seite. Die Autoren schränken allerdings die normale spieltheoretische Prozedur etwas ein, denn die Spieltheorie setzt voraus, daß die Spieler *Belohnungen* zu erwarten haben, die außerhalb des Spielkontextes einen Wert besitzen. Organismen haben aber − außer durch Aufgabe ihrer Existenz − keine Möglichkeit, sich aus dem „ökologischen Spiel" zu verabschieden. Die bio-ökologische Evolution wird von Slobodkin und Rapoport daher als ein „Spiel" besonderer Art angesehen: sie ist ein „Spiel" ohne „Belohnung" außerhalb des Spiels. Die Belohnung für den „Spieler" − Art, Population oder Organismus − besteht darin, das „Spiel" weiterspielen zu dürfen und die „Szene" nicht verlassen zu müssen: „A player in this situation will play only to maximize his probability of persisting in the game. This is highly similar to what organisms seem to be doing ..." (Slobodkin und Rapoport 1974: 189). Mit anderen Worten: Fortbestand der eigenen Existenz ist die Belohnung für den Spieler im Spiel der bio-ökologischen Evolution.

Kehren wir nun zu unserem Schema der geordneten adaptiven Struktur in Form einer Hierarchie der Kontrollinstanzen zurück. Dieses Schema wird von Flannery und Rappaport mit dem soeben entwickelten Gedanken der „Belohnung" im „existentiellen Spiel" verbunden: oben in solch einer hierarchischen Struktur befinden sich solche Systeme, deren Ziel es ist, *fortzubestehen* − die allgemeinen Wertprinzipien, Maximen, fundamentalen Überzeugungsinhalte, die geheiligten Weisheiten, Normen, Überzeugungen und Institutionen. Diese Systeme gelten als *general purpose systems*, sie werden regiert von *general purpose institutions*, sie sind also letztlich *self-serving*. Je weiter wir in der Kontrollhierarchie nach unten gehen, desto spezialisierter werden die Aufgaben der einzelnen Regulatoren und desto mehr verlieren sie den Charakter von general purpose systems. Untere Regulatoren übernehmen mehr und mehr Aufgaben, die auf das Wohl des Gesamtsystems hin ausgerichtet sind. Wir haben es also mit *special purpose institutions* zu tun, die nicht mehr self-serving sind, sondern *system serving*. Wenn das Überleben der general purpose systems gleichbedeutend ist mit dem Überleben des Gesamtsystems, dann sind diese Systeme adaptiv im hier referierten Sinne. Wenn nun Systeme untergeordneter hierarchischer Stufen nach oben nachrücken – durch Usurpation – dann verlieren sie ihren Charakter als *special purpose systems*, da sie den Platz der *general purpose systems* einnehmen. Das bedeutet aber, daß ihr eigener, instrumentaler, begrenzter Daseinszweck, der zuvor *system-serving* war, nun zum Selbstzweck (self-serving) wird.

Ihr Überleben kann nur auf Kosten des Überlebens des Gesamtsystems gehen, denn die spezifischen, beschränkten Zielsetzungen der ehemals untergeordneten Systeme können nun, nach der Usurpation, den sakralen Rang eines Systems auf hohem regulatorischen Niveau beanspruchen und demgemäß die eigene Existenz mit dem Daseinszweck des Gesamtsystems identifizieren. „Degradation of the Sacred" liegt vor (siehe Rappaport 1976: 63). Es ist kein Zufall, daß sich Rappaport an dieser Stelle auch ausdrücklich auf ein theologisches Werk bezieht, nämlich auf Paul Tillichs 1957 erschienenes Buch *The Dynamics of Faith*. Es geht Tillich darin um die Charakterisierung des „Götzenglaubens" als der Verabsolutierung des Relativen: „Im wahren Glauben ist das unbedingte Anliegen ein Ergriffensein vom wahrhaft Unbedingten. Im Götzenglauben dagegen werden vorläufige endliche Realitäten zum Rang des Unbedingten erhoben" (Tillich 1975: 21). Den Gedanken der Verabsolutierung des Relativen macht Rappaport zur Basis seiner radikalen Kritik am westlichen Weltsystem und hier setzt aber auch Rappaports Kritiker Jonathan Friedman (1979) an. Doch folgen wir erst Rappaports Gedanken über die Folgen der „Degradierung des Sakralen", insbesondere in ihrer Auswirkung auf die biologische Umwelt.

Für Rappaport (1979: 166 ff.) besteht die Welt aus einer Vielzahl miteinander verknüpfter kybernetischer Regelkreise, die

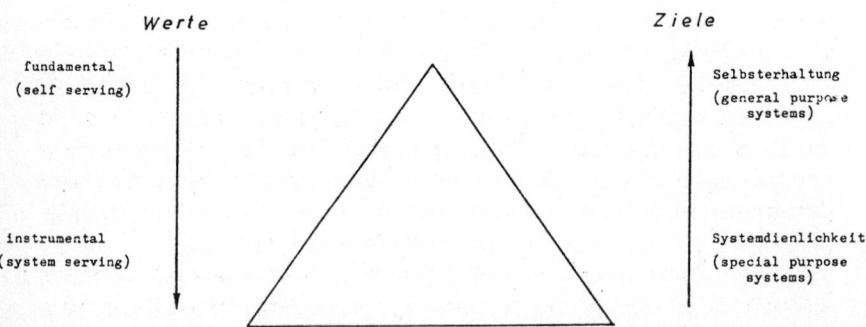

Abb. 20: Selbsterhaltung und adaptive Struktur

den Unterschied zwischen „Ursache" und „Wirkung" aufheben. Menschliches Denken, insbesondere Zweckdenken ist aber von *linearer* Art: um von A nach D zu gelangen, ergreift der Mensch die Zwischenmaßnahmen B und C, so daß sich ergibt: A → B → C → D. Aufgrund des *nichtlinearen* Aufbaus der Welt beeinflußt zweckgerichtetes Verhalten selten nur *ein* bestimmtes Objekt, sondern für gewöhnlich auch noch viele andere Dinge, und dies auf eine komplexe Weise, die der Mensch oft nicht überschauen kann. Lineares, zweckgerichtetes Denken, so Rappaport, mag daher den Bedürfnissen von Wildbeutern durchaus angepaßt sein, da Umfang und Wirksamkeit ihrer Aktivitäten notwendigerweise von begrenzter Natur sind und daher der natürlichen Umwelt nicht sehr gefährlich werden können. Wenn es dem linearen Denken aber erst einmal gelingt, Bereiche immer größeren Umfanges mit immer wirksamerer Technik zu kontrollieren, dann werden weitreichende Umwelteingriffe mit ihren teilweise katastrophalen Folgen unvermeidlich.

Diese Gefahren vergrößern sich, wenn untergeordnete Subsysteme mit ihren eher zweckgerichteten Kontrollinstanzen einen höheren, sanktifizierten Platz einnehmen (Usurpation). Für Rappaport scheinen dergleichen Fehlentwicklungen unausbleiblich zu sein: „... maladaptive trends are nourished by, or even inhere in, cultural evolution" (Rappaport 1979: 166). Der Trend zur Fehlanpassung verstärkt sich mit zunehmender Größe und Komplexität des Gesamtsystems. Es kann geschehen, daß Subsysteme, die selber keinen direkten Bezug mehr zur Umwelt haben, zu Positionen auf höheren hierarchischen Niveaus emporsteigen und somit die geordnete adaptive Struktur zerstören. Das Musterbeispiel für solch eine Fehlanpassung ist für Rappaport die eminente Bedeutung des ökonomischen Sektors im Weltsystem der westlichen Gesellschaften, die sich etwa in Floskeln wie „What's good for General Motors is good for America", etc. niederschlägt: „Economic terms ... are incommensurable with ecological terms ..." (Rappaport 1979: 100). Die Umweltzerstörungen in der „entwickelten" Welt sind für ihn eine Folge der Regulierung von Ökosystemen nach ökonomischen Maßstäben und Leitlinien: „Contemporary industrial society ... is badly damaging the natural systems upon which depends in the name of such ideas as progress, free enterprise, ,the health of the economy', the communist threat, the abundant life" (1979: 85). — Doch Rappaport hält hier noch nicht inne — seine Zivilisationskritik, am Modell der „geordneten adaptiven Struktur" entwickelt, wird radikal zu Ende geführt. Er geht noch einen Schritt weiter und stellt die Frage: ist die menschliche *Intelligenz* überhaupt, auf lange Zeit gesehen, adaptiv? Kultur, als Produkt der menschlichen Intelligenz, ist ja in der Lage, die Logik adaptiver Strukturen zu verletzen. Kulturelle Klassifikationen und Konventionen haben die Tendenz, sich zu verselbständigen und eigene, symbolische Welten an die Stelle der natürlichen Welt zu setzen. Diese symbolischen Welten berücksichtigen die Begrenzungen des Ökosystems nicht mehr. Die Zivilisation mit ihren fehlangepaßten regulatorischen Hierarchien und verfehlten Ideologien entsteht, als anscheinend unvermeidliches Produkt von Kultur und Intelligenz. Könnte es sich bei der Intelligenz also nicht um eine evolutionäre *Anomalie* handeln, deren Schicksal es ist, dereinst an ihren eigenen Gegensätzen, bzw. den Gegensätzen ihrer kulturellen Produkte, zu grunde gehen (siehe Rappaport 1979: 67)?

Rappaports Kritik ist massiv und beeindruckt durch ihre radikalen Konsequenzen und die ehrliche Sorge und Anteilnahme am Zustand der heutigen Welt. Dennoch lassen sich gegen seine Denkmodelle und ihren philosophischen Hintergrund gewichtige Einwände vorbringen. Rappaport ist nämlich der Bateson'schen „Ökologie des Geistes" verpflichtet. Davon handelt der letzte Abschnitt.

4. Grenzen und Überwindung der „Ökologie des Geistes"

Dieses Kapitel begann mit einer Beschreibung linearer Theorien der sozialen Evolution und den Verbesserungsvorschlägen Adams' (1966) und Flannerys (1972). Mit Roy A. Rappaports Theorie der geordneten adaptiven Struktur verließen wir dann Schritt für Schritt den engeren Bereich ethnologischer Theorien der sozialen Evolution, bis wir nun an der Pforte zur „Ökologie des Geistes" angelangt sind. Diese Lehre beruht jedoch letztlich auf Voraussetzungen, die man nicht unbesehen übernehmen darf und überdies treten in ihr gewisse philosophische Voraussetzungen zutage, die bedenkliche Züge tragen. In diesem Abschnitt sollen daher einige Einwände gegen die „Ökologie des Geistes" zur Sprache gebracht werden.

Inwieweit ist man überhaupt berechtigt, kybernetische Prinzipien auf komplexe sozial- und ökosystemische Zusammenhänge anzuwenden? Der Gedanke vom kybernetischen *Regelsystem*, von Evolution als *Selbstorganisation* ist ja eines der Grundprinzipien der „Ökologie des Geistes". Es ist aber durchaus nicht unproblematisch, kybernetische Vorstellungen, die ja ursprünglich als Bestandteile einer Theorie *mechanischer* Systeme entwickelt wurden, unbesehen auf den organischen oder gar den soziokulturellen Bereich zu übertragen. Mechanische, künstliche Systeme sind nämlich in höherem Maße reguliert, als etwa biotische und diese sind immer noch stärker reguliert als soziokulturelle Systeme. Die Anwendung einer streng kybernetischen Denkweise, oder auch nur biologischer Denkweisen auf menschliche soziokulturelle oder sozioökologische Systeme könnte also den Charakter dieser Systeme verfälschen. Dies hängt mit dem Prinzip der *Kohärenz* zusammen, das von Rappaport (1979: 99 ff.) selber ins Spiel gebracht wird. *Kohärenz* bezieht sich auf die Art und Weise, in der sich die Komponenten eines Systems beeinflussen. Wenn beispielsweise jede Veränderung irgendeiner Systemkomponente den sofortigen und proportionalen Wandel aller anderen Komponenten zur Folge hat, dann haben wir es mit einem vollkohärenten System zu tun. Organismen stehen diesem *Idealtypus* näher, als etwa Gesellschaften. Ökosysteme, mit menschlichen Gesellschaften als Komponenten, weisen anscheinend eine eher geringe Kohärenz auf, da es lange dauern kann, bis sich Veränderungen auf andere Systemkomponenten auswirken. Dies hängt mit dem Prinzip der Widerstandsfähigkeit (s. o. S. 78 f.) zusammen. Die Autonomie der Gesellschaft gegenüber der natürlichen Umwelt ist also recht groß, wenn auch nicht vollkommen. Dies bedeutet, daß die Interaktionen zwischen den Komponenten des Systems, oder diesen Komponenten und dem Obersystem oft von „Botschaften" oder „Informationen" gesteuert sind, die in keinem Bezug zum Zustand des Gesamtsystems stehen. Zufall, spontane oder emotional bestimmte Reaktionen kommen hier ins Spiel, also Dinge, über die sich kaum etwas im voraus wissen läßt. (Bennett 1976: 56). Rückkoppelung findet nicht statt. Andererseits können auch wichtige, die Umwelt betreffende Informationen verloren gehen oder als irrelevant betrachtet werden. Dies bringt M. Estellie Smith – in anderem Zusammenhang – gut zum Ausdruck:

"In nonliterate societies, there are individual limits to the number of information bits which may be scanned; in literate ones, the sheer volume of retrievable data becomes so overwhelming that selectivity increases relative to volume and there is a greater chance that critical data will be defined as 'garbage' (and irretrievably lost) and/or true garbage will be retained" (Smith 1982: 128).

Auch hier findet keine Rückkoppelung statt.

Dazu kommt noch folgendes: zwischen dem „kognitiven Modell" von der Welt und der Welt selbst besteht nicht notwendig eine isomorphe Beziehung, d. h. die Bruchstellen und Zusammenhänge in der Natur finden nicht immer ein Gegenstück im Bild, das der Mensch sich von ihr macht. Menschen „make their worlds with words" (Rappaport 1977: 83). Daher ist die Wahrscheinlichkeit sehr groß, daß der Mensch sich gegen die Natur stellt, d. h. daß seine Interessen sich im Gegensatz zur Selbsterhaltungstendenz der natürlichen Systeme befinden.

Obwohl er dies alles erkennt, vermag sich Rappaport zuletzt doch nicht von der Vorstellung kybernetischer Selbstregulierung zu lösen, wie es in seinem Modell der geordneten adaptiven Struktur zum Ausdruck kommt. Jonathan Friedman (1979: 259) hält ihm außerdem entgegen, daß kybernetische Regulierung kein notwendiger Bestandteil des Systembegriffes ist. *Kybernetische Systeme*, sagt Friedman, sind hierarchisch reguliert, nicht aber *soziale Systeme*, in denen verschiedene Prozesse vonstatten gehen, deren Tendenzen einander entgegengesetzt sind. Wenn die Ausprägungen gewisser Variablen sich hier innerhalb gewisser Grenzen bewegen, so hat dies Friedman zufolge nichts mit Rückkoppelungsvorgängen zu tun. Die verschiedenen Tendenzen schränken sich nur gegenseitig ein, begrenzen einander. Ebensowenig vermag Friedman übrigens in der Evolution des Lebens kybernetische Rückkoppelungsvorgänge erkennen, er sieht dort eher einen Prozeß der Auslese, der die Mehrheit der Arten ausgelöscht hat, deren „Programme" ihrer Umwelt nicht angepaßt waren (1979: 261). Soziokulturelle Systeme, oder gar Ökosysteme als große, kybernetische Regelsysteme und regulative Hierarchien zu sehen, bedeutet, ihnen *a priori* Qualitäten zuzuschreiben, die sie gar nicht besitzen und die uns daher das Verständnis dieser Systeme verbauen. Ein Grund für diese – Friedman zufolge –

fehlgeleitete Perspektive ist die Verwechslung von *Teleologie* und *Teleonomie*.

Teleologie und Teleonomie

Machen wir uns den Unterschied zwischen Teleologie und Teleonomie zunächst mit einem drastischen Beispiel Jonathan Friedmans begreiflich (siehe Friedman 1979: 255). Wenn ich den Wunsch habe, meinem Leben ein Ende zu setzen und zu diesem Zweck von einer Klippe springe, dann ist dies ein *teleologischer* Vorgang. Sind aber meine Brillengläser beschlagen oder verfehle ich in der Dunkelheit den Weg und stürze unbeabsichtigt in die Tiefe — dies ist dann ein *teleonomischer* Prozeß. Das Resultat ist in beiden Fällen das gleiche, aber für die Versicherung, die meine Lebensversicherung auszahlt, ist es nicht ohne Bedeutung, ob mein Ende teleologischer oder teleonomischer Natur war und auch der Kriminalkommissar, der meinen Tod untersucht, legt Wert auf diese Unterscheidung. Der Ethnologe und Kulturökologe, der die Entstehung von Ökosystemen mit Menschen als Komponenten erklären möchte, sollte nun mindestens ebensolche Sorgfalt bei der Unterscheidung dieser beiden Vorgänge walten lassen. Die Teleologie (von griechisch Telos = Ziel, Endzweck) ist eine letztendlich idealistische Betrachtungsweise, die eine den Dingen, Prozessen und Systemen der realen Welt innewohnende, geistige Zweckbestimmtheit voraussetzt. Dinge, die sich ereignen, ereignen sich im Hinblick auf diesen Endzweck. Es scheint daher angemessen zu sein, letztlich die Psyche als Träger der Teleologie anzunehmen, wie es etwa bei Rudolph und Tschohl (1977: 95) geschieht. In einem eingeschränkten Sinn wird die Teleologie auch von Rosenblueth, Wiener und Bigelow (1943) als *zielgerichtetes Verhalten* bestimmt, das von der negativen Rückkoppelung zwischen dem Ziel und den Verhaltensentscheidungen reguliert wird. Dieser *eingeschränkte Teleologiebegriff*, der ein zielsetzendes menschliches Subjekt vorraussetzt, ist für viele Bereiche der Erklärung des Verhaltens menschlicher oder technischer Regelsysteme durchaus sinnvoll und nützlich. Wenn man sich aber *nicht* auf die Psyche, bzw. das zielsetzende Subjekt beschränkt und noch anderen Erscheinungen der realen Welt zielorientiertes Verhalten zuschreibt, dann ist man auf dem Weg zu ihrer Mystifizierung. Dies geschieht auch, wenn man von der Anpassung und Zweckbestimmtheit der organischen Evolution spricht, als ob sich hinter diesem Evolutionsprozeß eine Art „geistige Wesenheit" befindet, deren Absichten im Evolutionsprozeß verwirklicht werden (siehe Klaus und Buhr 1975: 1216). Teleologisches Denken interpretiert die Welt also *final*, d. h. als Resultat einer immateriellen, zwecksetzenden Idee. *Teleonomie* meint dagegen etwas ganz anderes. Dieser Begriff stammt aus der Biologie der zellularen Regelmechanismen und wird der *Teleologie* als einer idealistischen Interpretation biotischer Regelungsvorgänge entgegengesetzt (siehe Klaus und Buhr 1975: 1218). Im engeren Sinne kann man „Teleonomie" etwa definieren als „Tendenz bestimmter Makromoleküle, als Komponenten bestimmter Systeme deren Strukturnormen konstant zu halten und zu reproduzieren" (Rudolph und Tschohl 1977: 41). Doch darüber hinaus kann man „Teleonomie" auch im weiteren Sinne verwenden, wenn man sich z. B. auf *nichtprogrammierte* Regelungsprozesse bezieht. Das sind Prozesse, bei denen man zwar Steuerungsvorgänge erkennen kann, die den Rückkoppelungsprozessen der Kybernetik gleichen, wobei das Ziel der Aktivität aber *nicht* durch ein „Programm" vorgegeben ist. In diesem Sinne verwendet Jonathan Friedman (1979) das Wort „Teleonomie". Es ist ein großer Unterschied, in einer Anpassung das *Ergebnis* eines Evolutionsprozesses zu sehen, oder teleologisch dieses Ergebnis schon als Teil irgend eines *Programmes* zu verstehen, das die Geschehnisse auf dieses Ziel hin organisiert hat. Der Wirtschaftskreislauf, so Friedman (1979: 267), hat einen kybernetischen Charakter, ohne daß man aber wissenschaftlich sinnvoll davon sprechen könne, daß diese Form durch irgend ein Programm vorausgeplant sei. Sie ist das Ergebnis konträrer Tendenzen (Profitinteressen, Arbeitsteilung, Markt, Monopole). Friedman wendet sich daher auch gegen Rappaport's (1968) Deutung des *Kaiko*-Ritenzyklus bei den Tsembaga-Maring Neuguineas als eines kybernetischen Regulators, der bestimmte kritische Werte (Bevölkerungsgröße, Größe der Schweinepopulation, landwirtschaftliche Produktion, Umweltbelastung, psycho-sozialen Streß) wieder in Grenzen überführt, die für den Fortbestand des Gesamtsystems notwendig sind. Solch ein Ritenzyklus, meint Friedman, könne aber nur dann als kybernetischer Mechanismus betrachtet werden, wenn ein Programm existiert, das dergleichen regulative Funktionen bestimmt und auch die Voraussetzungen für das Tätigwerden des Regulators festsetzt. Wo solch ein Programm aber nicht existiert, da kann man nur von Prozessen sprechen, die kybernetische *Form* haben. Diese kybernetische Form stellt sich aufgrund struktureller Eigenschaften der betreffenden Systeme und ihrer Komponenten ein. Das *Resultat* — Anpassung bzw. Regulierung — steht aber in keinem logischen Zusammenhang mit diesen Struktureigenschaften, es ist *nicht* vorausprogrammiert. Daß Rappaport tatsächlich an ein Programm denkt, meint Friedman anhand eines Konzeptes wie der *geordneten adaptiven Struktur* zu erkennen, aus der man ja *Fehlanpassungen* ableiten kann, denn die geordnete adaptive Struktur bestimmt ja den adaptiven oder nicht-adaptiven Charakter kultureller Erscheinungen.

Den philosophischen Hintergrund dieser teleologischen Betrachtungsweise sieht Friedman in Ideen, die für ihn ein Reflex Hegel'scher Vorstellungen sind und am deutlichsten in Batesons (1973) *Mind*-Konzept zutage treten. — Ich komme darauf unten nochmals zurück.

Das Problem des allumfassenden Ökosystems

Eine weitere, überaus problematische Voraussetzung, die der „Ökologie des Geistes" zugrundeliegt, betrifft die Annahme eines *allumfassenden Ökosystems*. Diese Vorstellung tritt bereits in den frühen Fassungen der *cultural ecology* (bzw. „systems ecology", wie Hardesty (1977: 16) sie nennt) zutage:

"The ecological approach attempts to achieve a more exact specification of the relations between selected human activities, biological transactions, and physical processes by including them within a single analytical system, an *ecosystem*" (Geertz 1963: 3; Hervorhebung im Text).

Geertz bezieht sich ausdrücklich auf den biologischen Ökosystembegriff: „an ecosystem consists of a biotic community of interrelated organisms together with their common habitat and can range in size, scope, and durability from a drop of pond water together with the micro-organisms which live within it to the entire earth with all of its plant and animal inhabitants . . ." (ebd). Der Mensch ist also eine Art unter anderen in einem allumfassenden Ökosystem. Solch ein Ökosystem unterliegt der Selbstregulierung durch Rückkoppelungsprozesse; *latente Funktionen* sind dabei die *unbewußt wirkenden* Regelungsmechanismen.

Mehreres spricht gegen diese Vorstellungen. Bekanntlich kann man die einzelnen Arten je nach dem Grad ihrer Ähnlichkeit in nebeneinander und übereinander geordnete, systematische Kategorien zusammenfassen (z. B. Gattungen, Familien, Ordnungen, Klassen, Stämmen). Die Abstammungslehre faßt diese Zuordnungsverhältnisse im Sinne der Entwicklungsverwandtschaft auf, ihre jeweiligen hierarchischen Positionen ergeben sich aus ihrer Entstehungsabfolge (Kühn 1972: 5). Die Menge dieser systematischen Kategorien ist identisch mit der alle Lebewesen umfassenden Kategorie „Organismen". Das Schema der systematischen Kategorien ist *kontinuierlich*, das heißt, es besitzt keine Überschneidungen, sondern nur Über-, Neben-[1] und Unterordnungen (Rudolph und Tschohl 1977: 59).

Anders verhält es sich mit Ökosystemen. Ein Ökosystem, als „durchschnittlich lebensförderliches System aus Organismen und ihren Umwelten" (Rudolph und Tschohl 1977: 55) definiert, kann sich mit anderen Ökosystemen *überschneiden*. Ökosysteme unterliegen keiner aus Entstehungsabfolgen resultierenden, klassenhierarchischen Anordnung. Daher bilden die Ökosysteme auch „keine in sich zusammenhängende, mit einem allumfassenden Ökosystem identische Menge von Ökosystemen. In dieser Menge gibt es ... keine durchgängige, z. B. aus Entstehungsabfolgen resultierende, klassenhierarchische Anordnung" (Rudolph und Tschohl 1977: 59).

Dieser Sachverhalt ist von fundamentaler Bedeutung für jegliche Theorie des Mensch – Naturverhältnisses. Wenden wir ihn auf den oben geschilderten, von Geertz vertretenen Begriff der Kulturökologie an, so müssen wir feststellen, daß der Versuch, ein allumfassendes Ökosystem als analytisches Rahmenwerk für die Untersuchung des Mensch – Naturverhältnisses vorauszusetzen und innerhalb dieses Rahmens biologische Konzepte wie Nische, Gleichgewicht, Stabilität, Homöostase, Energiefluß etc. anzuwenden, nicht durchführbar sein kann. Der Versuch, sich der Beziehung zwischen Natur und Kultur auf diese Weise zu nähern, muß zur Mystifizierung dieser Beziehungen führen – zur „Ökologie des Geistes" – da ihm die Vorstellung des sich selbst regulierenden Systems zugrundeliegt. Es ist aber realistischer davon auszugehen, daß zwar menschliches Handeln zweckgerichtet – *teleologisch* – ist, daß aber zwischen den Folgen dieses Handelns und den menschlichen Kognitionen *nicht notwendig* auch Rückkoppelung besteht. Aufgrund der geringen *Kohärenz* zwischen

---

1 Rudolph und Tschohl (1977) kennen seltsamerweise nur Über- und Unterordnungen, keine Nebenordnungen.

menschlichen soziokulturellen Systemen und ihren jeweiligen Ökosystemen (siehe oben S. 199) wäre dies auch eher erstaunlich, da diese mangelhafte Kohärenz ja der Grund für die *Überschneidung* der Ökosysteme unterschiedlicher menschlicher Institutionen ist.

Wenn also der Begriff des Ökosystems für die Untersuchung des Beziehungsgefüges von Mensch und Umwelt nutzbar gemacht werden soll, dann sollte er nicht im Sinne eines allumfassenden, teleologisch geregelten Ökosystems konstruiert werden. Daß dies möglich ist, beweist beispielsweise Paul A. Dolukhanov (1973). Dolukhanov unterscheidet ein „ecosystem" und ein „sociosystem", die beide zusammen ein „eco-sociosystem" ergeben. Nur *Teile* dieser beiden Systeme sind dabei durch Rückkoppelungsmechanismen miteinander verbunden. Dies ist eine wesentlich schwächere Formulierung im Vergleich zur geordneten adaptiven Struktur oder dem Ökosystem Geertz'scher Prägung, denn dort bezieht sich die Rückkoppelung auf das gesamte, das allumfassende Ökosystem. Denkt man aber Dolukhanovs Ansatz zu Ende, so besteht theoretisch die Möglichkeit des Gegensatzes zwischen den Tendenzen des „ecosystems" und des „sociosystems". Dieser Gedanke soll nun etwas ausführlicher erörtert werden.

Zum Systemcharakter soziokultureller Systeme

Nachdem wir uns im vorausgehenden Abschnitt mit dem Konzept des allumfassenden Ökosystems, einem der Grundpostulate der „cultural ecology" bzw. der „systems ecology" befaßt haben, müssen wir uns nun etwas ausführlicher mit dem Charakter der menschlichen, sozialen Systeme selber befassen. J. W. Bennett (1976: 93–95) verdanken wir entscheidende Anregungen, die Art der Beziehungen zwischen menschlichen Systemen und der natürlichen Umwelt neu zu durchdenken.

"human systems are very broad, and their boundaries are hard to determine; the flow of energy and the emergence of signals are hard to trace, and constantly changing. There are also unique phenomena in social systems that are difficult or impossible to duplicate in biological systems – social differentiation, for example. Relationships between human systems are not determined by physical factors entirely, but also by cognitive and affective factors" (Bennett 1976: 93).

Das Ökosystem wurde oben (S. 71) definiert als aus einer biotischen Gemeinschaft mit ihrem Habitat bestehend. Menschen organisieren sich aber in Institutionen und es ist alles andere als leicht, die Grenzen eines solchen Systems festzulegen, um zu unzweideutigen Feststellungen über den Signal- und Informationsfluß zu gelangen. Die Festlegung solcher Grenzen hängt stets von einem Beobachter ab. Schon bei biotischen Systemen ist dies nicht unproblematisch und die Probleme vermehren sich noch bei menschlichen Systemen. Hier kommt nämlich der *kognitive* Aspekt ins Spiel:

"... the precise state of a social system is often a matter of values and not objective measurement: equilibrium, oscillation, steady states — these are all ambiguous sociologically, and are interchangeable or easily confused" (Bennett 1976: 93).

Die menschliche Realität ist ein Geflecht aus physischen, sozialen und kulturellen Komponenten. Wenn man diesen Sachverhalt berücksichtigt, dann muß man jeden Versuch aufgeben, von *dem* sozialen System und *dem* Ökosystem zu sprechen. Allein die Bestimmung, welche Variablen innerhalb und welche — als Parameter — außerhalb desselben liegen sollen, ist eine Sache des jeweiligen Standpunktes. Dieses Problem wird noch größer, wenn wir etwa die Frage nach der Angepaßtheit bestimmter Verhaltensweisen stellen, denn hier kommen Wertaspekte ins Spiel. Was etwa einem Marktwirtschaftler als wünschenswert und daher „angepaßt" erscheint, sieht der Umweltschützer oft mit ganz anderen Augen. Menschliches, aktives und reaktives Verhalten in bezug auf die Umwelt kann je nach dem Standpunkt wünschenswerte oder unerwünschte Konsequenzen haben. Anpassendes Verhalten „can lead to stability or dynamism; to satisfaction for some and dismay for others; to destruction or construction". (Bennett 1976: 252). Wäre es anders, dann gäbe es soziale Differenzierung und soziokulturelle Evolution nicht. Menschliche Systeme, bzw. ihre Komponenten kehren eben nicht stets zu ihren Ausgangwerten zurück und dies ist nur möglich aufgrund der *teleologischen* und wertenden Komponenten im menschlichen Verhalten.

Nachdem wir einige der Voraussetzungen der „Ökologie des Geistes" kritisch betrachtet haben, wollen wir nun zu ihrem Anspruch Stellung nehmen, ein brauchbares Modell der Beziehungen zwischen Mensch und natürlicher Umwelt zu sein.

Batesons Absicht (1973: 436) war es, mit seiner „kybernetischen Erkenntnislehre" (cybernetic epistemology) den Gegensatz zwischen Transzendenz und Immanenz zu überwinden. Die Religionen des Mittelmeerraums bewegten sich seiner Auffassung nach, für 5000 Jahre zwischen diesen beiden Polen; die babylonischen Götter beispielsweise waren transzendent; im Pharao war Gott *immanent* und das Christentum habe auf komplexe Weise beide Arten von Überzeugungen miteinander verbunden. Seine eigene „kybernetische Erkenntnislehre" meint Bateson, offenbare etwas Neues:

"The individual mind is immanent but not only in the body. It is immanent also in pathways and messages outside the body; and there is a larger Mind of which the individual mind is only a sub-system. This larger Mind is comparable to God and is perhaps what some people mean by „God", but it is still immanent in the total interconnected social system and planetary ecology" (Bateson 1973: 436).

Der religiöse Charakter dieser Philosophie − „Mind", groß geschrieben, gleich „God" − wird spätestens hier offenbar. Mehr noch: „We are somewhere between Hegel and Rousseau here, but Hegel is clearly the ideological father of Mind", kommentiert Jonathan Friedman (1979: 265) diese Stelle. Hegels Doktrin vom *Absoluten Geist* ist nämlich der Versuch, das *Außen* zu eliminieren, d. h. alle Phänomene zu *Teilen eines umfassenderen Systems* zu machen, nämlich des sich entwickelnden Absoluten Geistes. Gegensätze werden bei Hegel stets *innerhalb* einer Einheit erzeugt (siehe Friedman 1974: 447−449). Der Ort von Rappaports *orderly adaptive structure* ist Batesons *Mind*. „Mind" wird aber von Friedman als ökologische Version von Hegels „Weltgeist" identifiziert, daher muß in solch einer „kybernetischen Erkenntnislehre" dem gesamten Evolutionsprozeß ein „well managed programme" zugrundeliegen: „Thus, natural evolution is not a process of selection in which the great majority of species have come to disastrous ends because their programmes were not adjusted to their environments, but the work of a larger Mind − or perhaps ecosystem . . ." (Friedman 1979: 262 f.). Der „kybernetischen Erkenntnislehre" liegt also die Vorstellung von der Harmonie der Welt *a priori* zugrunde. Mit anderen Worten: sie hat *dogmatischen Charakter*. Die Harmonie wird aber durch das menschliche Handeln in seiner linearkausalen Form gestört; die geordnete adaptive Struktur gerät aus dem Gleichgewicht. Fehlanpasssungen sind die Folge, aber auch hier bietet Bateson eine Lösung an: man muß nur sein eigenes Bewußtsein auf das Außen übertragen. „What I am saying expands mind outwards" (Bateson 1973: 436). Bescheidenheit stellt sich ein, „tempered by the dignity or joy of being part of something much bigger. A part − if you will − of God" (ebd.). Von *Mind* über die *geordnete adaptive Struktur* zum *allumfassenden Ökosystem* und *Gott*: „This leads to an overtly religious solution for Mankind in crisis that I find dangerous, to say the least" (Friedman 1979: 266).

Das Friedman'sche Verdikt ist überzeugend, umso mehr, als es in ausdrücklicher Anerkennung der Verdienste Batesons und Rappaports um die Aufklärung evolutionärer Prozesse und Mechanismen getroffen wird. Es kommt Friedman aber darauf an, den religiösen Aspekt der „kybernetischen Erkenntnislehre" bloßzulegen, das heißt: die *Ecology of Mind*.

Kulturökologie zwischen Schwein und Weltgeist

Menschliche Zielsetzungen und ökosystemische Erhaltungstendenzen stimmen nicht immer überein, wie bereits im Zusammenhang mit der Produktion von Nahrungsmitteln festgestellt werden konnte. Dies wird auch in Rappaports geordneter adaptiver Struktur berücksichtigt, da im Rahmen dieses Modells die Möglichkeit besteht, Fehlanpassungen zu erkennen und zu bestimmen. Fehlanpassungen widerlegen aber die geordnete adaptive Struktur nicht, die ja im Prinzip wieder hergestellt werden könnte, vorausgesetzt, Abstraktionen und Direktiven werden nur in der richtigen Weise angeordnet. Bei Bennett und Friedman gibt es dagegen gar keine geordnete adaptive Struktur. Diese Position ist illusionsloser, sie verwehrt uns die Tröstungen der „Ökologie des Geistes".

In diesem Kapitel haben wir einen weiten Weg zurückgelegt. Wir begannen mit der Besprechung einiger linear-kausaler Theorien der sozialen Evolution. Die Theorie kybernetischer Regelkreise führte über die geordnete adaptive Struktur schließlich zur Ökologie des Geistes mit dem als *Mind* verkleideten Hegel'schen Weltgeist. Es ist nun an der Zeit, wieder hinabzusteigen und uns den Problemen der Mensch-Umweltbeziehungen wieder auf irdischerem Niveau zu stellen. Den Anlaß dazu könnte uns Roy Ellens britisch-pragmatischer Kommentar zu Rappaports Theorie der rituellen Regulierung von Krieg, Schweinepopulation und Feldbau bei den Tsembaga-Maring geben (siehe Rappaport 1968). Bekanntlich wird, Rappaport zufolge, das ganze komplizierte Gefüge ritueller Regulierungen von Schweinepopulation, Feldbau, Krieg, Festen für die Vorfahren und Festlegung der Territoriumsgrenzen durch einen relativ banalen Faktor ausgelöst: die Schweine vermehren sich beständig und fallen schließlich den Frauen zur Last, von denen sie versorgt werden. Mit Bezug auf Bennett (1976: 205 f.) bemerkt Ellen dazu lakonisch, es sei doch merkwürdig, daß zur Kontrolle einer so durch und durch erdnahen Angelegenheit wie der Anzahl der Schweine ein komplizierter Apparat ritueller Kommunikation nötig sei. „Certainly it would be more effective to have such things under rational conscious control." (Ellen 1982: 183).

Kehren wir also wieder um, steigen wir hinab vom Weltgeist zum Schwein! Im folgenden, letzten Kapitel möchte ich daher einige Überlegungen zur Problematik des menschlichen Naturverhältnisses anstellen und dabei versuchen, ohne die Ökologie des Geistes auszukommen.

Kapitel VIII
PRODUKTION, REAKTIONSNORM UND KONFLIKT

In diesem Kapitel soll nicht das Unmögliche versucht werden, nämlich die Formulierung einer ausgereiften Theorie vom menschlichen Naturverhältnis. Vielmehr soll Vorausgegangenes zusammengefaßt und in Vorschläge eingebracht werden. Diese Vorschläge sollen Hinweise auf Komponenten enthalten, aus denen nach meinem Dafürhalten eine Theorie der Mensch-Umweltbeziehungen u. a. bestehen sollte (s. a. Bargatzky 1984). Dabei wird kein in sich abgeschlossenes Gedankengebäude angestrebt, ich präsentiere meine Überlegungen vielmehr in loser Folge.

1. Allumfassendes Ökosystem und Sei spontan-Paradoxie

Die „Ökologie des Geistes" geht von der Vorstellung eines allumfassenden Ökosystems aus, an dem der Mensch, als Art unter anderen Arten, teil hat. Durch Evolutionsprozesse, die der natürlichen Selektion in der Entwicklung der Arten analog sind, bilden sich Institutionen heraus, die einen Beitrag zur Erhaltung des allumfassenden Ökosystems — eines *general purpose system* — leisten. Dieser Beitrag läßt sich als *latente Funktion* kennzeichnen. Die einzelnen Lebensvorgänge im allumfassenden Ökosystem haben *teleologischen* Charakter; sie wurden hinsichtlich ihrer latenten Funktion selektiert. Institutionen mit latenter Funktion haben *adaptiven* Charakter. Die Aufgabe der Kulturökologie besteht in der Suche nach dem adaptiven Charakter menschlicher soziokultureller Systeme. Solche Systeme sind aber oft *fehlangepaßt*; der Mensch erscheint als der große Störenfried der Harmonie der geordneten adaptiven Struktur. Allenfalls vorindustrielle Gesellschaften mit geringer Technik-Entwicklung lebten noch in einem *Gleichgewicht* mit der Natur; seit dem Sündenfall der Industrialisierung, wenn nicht schon seit der neolithischen Revolution befinden sich Mensch und Natur aber immer mehr im Ungleichgewicht. Erkennen der geordneten adaptiven Struktur ist die Voraussetzung für eine Rückkehr zum Gleichgewicht. — Soweit die Philosophie der „Ökologie des Geistes", einer Richtung innerhalb der Kulturökologie.

Hier sollen nun keinesfalls die Folgen der Industrialisierung und des heutigen technischen Amoklaufes beschönigt werden. Ich behaupte aber, daß eine Kulturökologie, die dem Zauber der „Ökologie des Geistes" verfallen ist, nicht die Voraussetzungen dazu mit sich bringt, solche Probleme zu erklären. Sie kann nämlich nur eine *paradoxe Lösung* anbieten: einen neuen Mythos von Mensch und Natur, oder eine neue Religion, die uns helfen sollen, die geordnete adaptive Struktur wieder herzustellen. Dies entspräche aber einer sogenannten *Sei spontan-Paradoxie* (siehe Watzlawick, Beavin und Jackson 1969: 184) und ist daher undurchführbar. Man kann nicht quasi auf Beschluß naiv, spontan, fröhlich, verliebt, etc. sein und genausowenig kann man auch auf Beschluß wieder fromm werden und den neuen Mythos schaffen, der uns helfen soll, uns wieder in die geordnete adaptive Struktur einzupassen. Diese Lösung wäre aber nicht nur paradox, sondern ganz einfach falsch. Sie beruht nämlich auf einer falschen Voraussetzung: der Vorstellung vom umfassenden, sich selbst als *general purpose system* regulierenden Ökosystem.

Aus dem bislang Gesagten lassen sich einige Folgerungen für die Frage ableiten, wie eine Kulturökologie auszusehen habe, die das Problem der Mensch-Umweltbeziehungen auf *wissenschaftliche* Weise angeht und sich der Gefahr der Mystifizierung dieser Beziehungen bewußt ist. Hier sollen einige Folgerungen aufgezählt werden, ohne daß damit der Anspruch auf Vollständigkeit erhoben wird.

2. Sprache, Kognitionen und Reaktionsnorm

Eine wissenschaftliche Kulturökologie muß die Tatsache des *offenen* Charakters menschlicher soziokultureller Systeme mit allen Konsequenzen berücksichtigen. Offene Systeme befinden sich beständig im Austausch mit ihrer Umwelt, wobei die Frage der Grenze zwischen System und Umwelt problematisch ist. Es hängt ganz vom jeweiligen Standpunkt ab, ob man eine bestimmte Komponente als *Variable* dem System selber zuordnet, oder ob man sie als *Parameter* zu seiner Umgebung zählt. In jedem Falle ändern sich aber dann jeweils die Beschreibungen von Informationsempfang und -verarbeitung und Ausgabe des Systems.

Menschliche soziokulturelle Systeme sind offene Systeme besonderer Art, da sie *kognitive Komponenten* enthalten. Beim Menschen gewannen im Verlauf der biotischen Evolution sogenannte offene, kulturell gesteuerte Verhaltensprogramme gegenüber dem geschlossenen, genetisch gesteuerten Verhaltensprogramm die Oberhand. Offene Programme, Sprache und Kognitionen führten zu einer „marked human capacity for non-genetically determined alternative action" (Freeman o. J.: 3). Freeman spricht daher von der „virtually unlimited capacity of the human brain for alternative action" (siehe S. 12). Menschliches Verhalten, „because of its highly arbitrary nature, is by no means necessarily adaptive in its consequences" (Freeman 1978: 17). Dieses menschliche Verhalten mit den Hilfsmitteln der Biologie allein, oder mit den der Kybernetik technischer Servo-Mechanismen entlehnten Konzepten zu beschreiben, heißt: die Eigenart des Verhältnisses von Natur und Kultur zu verfälschen.

Versuchen wir, uns dies noch besser zu verdeutlichen. Die Entwicklung offener Verhaltensprogramme im Verlauf der menschlichen Stammesgeschichte führte zum Abbau der genetisch bedingten *Reaktionsnorm*. Unter „Disposition" oder „Reaktionsnorm" einer Art versteht man die erblich bedingte, spezifische Art und Weise, in der ein Lebewesen dieser Art auf die biotischen und abiotischen Umweltfaktoren reagiert. Es gibt Arten, die einen weiten Bereich der Werte von Temperatur, Feuchtigkeit, Salzgehalt und Nahrung zu tolerieren vermögen. In diesem Falle spricht man von *euryöken* Arten. Ist die Toleranzspanne dagegen eng, so hat man es mit *stenöken* Arten zu tun. In vielseitigen, diversifizierten Ökosystemen gedeihen euryöke Arten am besten; stenöke Arten erreichen dagegen in einseitigen und extremen Ökosystemen die größte Abundanz (siehe Tischler 1979:16, 132 f.). Das Gleichgewicht zwischen der Population einer bestimmten Art und ihrer Umwelt ist also von der genetisch bedingten Reaktionsnorm der Art mitbestimmt. Da beim Menschen aber die Reaktionsnorm in ihrer Ausprägung nicht mehr genetisch bedingt ist, sondern ein Produkt von offenem Verhaltensprogramm, Sprache und Kognitionen ist, kann der Mensch im Prinzip selbst unter extremsten Umweltbedingungen überleben. Mit anderen Worten: anders als beim Tier gibt es kein Ökosystem, das dem Menschen aufgrund einer bestimmten Reaktionsnorm als am günstigsten zugeordnet ist. Ob der altsteinzeitliche Jäger dank des Feuers in seiner Höhle oder der Astronaut im „Spacelab" im Weltraum überlebt – beide Überlebensweisen sind Folge von offenem Verhaltensprogramm, Sprache und Kognitionen,[1] die es dem „kleinen Gott der Welt" ermöglichen, seine Umwelt nach eigenem Ebenbilde umzugestalten. Von dieser Möglichkeit macht er auch reichlich Gebrauch und dies, ohne sich um „Mind" oder „geordnete adaptive Struktur" allzu große Sorgen zu machen. Durch die *Produktion* gewinnt ferner die Umgestaltung der Natur *gesellschaftlichen* Charakter und wird dadurch in die Austragung menschlicher Interessengegensätze einbezogen. Dieser Sachverhalt wird aber durch die „Ökologie des Geistes" nur allzu leicht vernebelt, da diese Lehre auf die Herausarbeitung des *Gleichgewichts* der Komponenten von „Mind" ausgerichtet ist. Menschliches Handeln kann dann immer im Sinne der Erfüllung *latenter Funktionen* bezüglich der Erhaltung eines allumfassenden Ökosystems gedeutet werden.

Das Konzept der latenten Funktion als Bestandteil eines homöostatischen Modells darf aber keinen Platz in einem auf nichthomöostatischen Voraussetzungen beruhenden theoretischen Rahmen haben. Wenn nämlich das allumfassende Ökosystem mit seinem teleologischen Charakter entfällt, dann besteht auch keine Notwendigkeit mehr, kulturellen Erscheinungen latente Funktionen in bezug auf dieses Ökosystem zuzuschreiben. Abgesehen davon ist das Konzept der „latenten Funktion" auch noch politisch sehr gefährlich, weil ideologisch mißbrauchbar, worauf Friedman (1979: 263) hingewiesen hat. Kriege, Wirtschaftskrisen und soziale Mißstände aller Art lassen sich damit nur allzu leicht als Regelungsmechanismen im Hinblick auf ökosystemische Harmonie rechtfertigen. Mit Hilfe der „latenten Funktion" erklärt man die Rationalität der Verehrung der heiligen Kuh im Rahmen des indischen, umfassenden kulturellen- und Ökosystems, man stellt aber nicht mehr die Rationalität dieses umfassenden Systems selber in Frage (siehe Friedman 1974).

---

1 Ich will hier in keiner Weise die Existenz bestimmter „angeborener" menschlicher Verhaltensdispositionen leugnen, die von der Humanethologie herausgearbeitet wurden (siehe Eibl-Eibesfeldt 1984). Es geht hier allein um die *kulturelle Umsetzung* solch angeborener Dispositionen. Dazu Eibl-Eibesfeldt: „Verhalten ist hierarchisch organisiert. Mit zunehmender Entwicklungshöhe wird diese Ordnung weniger streng, die Vernetzung zwischen verschiedenen Verhaltenssystemen nimmt zu und damit auch die instrumentale Verfügbarkeit über das vorgegebene Verhaltensrepertoire" (1984: 115).

Ähnliches gilt auch für das Konzept der Umweltanpassung der Kultur. Die einzig präzisen und sinnvollen Charakterisierungen des Anpassungs-Konzeptes gehen letztlich nach meinem Dafürhalten auf Ashbys Definition zurück, die aber für die biologischen Wissenschaften gedacht ist: „a form of behaviour is adaptive if it maintains the essential variables within physiological limits" (Ashby 1954: 57). Da im Bereich menschlicher soziokultureller Systeme weder eindeutig bestimmbar ist, was den „wesentlichen physiologischen Variablen" entsprechen soll, noch, welche Ausprägungen dieser Variablen wünschbar sind und welche nicht, entfallen für diesen Bereich auch die Voraussetzungen für eine sinnvolle Verwendung des Anpassungs-Konzeptes. Die Kulturökologie sollte daher bei der Beschreibung und Erklärung der Interaktionen von Mensch und natürlicher Umwelt tunlichst auf dieses Konzept verzichten (siehe Bargatzky 1984).

3. Ökologie, Ökonomie und Produktion

Im vorausgegangenen Abschnitt wurde behauptet, daß die Umgestaltung der Natur durch die *Produktion* gesellschaftlichen Charakter gewinne und dadurch in die Austragung menschlicher Interessengegensätze einbezogen werde. Wo Menschen zusammenleben, da entwickeln sich Interessengegensätze. Besteht daher nicht auch ein dauerhafter, unversöhnlicher Gegensatz zwischen Ökologie und Ökonomie oder lassen sich beide versöhnen, wie heute so viele Menschen in den abendländischen Industrienationen hoffen?
Hierzu gibt es zwei gegensätzliche Positionen. So werden angesichts der verheerenden Folgen der industriellen Umwelteingriffe Forderungen laut, den theoretischen Dualismus zwischen „natürlicher Umwelt" und „kultureller Umwelt" zu überwinden und beim ökonomischen Handeln auch ökologische Gesetzmäßigkeiten zu berücksichtigen. In ihrer extremen Form (siehe Anderson 1973: 183 f.; Vayda 1967) münden solche Plädoyers in die Forderung der Unterordnung, bzw. der „Auflösung" der Ökonomie in die Ökologie. Gerne wird in diesem Zusammenhang auch auf die Etymologie der Worte „Ökologie" und „Ökonomie" verwiesen (siehe Anderson 1973: 182 f.). „Ökologie" wird von dem griechischen Wort *oikos* (Haus) abgeleitet – ebenso wie das Wort „Ökonomie"! Die Ökologie als Wissenschaft von der natür-

lichen Umwelt und ihren Beziehungsmustern und die Ökonomie als die Lehre von den menschlichen Motiven, Zielen und Absichten bezüglich der Produktion, Distribution und Konsumtion von Gütern besitzen also eine gemeinsame Wortwurzel. „Ökologie" bedeutet etwa „Untersuchung des Hauses", „Ökonomie" bedeutet dagegen „Verwaltung des Hauses". Beide Bezeichnungen galten daher zunächst auch als austauschbar. Ernst Haeckel, der das Wort „Ökologie" in einem Aufsatz mit dem Titel „Über Entwicklungsgang und Aufgabe der Zoologie" (Jenaische Zeitschrift für Medizin und Naturwissenschaft, 5: 353−370, 1870) prägte, bezeichnete die Ökologie als das Wissen um die Ökonomie der Natur, und noch im Jahre 1964 veröffentlichte Marston Bates ein Buch mit dem Titel „Man in Nature", das im Untertitel den Hinweis auf die „Ökonomie der Natur" und die „Ökologie des Menschen" enthält. Wer also heute Ökologie und Ökonomie voneinander zu trennen sucht, so wird argumentiert, findet zumindest in der Etymologie keine Basis für seine Absicht.

Lassen sich aber Ökologie und Ökonomie wirklich versöhnen, oder geben wir uns da, bestärkt durch die Etymologie, nur einem Selbstbetrug hin? So sehen es jedenfalls Scott Cook (1973), Roy Ellen (1982) und Pierre Bonte (1979: 229−231). Unter rein formal-theoretischer Perspektive betrachtet, meint Cook (1973: 42), haben ökologische und ökonomische Systemmodelle tatsächlich vieles gemeinsam, denn in beiden geht es um Kreislauf-Prozesse. Von formalen und etymologischen Gesichtspunkten sollten wir uns aber nicht dazu verleiten lassen, den einen fundamentalen Unterschied zwischen ökologischen und ökonomischen Prozessen zu übersehen: wirtschaftliches Handeln beruht nämlich auf der Vorstellung von *Werten* (siehe Ellen 1982: 277; Cook a. a. O.; Weiner 1980). Wert entsteht durch menschliches Handeln und menschliche Vorstellungen und ist nicht auf materiell-energetische Fließprozesse reduzierbar. Wert *bestimmt* wiederum menschliches Handeln und daher muß ökonomisches Handeln als eigenes Feld der Beobachtung erhalten bleiben und darf nicht unter die Disziplin der Ökologie subsumiert werden. Anstatt also für eine Einheitswissenschaft auf der Grundlage des Konzeptes vom allumfassenden Ökosystem einzutreten, schlägt Cook vor, den Begriff der *Produktion* in die Analyse des menschlichen Naturverhältnisses einzuführen. *Produktion* umfaßt Technik, Arbeitsorganisation und Ideologie und bezeichnet daher jene menschliche Tätigkeit, die quasi das „Gelenkstück" ist, an dem

Natur, wirtschaftliches Handeln und Wertvorstellungen ineinandergreifen (siehe Cook 1973: 39). Anders als im Rahmen der Vorstellungen vom allumfassenden Ökosystem, der geordneten adaptiven Struktur oder von Mind wird durch den Produktionsbegriff keine theoretische Harmonisierung des menschlichen Naturverhältnisses impliziert, denn die Aufnahme dieses Begriffes in das Konzepte-Inventar des Kulturökologen führt zwangsläufig zum Eingeständnis der *Umgestaltung* der Natur durch den Menschen: Produktion „materially changes the environment" (Ellen 1982: 252). Nicht umsonst verweist Ellen hier auf Friedrich Engels' hellsichtigen und höchst bemerkenswerten Aufsatz über den „Anteil der Arbeit an der Menschwerdung des Affen", in dem Engels bereits um das Jahr 1876 warnt: „Schmeicheln wir uns nicht zu sehr mit unseren menschlichen Siegen über die Natur. Für jeden solchen Sieg rächt sie sich an uns. Jeder hat in erster Linie die Folgen, auf die wir gerechnet, aber in zweiter und dritter Linie hat er ganz andre, unvorhergesehene Wirkungen, die nur zu oft jene ersten Folgen wieder aufheben" (Engels 1978: 452 f.).

Ich möchte diesen Gedanken hier nicht weiter ausführen, da er der Gegenstand einer eigenen Untersuchung ist, die den Umfang dieses als Einführung in die Kulturökologie gedachten Buches sprengen würde. Ich beschränke mich darauf, an dieser Stelle lediglich anzudeuten, wohin uns eine vom Begriff der Produktion geleitete Untersuchung des menschlichen Naturverhältnisses wahrscheinlich führen wird: zur Erkenntnis, daß das menschliche *Verhältnis zur Natur* letztlich durch das *Verhältnis der Menschen zueinander* bestimmt wird! Dies ist ein Gedanke, dessen Andeutung sich bereits in den „Grundrissen" von Karl Marx findet und dem gewiß auch derjenige zustimmen kann, der sich dem Marx'schen Werk ansonsten nicht verpflichtet weiß (siehe Marx 1983: 445 f.).

Aus all diesen Gründen bietet sich nun nach meinem Dafürhalten für die Behandlung des menschlichen Naturverhältnisses ein theoretischer Rahmen an, der nicht dem sozialwissenschaftlichen Funktionalismus entlehnt ist, aus dem sich die Kulturökologie bislang im Grunde noch nicht befreien konnte, sondern der der *Konflikttheorie* verwandt ist (siehe Coser 1967; 1972; Dahrendorf 1958; 1974; Krysmanski 1971). Dieser Theorie zufolge sind Gesellschaften nicht durchwegs harmonische und gleichgewichtige Gebilde, sondern Auseinandersetzungen zwischen Gruppen innerhalb der Gesellschaften weisen stets auch unvereinbare Werte und Erwartungen auf. Die Übertragung dieses Ansatzes auf das menschliche Naturverhältnis erscheint mir nicht nur realistischer, sondern auch theoretisch vielversprechender zu sein als die Suche nach der prästabilierten Ökosystem-Harmonie des *Mind.* Einige von Marx'schen Gedanken ausgehende Ethnologen verfolgen diesen Weg in ihren Arbeiten, da sie den Aspekt der Interessengegensätze auch auf das Mensch-Natur-Verhältnis anwenden (siehe Godelier 1978: 763; Friedman 1975; 1979). Auch der von Flannery (1972) skizzierte Weg der Unterscheidung von Faktoren, Mechanismen und Prozessen der soziokulturellen Evolution ist bislang kaum weiterverfolgt worden (siehe Sanders und Webster 1978). Gerade dieser Weg scheint mir theoretisch äußerst fruchtbar zu sein, wenn man ihn in einen konflikttheoretischen Rahmen einbezieht und damit den Flannerys Modell innewohnenden Adaptationismus überwindet. Dies zu entwickeln kann aber nicht mehr die Aufgabe einer Einführung in die Allgemeine Kulturökologie sein.

4. Weiterführende Literatur

Die Rolle der menschlichen Wahrnehmung und normativ geleiteten Bewertung „angepaßter" bzw. „unangepaßter" Zustände diskutieren:

WHYTE, Anne: „Systems as Perceived: A Discussion of ‚Maladaptation in Social Systems' ", in: *The Evolution of Social Systems*, J. Friedman und M. J. Rowlands (Hrsg.), S. 73–78, – London: Duckworth, 1977.

RAPPAPORT, Roy A.: „Normative Models of Adaptive Processes: A Response to Anne Whyte", in: *The Evolution of Social Systems*, J. Friedman und M. J. Rowlands (Hrsg.), S. 79–88.

Siehe auch die Besprechung in meinem Buch *Einführung in die Ethnologie* (Bargatzky 1985: 15 f.).

Epilog
„KEINE WILDNIS, NUR PENSIONEN"

In der Einleitung zu diesem Buch hatte ich behauptet, daß der Kulturökologie angesichts der Umweltprobleme in den hochindustrialisierten Gesellschaften eine über die ethnologischen Fachgrenzen hinausweisende Aktualität zukommt. Stellen wir uns daher am Ende dieses Buches die Frage, welche Lehren wir aus dem nun vollendeten, freilich nur kurzen Spaziergang durch die Kulturökologie ziehen können. Welche Hilfestellung kann uns beispielsweise die Kenntnis vom Umgang mit der Natur bei den sogenannten „Naturvölkern" für die Lösung unserer eigenen Umweltprobleme geben?

Die Antwort, die hier meiner Meinung nach gegeben werden muß, wird wohl all jene enttäuschen, die noch das Bild vom „Edlen Wilden" als „Umweltheiligem" mit sich tragen. Wie bei uns auch, herrschen bei den Mitgliedern der von der Ethnologie untersuchten Gesellschaften Kenntnis, aber auch Unkenntnis im Umgang mit der Umwelt; ihr Umweltverhalten zeugt in vielen Fällen von großer Klugheit und andererseits werden doch auch wieder gravierende Fehler begangen. Daß Angehörige vorindustrieller Gesellschaften generell der Natur näherstünden als wir und daher über eine Weisheit im Umgang mit der Natur verfügen, die uns verborgen bleibt, erweist sich als frommes Märchen, wenn wir beispielsweise lesen, was der Afrikanist Nigel Barley über die Dowayo Nord-Kameruns schreibt:

"Much of the game in Dowayoland has been exhausted by trapping. As far as ,living in harmony with nature' is concerned, the Dowayos are non-starters. They reproached me often for not bringing a machine gun from the land of the white men to enable them to finally eradicate the pathetic clusters of antelope that still persist in their country ... Every year they start vast bushfires, quite deliberately, to speed the growth of new grass. The resulting conflagrations involve vast slaughter of young animals and considerable risk to human life and limb" (Barley 1983: 95).

Jeder Ethnologe mit Feldforschungserfahrung wird ähnliche Geschichten erzählen können. Er gerät dadurch heute in eine ethische Zwickmühle, die Barley treffend geschildert hat. In den alten Tagen des Kolonialismus, wo bei uns mehr oder minder unverhüllt die Überzeugung von der geistigen Unterlegenheit des Afrikaners (und der „Naturvölker" überhaupt) herrschte, sah sich der Ethnologe zu Recht dazu aufgerufen, diese Vorstellung zu korrigieren. Er wies dazu auf praktisch-technische Kenntnisse, die Logik einheimischen Denkens und die dem westlichen Beobachter verborgene Weisheit des Einheimischen hin. Heute aber, im Zeitalter einer „Neuen Romantik", kann es dem Ethnologen passieren, sich unverhofft auf der anderen Seite wiederzufinden, denn

"Primitive man is used by Westerners nowadays as surely as he was used by Rousseau or Montaigne to prove a point about their own society and castigate those aspects they find unattractive. Contemporary ‚thinkers' pay as little heed to fact or balanced judgement as their forebears" (Barley 1983: 94).

Der Mythos vom „Edlen Wilden" als „Umweltheiligem" gehört aber dorthin, wo beispielsweise auch der Mythos vom Matriarchat hingehört: in das Reich der Utopie und der politischen Visionen (siehe Binford 1982; Webster 1975; Wesel 1980). Genauso wenig, wie es das Matriarchat, im Sinne einer direkten Herrschaft der Frauen über die Männer, als historische Realität gab — nicht einmal die in diesem Zusammenhang oft genannten Irokesen können als seine Vertreter reklamiert werden (siehe Judith K. Brown 1975) — genausowenig gab es und gibt es eine „Urkultur" mit ihrer Umwelt in Harmonie lebender „Edler Wilder". Wer die Fehler nur bei uns sucht und die Umwelt-Klugheit nur bei den anderen, macht es sich zu leicht. Man kann über die soziale Funktion der Utopie geteilter Ansicht sein. Ich meine aber, daß für diese Spielart des „Traumes von den Urkulturen" zutrifft, was in anderem Zusammenhang für den Mythos vom Matriarchat gilt: er bindet Arbeitskraft und geistige Energie, die besser darauf verwendet würden, direkt nach den Ursachen unserer Umweltprobleme zu suchen und sie zu bekämpfen (siehe Sacks 1975; Webster 1975). Der Mythos vom „Umweltheiligen" ist also, um ein Modewort zu gebrauchen, „kontraproduktiv".

Eher als Wissenschaftler sehen Künstler oft Dinge, die den Wissenschaftlern erst im Nachhinein klar werden, denn die Wissenschaft muß auf ihrer Suche nach Erklärungen den Geschehnissen oft genug quasi „hinterherhinken". So ist es im Politischen, aber auch in Sachen Umwelt. Richard Wagner etwa, der es liebte, tagelang nicht ungefährliche Bergtouren im schweizer Hochgebirge zu unternehmen, lange bevor Bergwandern zum Massensport wurde, beklagte sich bereits 1869 gegenüber seiner Lebensgefährtin über die beginnende Vernutzung der Natur: „es gibt keine Wildnis mehr, überall *Pensionen*, je wilder die Gegend, um so üppiger die Pensionen" (Wagner 1976: 74). Von Gustav Mahler ist uns folgender Ausspruch überliefert: „Das Gesetz der Natur geht keine Partnerschaft mit dem Gesetz menschlicher Gewohnheiten ein" (Schulz 1984: 19). Der Pessimismus, der in diesen Worten zum Ausruck kommt, erscheint angesichts der Umweltprobleme, denen wir uns heute gegenübersehen, nur allzu berechtigt. Und doch müssen wir uns auch fragen, ob nicht auch diese Anschauung das Resultat von Voraussetzungen geistiger und gesellschaftlicher Natur ist, die keinesfalls schicksalshaft vorgegeben, sondern vom Menschen gemacht und daher veränderbar sind. Die Unterschiede und Gemeinsamkeiten des „Gesetzes der Natur" und des „Gesetzes menschlicher Gewohnheiten" zu suchen, ist die Aufgabe der Kulturökologie. Über ihre Notwendigkeit und Berechtigung braucht wohl kein weiteres Wort verloren zu werden.

Anhang I
KOMMENTIERTES VERZEICHNIS WEITERFÜHRENDER LITERATUR

I. Zeitschriftenreihen
In folgenden Reihen finden sich stets Abhandlungen von Interesse für den Kulturökologen:
- Annual Review of Anthropology
- Annual Review of Ecology and Systematics
- Human Ecology

II. Biologische Texte zur Ökologie
Es gibt eine große Anzahl biologischer Sachbücher, so daß jede Auswahl Zufallscharakter trägt. Ich selber habe vorwiegend mit folgenden Büchern gearbeitet:
Odum, Eugene P.
1980: *Grundlagen der Ökologie* (2 Bde.) — Stuttgart: Thieme.
Die Übersetzung des grundlegenden Werkes *Fundamentals of Ecology,* 1971. Für Anfänger zunächst eher geeignet, weil nicht so anspruchsvoll, ist:
Tischler, Wolfgang
1979: *Einführung in die Ökologie* (2., überarbeitete und erweiterte Auflage). — Stuttgart: Gustav Fischer.
Sehr nützlich kann folgendes kleine Buch der „Golden Guide" Reihe sein:
Alexander, Taylor R. und Fichter, George S.
1973: *Ecology*. — New York: Golden Press.
Eine leicht faßliche Darstellung von Grundbegriffen. — Eine anspruchsvolle Zusammenfassung der Ergebnisse der Ökologie findet sich in Kapitel 8 des großen Bandes *Biologie* (3., völlig neu bearbeitete Auflage), hrsg. von G. Cziehak, H. Langer und H. Ziegler. — Berlin: Springer, 1981.

III. Allgemeine Einführungen in die Kulturökologie
Geertz, Clifford
1963: „The Ecological Approach in Anthropology". In: Clifford Geertz: *Agricultural Involution. The Process of Ecological Change in Indonesia*, pp. 1—11. — Berkeley and Los Angeles: Univ. of California Press.
Enthält eine kurzgefaßte Beschreibung des ökologischen Ansatzes in der Kulturanthropologie.
Campell, Bernard
1980 *Human Ecology. The Story of our Place in Nature from Prehistory to the Present*. — London: Heinemann.
Ein für Anfänger bestens geeignetes Lehrbuch, reich bebildert. — Anspruchsvolle Einführungen sind:
Hardesty, Donald L.

1977: *Ecological Anthropology*. — New York: Wiley.
Ellen, Roy
1982: *Environment, Subsistence and System: The Ecology of Small-Scale Social Formations*. — Cambridge: Cambridge University Press.
Immer noch lesenswert sind auch:
Forde, C. Daryll
1956 *Habitat, Economy and Society*. (erstmals 1934). London usw.: Methuen.
Vayda, Andrew P.; und Roy A. Rappaport
1968: „Ecology, Cultural and Noncultural" In: James A. Clifton (Hg.): *Introduction to Cultural Anthropology*, pp. 447–497. — New York: Houghton Mifflin Co.

IV. Aufsatzsammlungen („Reader")

Burnham, Philip; und Roy F. Ellen (Hrsg.)
1979: *Social and Ecological Systems*. A. S. A. Monograph 18. — London: Academic Press.
Vayda, Andrew P. (Hrsg.)
1969: *Environment and Cultural Behaviour. Ecological Studies in Cultural Anthropology*. — Texas Press Sourcebooks in Anthropology. Austin und London: Univ. of Texas Press.

V. Neuere Literaturübersichten

Anderson, James N.
1973: „Ecological Anthropology and Anthropological Ecology", in *Handbook of Social and Cultural Anthropology*, S. 179–239. John J. Honigmann, Hrsg. — Chicago: Rand McNally.
Netting, Robert McC.
1974: Agrarian Ecology. In: *Annual Review of Anthropology*, 3: 21–56.
Orlove, Benjamin S.
1980: Ecological Anthropology. In: *Annual Review of Anthropology*, 9: 235–73.
Vayda, Andrew P.; und Bonnie J. Mc Cay
1975: New Directions in Ecology and Ecological Anthropology. In: *Annual Review of Anthropology*, 4: 293–306.

VI. Texte zum Konzept der „Umweltanpassung der Kultur"

Keesing, Roger M.
1974: Theories of Culture. *Annual Review of Anthropology*, Vol. 3: 73–97.
Ordnet den „Adaptationismus" in das Panorama ethnologischer Kulturtheorien ein.
Cohen, Yehudi A.
1968: „Culture as Adaptation", in *Man in Adaptation*, Yehudi A. Cohen (Hrsg.), S. 40–60. — Chicago: Aldine.
Das „passivistische" Programm des Adaptationismus.
Alland, Alexander (jr.)
1975: Adaptation. In: *Annual Review of Anthropology*. 4: 59–73.
Alland, Alexander (jr.); und Bonnie Mc Cay

1973: „The Concept of Adaptation in Biological and Cultural Evolution",
in *Handbook af Social and Cultural Anthropology*, S. 143—178), John
J. Honigmann (Hrsg.). — Chicago: Rand Mc Nally

VII. Auswahl von Texten mit unterschiedlichen Themen

Bennett, John W.

1976: *The Ecological Transition. Cultural Anthropology and Human
Adaptation.* — Oxford: Pergamon Press.

Beschreibt den Prozeß des Übergangs zu energie-intensiven Methoden der
Ausbeutung natürlicher Ressourcen im Verlauf der kulturellen und sozialen
Evolution. Gründlich dokumentiert.

Steward, Julian H.

1955: *Theory of Culture Change.* — Urbana University of Illinois Press.

Umwelt und „multilineare Evolution". Ein Klassiker der Kulturökologie
und unverzichtbare Lektüre für jeden Ethnologen.

Cook, Scott

1973: Production, Ecology and Economic Anthropology. Notes toward
an Integrated Frame of Reference. — *Social Science Information*, 12 (1):
25—52.

Untersucht die Gemeinsamkeiten der ökologischen und ökonomischen
Standpunkte

Eckholm, Erik P.

1976: *Losing Ground. Environmental Stress and World Food Prospects.*
— New York: Norton.

Faktoren und Konsequenzen der Entwaldung in tropischen Regionen.

Polgar, Steven (Hrsg.)

1975: *Population, Ecology and Social Evolution.* — The Hague: Mouton.

Eine Sammlung wichtiger Aufsätze zum Thema „Bevölkerungsanstieg,
Umwelt und soziale Evolution".

Ellen, Roy F.

1984: „Trade, Environment, and the Reproduction of Local Systems in
the Moluccas", in: *The Ecosystem Concept in Anthropology*, Emilio
Moran, Hrsg., S. 163—204. — Westview Press.

Detaillierte Darstellung von natürlicher Umwelt und Ressourcen-Zonen
als Faktoren des überregionalen Handels.

Liedke, Gerhard

1979: *Im Bauch des Fisches. Ökologische Theologie.* — Stuttgart: Kreuz-
Verlag.

Schildert, wie es zur abendländisch-christlichen Einstellung gegenüber der
Natur als ausbeutbarer Ressource kam und macht Vorschläge zur Abhilfe.

BIBLIOGRAPHIE

Adams, Richard E. W. 1973. "The Collapse of Maya Civilization: A Review of Previous Theories", in The Classic Maya Collapse, T. Patrick Culbert (Hrsg.), S. 21–34. – Albuquerque: University of New Mexico Press.

Adams, Robert McC. 1966. The evolution of urban society. Early Mesopotamia and prehispanic Mexico. – Chicago: Aldine.

Alexander, J. 1969. "The indirect evidence for domestication", in The domestication and exploitation of plants and animals, Peter J. Ucko und G. W. Dimbleby, Hrsg., S. 123–29. – London: Duckworth.

Alland, Alexander, jr. 1975. Adaptation. Annual Review of Anthropology, 4: 59–73.

Allen, Michael. 1984. Elders, chiefs, and big men: Authority legitimation and political evolution in Melanesia. American Ethnologist, 11(1), S. 20–41.

Allen, T. F. H.; und Thomas B. Starr. 1982. Hierarchy. Perspectives for Ecological Complexity. – Chicago: The University of Chicago Press.

Anderson, Atholl. 1983. Faunal depletion and subsistence change in the early prehistory of southern New Zealand. Archaeology in Oceania, 18(1), S. 1–10.

Anderson, James N. 1973. "Ecological anthropology and anthropological ecology", in Handbook of social and cultural anthropology, 179–239. Edited by J. J. Honigmann. Chicago: Rand McNally.

Ashby, W. Ross. 1954. Design for a brain (reprinted with corrections). – London: Chapman and Hall.

Balikci, Asen. 1967. Female infanticide on the Arctic coast. Man (n. s.), 2: 615–25.

– 1968. "The Netsilik Eskimos: Adaptive processes", in Man the Hunter, Richard B. Lee und Irven DeVore, Hrsg., S. 78–82. – Chicago: Aldine.

Bargatzky, Thomas. 1978. Die Rolle des Fremden beim Kulturwandel. (= Hamburger Reihe zur Kultur- und Sprachwissenschaft, Band 12, Hamburg). – Hohenschäftlarn: Renner.

– 1980. Aspects of aboriginal trade and communication between northeast Mexico and southwest Texas in the 16th century. Anthropos, 75: 447–64.

– 1984. Culture, environment, and the ills of adaptationism. Current Anthropology, 25(4): 399–415.

– 1984 a. Matai as elders and big men. A reconsideration of traditional Samoan political organization (MS).

– 1985. Einführung in die Ethnologie. Eine Kultur- und Sozialanthropologie. – Hamburg: Buske.

– 1985 a. "Person acquisition and the early state in Polynesia", in Development and decline. The evolution of sociopolitical organization, Henri J.

M. Claessen, Pieter van de Velde und M. Estellie Smith, Hrsg., S. 290–310. – South Hadley, Mass.: Bergin and Garvey.

Barley, Nigel. 1983. *The Innocent Anthropologist. Notes from a Mud Hut.* – London: British Museum Publications.

Barrau, Jacques. 1961. *Subsistence Agriculture in Polynesia and Micronesia* (Bernice P. Bishop Museum Bulletin 223). – Honolulu: Bishop Museum Press.

Barth, Fredrik. 1956. Ecologic relationships of ethnic groups in Swat, north Pakistan. *American Anthropologist, 58,* S. 1079–89.

Bartholomew, George A., jr.; und Joseph B. Birdsell. 1953. Ecology and the Protohominids. *American Anthropologist* 55: 481–98.

Bateson, Gregory. 1967. Cybernetic Explanation. *American Behavioral Scientist,* 10(8): 29–32.

– 1973. *Steps to an ecology of mind.* – London: Paladin Books.

Beckwith, Martha. 1940. *Hawaiian Mythology.* – New Haven: Yale University Press.

Bellwood, Peter. 1978. *Man's Conquest of the Pacific. The Prehistory of Southeast Asia and Oceania.* – Auckland: William Collins.

Bender, Barbara. 1975. *Farming in prehistory. From hunter-gatherer to food producer.* – London: John Baker.

Bennett, John W. 1976. *The ecological transition: Cultural anthropology and human adaptation.* New York, etc.: Pergamon.

Berlin, Brent. 1973. Folk systematics in relation to biological classification and nomenclature. *Annual Review of Ecology and Systematics,* 4, S. 259–71.

Berlyne, D. E. 1960. *Conflict, arousal, and curiosity.* New York.

Berrien, F. Kenneth. 1968. *General and social systems.* New Brunswick, N. J.: Rutgers University Press.

Bertalanffy, Ludwig von. 1956. General system theory. *General Systems Yearbook* 1: 1–10.

– 1970. *. . . aber vom Menschen wissen wir nichts (Robots, men and minds).* –Düsseldorf: Econ

– 1973. *General system theory.* – Harmondsworth: Penguin.

Bicchieri, M. G. 1969. "The differential use of identical features of physical habitat in connection with exploitative, settlement, and community patterns: The BaMbuti case study", in *Contributions to anthropology: Band societies,* S. 65–72, David Damas, Hrsg. National Museum of Canada, Bulletin No. 228, Anthropological Series No. 84. Ottawa.

Binford, Sally R. 1982. "Myths and matriarchies", in *Anthropology 82/83,* Elvio Angeloni, Hrsg., S. 150–53. – Guilford, Ct.: Dushkin Publishing Group.

Bioenergetik. 1982. (Fernlehrgang Ökologie und ihre biologischen Grundlagen, Beiheft 4). – Universität Tübingen: Institut für Chemische Pflanzenphysiologie.

Birdsell, Joseph B. 1953. Some Environmental and Cultural Factors Influencing the Structuring of Australian Aboriginal Populations. *American Naturalist,* 87(834): 171–207.

– 1968. "Some predictions for the pleistocene based on equilibrium systems among recent hunter-gatherers", in *Man the hunter*, Richard B. Lee und Irven DeVore, Hrsg., S. 229–40. – Chicago: Aldine.
– 1973. A basic demographic unit. *Current Anthropology*, 14: 337–56.
Blanton, Richard E. 1975. The Cybernetik Analysis of Human Population Growth. *Memoirs of the Society for American Archaeology*, 30: 116–26.
– 1980. Cultural Ecology Reconsidered. *American Antiquity*, 45(1): 145–51.
– 1983. Advances in the Study of Cultural Evolution in Prehispanic Highland Mesoamerica. *Advances in World Archaeology*, 2: 245–88.
Bogoras, W. G. 1930. Elements of the culture of the circumpolar zone. *Smithsonian Institution Annual Report*, S. 465–82. – Washington D. C.
Bonte, Pierre. 1979. "Pastoral Production, Territorial Organisation and Kinship in Segmentary Lineage Societies", in *Social and Ecological Systems*, Philip Burnham und Roy F. Ellen (Hrsg.), S. 203–34 (A. S. A. Monograph 18). – London: Academic Press.
Boserup, Ester. 1965. *The conditions of agricultural growth.* – Chicago: Aldine.
Brady, Ivan (Hrsg.). 1983. Speaking in the Name of the Real: Freeman and Mead on Samoa. *American Anthropologist*, 85(4): 908–47.
Breckling, B., J. Knirsch und M. Schoen. 1981. *Das Projekt Hospicultura. Untersuchungen über ein ökosystemkonformes Landnutzungsverfahren und sein sozioökonomisches und ökologisches Umfeld im Amazonastiefland Perus* (MS). – Arbeitsgruppe Ökosystemnutzung, Universität Bremen, Fachbereich 3, Postfach 33 04 40, 2800 Bremen 33.
Bronson, Bennett. 1975. "The earliest farming: Demography as cause and consequence", in *Population, ecology, and social evolution*, Steven Polgar, Hrsg., S. 53–78. – The Hague: Mouton.
Brookfield, H. C. 1972. Intensification and disintensification in Pacific agriculture. *Pacific Viewpoint*, 13(1), S. 30–48.
– und P. Brown. 1963. *Struggle for land: agriculture and group territories among the Chimbus of the New Guinea highlands.* – Melbourne: Oxford University Press.
Brown, Judith K. 1975. "Iroquois Women: An Etnohistoric Note", in *Toward an Anthropology of Women*, Rayna R. Reiter (Hrsg.), S. 235–51. – New York: Monthly Review Press.
Brown, Roger. 1965. *Social psychology.* – New York: The Free Press.
Bünning, Erwin. 1956. *Der tropische Regenwald.* – Berlin: Springer.
Burnham, Philip. 1973. "The explanatory value of the concept of adaptation in studies of culture change", in *The explanation of culture change*, S. 93–102, Colin Renfrew, Hrsg. – London: Duckworth.
Cain, Horst. 1975. Persische Briefe auf samoanisch. *Anthropos*, 70: 617–26.
Campbell, Bernard. 1983. *Human ecology: The story of our place in nature from prehistory to the present.* – London: Heinemann.
Carneiro, Robert L. 1961. Slash-and-burn cultivation among the Kuikuru and its implications for cultural development in the Amazon basin. In: The evolution of horticultural systems in native South America. Causes and consequences. A Symposium, Johannes Wilbert, Hrsg. *Anthropologica. Supplement Publication*, Nr. 2, S. 47–67. – Caracas.

- 1968. "Cultural adaptation", in *International Encyclopedia of the Social Sciences*, S. 551–54, David L. Sills, Hrsg.
- 1970. A theory of the origin of the state. *Science*, 169: 733–38.
- 1972. The devolution of evolution. *Social Biology*, 19(3): 248–58.
- 1973. "The four faces of evolution: unilinear, universal, multilinear, and differential", in *Handbook of social and cultural anthropology*, S. 179–239, J. J. Honigmann, Hrsg. – Chicago: Rand McNally.
Childe, V. Gordon. 1936. *Man makes himself.* – London: Watts.
Claessen, Henri J. M., und Peter Skalník. 1978. "The early state: Theories and hypotheses", in *The early state*, H. J. M. Claessen und P. Skalník, Hrsg., S. 3–29. – The Hague: Mouton.
- (Hrsg.). 1978. *The early state.* – The Hague: Mouton.
Claessen, Henri J. M.; und Pieter van de Velde. 1982. Another shot at the moon. *Research: Contributions to interdisciplinary anthropology*, 1: 9–17.
Coe, William R. 1957. Environmental Limitation on Maya Culture: A Re-Evaluation. *American Anthropologist*, 59: 328–35.
Cohen, Mark N. 1975. "Population pressure and the origins of agriculture: An archaeological example from the coast of Peru", in *Population, ecology, and social evolution*, Steven Polgar, Hrsg., S. 79–122. – The Hague: Mouton.
- 1977. *The food crisis in prehistory. Overpopulation and the origins of agriculture.* – New Haven: Yale University Press.
Conklin, Harold C. 1957. *Hanunóo Agriculture. A Report on an Integral System of Shifting Cultivation in the Philippines.* – Rom: FAO.
- 1963. *The study of shifting cultivation.* – Washington, D. C.: Unión Panamericana, Secretaría General, Oraganizatión de los Estados Americanos, Estudios y Monografías, XI.
Cook, Earl. 1971. The flow of energy in an industrial society. *Scientific American*, 225(3), S. 135–144.
Cook, Scott. 1973. Production, Ecology and Economic Anthropology: Notes Toward an Integrated Frame of Reference. *Social Science Information*, 12(1): 25–52.
Cordy, Ross H. 1974 a. Complex rank cultural systems in the Hawaiian islands: Suggested explanations for their origin. *Archaeology and Physical Anthropology in Oceania*, 9, S. 89–110.
- 1974 b. Cultural adaptation and evolution in Hawaii: A suggested new sequence. *Journal of the Polynesian Society*, 83, S. 180–191.
Coser, Lewis A. 1967. „Sozialer Konflikt und die Theorie des sozialen Wandels", in *Moderne amerikanische Soziologie. Neuere Beiträge zur soziologischen Theorie*, Heinz Hartmann (Hrsg.), S. 385–97. – Stuttgart.
- 1972. *Theorie sozialer Konflikte.* (Sammlung Luchterhand 58) – Neuwied u. Berlin.
Coulter, John Wesley. 1941. *Land utilization in American Samoa.* Bernice P. Bishop Museum, Bulletin 170. – Honolulu.
Cowgill, George L. 1975. Population Pressure as a Non-Explanation. *Memoirs of the Society for American Archaeology*, 30: 127–31.
Czihak, G.; Langer, H.; und H. Ziegler. 1981. *Biologie* (dritte, völlig neubearbeitete Auflage). – Berlin: Springer.

Dahrendorf, Ralf. 1958. Out of utopia: Toward a reorientation of sociological analysis. *The American Journal of Sociology,* 64(2): 115−27.
− 1974. *Pfade aus Utopia. Arbeiten zur Theorie und Methode der Soziologie.* − München: Piper.
Davenport, William. 1964. Hawaiian feudalism. *Expedition,* 6(2), S. 15−27.
− 1969. The "Hawaiian cultural revolution": Some political and economic considerations. *American Anthropologist,* 71, S. 1−20.
Daws, Gavan. 1968. *Shoal of time. A history of the Hawaiian islands.* − Honolulu: University Press of Hawaii.
Decktor Korn, Shulamit R. 1978. Hunting the ramage: Kinship and the organzation of political authority in aboriginal Tonga. *Journal of Pacific History,* 13, S. 107−13.
Diamond, J.M. 1977. Colonization cycles in Man and Beast. *World Archaeology,* 8: 249−61.
Diderot, Denis. 1972. *Supplément au voyage de Bougainville, ou dialogue entre A. et B.* − Paris: Garnier−Flammarion.
Dolukhanov, Paul A. 1973. "The Neolithisation of Europe: A Chronological and Ecological Approach", in *The Explanation of Culture Change,* Colin Renfrew (Hrsg.), S. 329−42. − London: Duckworth.
Dumond, D. E. 1961. Swidden agriculture and the rise of Maya civilization. *Southwestern Journal of Anthropology,* 17: 301−16.
Dunn, Frederick L. 1968. "Epidemiological factors: Health and disease in hunter-gatherers," in *Man the hunter,* S. 221−28, Richard B. Lee und Irven DeVore, Hrsg. − Chicago: Aldine.
Dwyer, Peter D. 1982. Comment. *Current Anthropology,* 23(3): 301−02.

Earle, Timothy K. 1977. "A reappraisal of redistribution: Complex Hawaiian chiefdoms", in *Exchange systems in prehistory,* Timothy K. Earle und Jonathon E. Ericson, Hrsg., S. 213−29. − New York: Academic Press.
− 1978. *Economic and social organzation of a complex chiefdom: The Halelea district, Kaua'i, Hawaii.* Museum of Anthropology, Anthropological Papers, No. 63. − Ann Arbor: University of Michigan.
Eckholm, Erik P. 1976. *Losing Ground. Environmental Stress and World Food Prospects.* − New York: Norton.
Eibl-Eibesfeldt, Irenäus. 1984. *Die Biologie des menschlichen Verhaltens. Grundriß der Humanethologie.* − München: Piper.
Ekholm, Kajsa. 1977. "External Exchange and the Tranformation of Central African Social Systems", in *The Evolution of Social Systems,* J. Friedman und M. J. Rowlands (Hrsg.), S. 115−36. − London: Duckworth.
Ekwall, Eilert 1955. 'Slash-and-Burn' Cultivation: A Contribution to Anthropological Terminology. *Man,* 55: 136.
Ellen, Roy. 1982. *Environment, Subsistence and System. The Ecology of Small-Scale Social Formations.* − Cambridge: Cambridge University Press.
Ember, Carol R. 1978. Myths about hunter-gatherers. *Ethnology,* 17(4), S. 439−48.
Engels, Friedrich. 1978. „Anteil der Arbeit an der Menschwerdung des Affen", in *Dialektik der Natur* (Karl Marx, Friedrich Engels, Werke Band 20), S. 444−55. − Berlin: Dietz.

Faris, James C. 1975. "Social evolution, population, and production", in *Population, ecology, and social evolution*, S. 235–71, Steven Polgar, Hrsg. – The Hague: Mouton.

Ferdon, E. N., jr. 1959. Agricultural Potential and the Development of Cultures. *Southwestern Journal of Anthropology*, 15: 1–19.

Flannery, Kent V. 1972. The cultural evolution of civilizations. *Annual Review of Ecology and Systematics*, 3: 399–426.

– 1982. The golden marshalltown: A parable for the archaeology of the 1980s. *American Anthropologist*, 84: 265–78.

Finney, Ben. 1966. Resource distribution and social structure in Tahiti. *Ethnology*, 5, S. 80–86.

Fisher, J. L. 1970. Political factors in the overthrow of the Hawaiian taboo system. *Acta Ethnographica Academiae Scientiarum Hungaricae*, 19, S. 161–67.

Forde, C. Daryll. 1956. *Habitat, economy and society*. – London: Methuen.

Fox, Robin. 1967. *Kinship and marriage*. – Harmondsworth: Penguin Books.

Frear, W. 1894. The evolution of the Hawaiian judiciary. *Papers of the Hawaiian Historical Society*, Nr. 6.

Freeman, Derek. 1978. *A precursory view of the anthropology of choice*. (MS). – Canberra: Department of Anthropology, Research School of Pacific Studies, Australian National University.

– 1983. *Margaret Mead and Samoa. The Making and Unmaking of an Anthropological Myth*. – Cambridge: Harvard University Press.

– o. J. *Sociobiology: the "antidiscipline" of anthropology*. (MS). – Canberra: Department of Anthropology, Research School of Pacific Studies, Australian National University.

Fried, Morton H. 1967. *The evolution of political society*. – New York: Random House.

Friedl, Ernestine. 1982. "Society and sex roles", in *Anthropology 82/83*, Elvio Angeloni, Hrsg., S. 144–49. – Guilford, Ct.: Dushkin Publishing Group.

Friedman, Jonathan. 1974. Marxism, structuralism and vulgar materialism. *Man* (n. s.), 9: 444–69.

– 1975. "Tribes, states, and transformations", in *Marxist analyses and social anthropology*, S. 161–202, Maurice Bloch, Hrsg. ASA Studies, 2. – London: Malaby Press.

– 1979. "Hegelian ecology: Between Rousseau and the World Spirit", in *Social and ecological systems*, S. 253–70, Philip Burnham und Roy F. Ellen, Hrsg., A.S.A. Monograph 18. – London: Academic Press.

– 1979 a: *System, Structure and Contradiction. The Evolution of 'Asiatic' Social Formations*. – Copenhagen: The National Museum of Denmark.

– und M. J. Rowlands. 1977. "Notes towards an epigenetic model of the evolution of 'civilization' ", in *The evolution of social systems*, J. Friedman und M. J. Rowlands, Hrsg., S. 201–76. – London: Duckworth.

Fuertes de Cabeza, Dolores (Pseudonym). 1982. Freudloses Paradies. Eindrücke und Erfahrungen während eines Forschungsaufenthaltes in Westsamoa. *Baessler-Archiv (N. F.)*, 30: 351–69.

Geertz, Clifford. 1963. *Agricultural involution. The processes of ecological change in Indonesia*. – Berkeley: University of California Press.

Gennep, Arnold van. 1909. *Les rites de passage.* – Paris.

Godelier, Maurice. 1978. Infrastructures, societies, and history. *Current Anthropology,* 19(4): 763–71.

Goldman, Irving. 1955. Status rivalry and cultural evolution in Polynesia. *American Anthropologist,* 57, S. 680–97.

– 1960. "The evolution of Polynesian societies", in *Culture in History. Essays in Honor of Paul Radin,* S. 687–712, S. Diamond, Hrsg. – New York: Columbia University Press.

– 1970. *Ancient Polynesian Society.* – Chicago: The University of Chicago Press.

Gould, S. J.; und R. C. Lewontin. 1979. The spandrels of San Marco and the Panglossian paradigm: A critique of the adaptationist programme. *Proceedings of the Royal Society of London* (Series B), 205: 581–98.

Gudeman, Stephen. 1978. Anthropological economics: The question of distribution. *Annual Review of Anthropology,* 7: 347–77.

Haber, W. 1980. Entwicklung und Probleme der Kulturlandschaft im Spiegel ihrer Ökosysteme. *Forstarchiv,* 51: 245–50.

Hall, A. D.; und R. E. Fagen. 1956. Definition of system. *General Systems Yearbook,* 1: 18–28.

Handy, E. S. Craighill; Elizabeth Green Handy und Mary Kawena Pukui. 1972. *Native Planters in old Hawaii.* (= Bernice P. Bishop Museum Bulletin 233). – Honolulu: Bishop Museum Press.

Handy, E. S. Craighill; und Mary Kawena Pukui. 1958. *The Polynesian family system in Ka-'u, Hawai'i.* – Wellington: The Polynesian Society.

Hardesty, Donald L. 1975. The niche concept: Suggestions for its use in studies of human ecology. *Human Ecology,* 3: 71–85.

– 1977. *Ecological anthropology,* – New York: Wiley.

Harfst, Richard H. 1972. Cause or condition: Explanations of the Hawaiian cultural revolution. *Journal of the Polynesian Society,* 81: 437–71.

Harner, Michael J. 1970. Population pressure and the social evolution of agriculturalists. *Southwestern Journal of Anthropology,* 26: 67–86.

Harris, David R. 1969. "Agricultural systems, ecosystems and the origins of agriculture", in *The domestication and exploitation of plants and animals,* S. 3–15, Peter J. Ucko und G. W. Dimbleby, Hrsg. – London: Duckworth.

– 1972. "Swidden systems and settlement", in *Man, settlement and urbanism,* S. 245–62, Peter J. Ucko, Ruth Tringham und G. W. Dimbleby, Hrsg. – London: Duckworth.

Harris, Marvin. 1966. The cultural ecology of India's sacred cattle. *Current Anthropology,* 7: 51–9.

– 1968. *The rise of anthropological theory: A history of theory of culture.* – New York: Crowell.

– 1969. Monistic determinism: Anti-Service. *Southwestern Journal of Anthropology,* 25(2), S. 198–206.

– 1975. *Culture, people, nature. An introduction to general anthropology* (2. Auflage). – New York: Thomas Y. Crowell.

– 1978. *Cannibals and kings. The origins of cultures.* – Glasgow: Fontana/Collins. (erstmals erschienen 1977).

– 1979. *Cultural materialism: The struggle for a science of culture.* – New York: Random House.

Harrison, Peter D. (Coordinator). 1979. Prehispanic Maya Agriculture. *Actes du XLIIe Congrès International des Américanistes,* 8: 297–453. – Paris: Musée de l'Homme.

– und B. L. Turner II. 1978. *Prehispanic Maya Agriculture.* Albuquerque: University of New Mexico Press.

Hartmann, Sybille. 1982. *Populationen* (Fernlehrgang Ökologie und ihre biologischen Grundlagen, Heft 3). – Tübingen: Universität Tübingen.

Hassan, Fekri A. 1975. "Determination of the size, density, and growth rate of hunting-gathering populations", in *Population, ecology, and social evolution,* S. 27–52, Steven Polgar, Hrsg. – The Hague: Mouton.

– 1979. Demography and archaeology. *Annual Review of Anthropology,* 8, S. 137–60.

Hawley, Amos H. 1968. "Human ecology", in *International Encyclopedia of the Social Sciences,* 4: 328–37, David L. Sills, Hrsg.

Hayden, B. 1975. The Carrying Capacity Dilemma. *Memoirs of the Society for American Archaeology,* 30: 11–21.

Heider, K. G. 1972. Environment, Subsistence, and Society. *Annual Review of Anthropology,* 1: 207–26.

Heizer, Robert F. 1955. Primitive Man as an Ecological Factor. *Kroeber Anthropological Society Papers,* 13: 1–31.

Herder, Johann Gottfried. 1985. *Ideen zur Philosophie der Geschichte der Menschheit* (erstmals 1784–1791). – Wiesbaden: Fourier.

Hiatt, L. R. 1962. Local Organization Among the Australian Aborigines. *Oceania,* 32: 267–86.

Hieronimus, Ekkehard. 1984. *Der Traum von den Urkulturen.* – München: Carl Friedrich von Siemens Stiftung (2. Auflage).

Hirshberg, Richard J.; und Joan F. Hirshberg. 1957. Meggers' Law of Environmental Limitation on Culture. *American Anthropologist,* 59: 890–1.

Hirschberg, Walter; und Alfred Janata. 1980. *Technologie und Ergologie in der Völkerkunde* (Band 1) (Zweite und verbesserte Auflage). – Berlin: Dietrich Reimer.

Hockett, Charles F.; und Robert Ascher. 1964. The human revolution. *Current Anthropology,* 5(3): 135–68.

Holling, Crawford S. 1973. Resilience and stability of ecological systems. *Annual Review of Ecology and Systematics,* 4, S. 1–23.

– und M. A. Goldberg. 1971. Ecology and planning. *Journal of the American Institute of Planners,* 37: 221–30.

Holt, John Dominis (Hrsg.). 1979. *The Hawaiian Journal of John B. Whitman, 1813–1815. An Account of the Sandwich Islands.* – Honolulu: Topgallant Publishing Co.

Janzen, Daniel H. 1973. Tropical Agroecosystems. *Science,* 182: 121–1219.

Jochelson, W. 1928. *Peoples of Asiatic Russia.* – New York.

Kaplan, David; und Robert A. Manners. 1972. *Culture theory.* – Englewood Cliffs, New Jersey: Prentice-Hall.

Keesing, Roger M. 1974. Theories of culture. *Annual Review of Anthropology,* 3: 73–97.

- 1975. *Kin groups and social structure.* - New York: Holt, Rinehart and Winston.
- 1976. *Cultural anthropology: A contemporary perspective.* - New York: Holt, Rinehart & Winston.

King, Thomas F. 1978. "Don't that beat the band? Nonegalitarian political organization in prehistoric central Califormia", in *Social archeology. Beyond subsistence and dating,* Charles L. Redman et al., Hrsg., S. 225–47. - New York: Academic Press.

Kirch, Patrick Vinton. 1980. Valley agricultural systems in prehistoric Hawaii: An archaeological consideration. *Asian Perspectives,* 20(2): 246–80.
- 1983. Man's role in modifying tropical and subtropical Polynesian ecosystems. *Archaeology in Oceania,* 18(1), S. 26–31.
- 1984. *The Evolution of Polynesian Chiefdoms.* - Cambridge: Cambridge University Press.
- o. J. *The impact of the prehistoric Polynesians on the Hawaiian ecosystem.* (MS).

Klaus, Georg; und Manfred Buhr. 1971. *Philosophisches Wörterbuch* (2 Bde.). 8., berichtigte Auflage. - Berlin.
- 1975. *Philosophisches Wörterbuch.* (2 Bde.). 11. Auflage. - Berlin (West): deb.

Kmieciak, Peter. 1974. *Auf dem Wege zu einer generellen Theorie sozialen Verhaltens.* Werkstattpapiere 5. - Meisenheim am Glan: Anton Hain.

Krader, Lawrence. 1955. Principles and Structures in the Organization of the Asiatic Steppe-Pastoralists. *Southwestern Journal of Anthropology,* 11(2): 67–92.
- 1955 a. Ecology of Central Asian Pastoralism. *Southwestern Journal of Anthropology,* 11(4): 301–26.

Kroeber, A. L.; und Clyde Kluckhohn. 1952. *Culture, A Critical Review of Concepts and Definitions* (= Papers of the Peabody Museum of American Archaeology and Ethnology, Vol. 47(1)). - Cambridge, Mass.

Krysmanski, Hans Jürgen. 1971. *Soziologie des Konflikts.* - Reinbek: Rowohlt.

Kühn, Alfred. 1972. *Allgemeine Zoologie* (Neu bearbeitet von Ernst Hagedorn und Rüdiger Wehner). 18. Auflage. - dtv und Georg Thieme.

Kulzer, Erwin. 1982. *Autökologie der Tiere* (Fernlehrgang Ökologie und ihre biologischen Grundlagen, Heft 2 a.). - Tübingen: Universität Tübingen.

Kuykendall, Ralph S. 1947. *The Hawaiian kingdom, 1778–1854* (2. Auflage). - Honolulu: University of Hawaii Press.

Laszlo, Ervin. 1972. *Introduction to systems philosophy. Toward a new paradigm of contemporary thought.* - New York: Gordon and Breach.

Laughlin, William S. 1968. "Hunting: An integrating biobehavior system and its evolutionary importance", in *Man the hunter,* Richard B. Lee und Irven DeVore, Hrsg., S. 304–20. - Chicago: Aldine.

Leach, Edmund R. 1954. *Political Systems of Highland Burma. A Study of Kachin Social Structure.* - London: Bell.

Lee, Richard B. 1968. "What hunters do for a living, or, how to make out on scarce resources", in *Man the hunter*, S. 30—48, Richard B. Lee und Irven DeVore, Hrsg. — Chicago: Aldine.

— 1969. "!Kung Bushman subsistence: An input-output analysis", in *Environment and cultural behavior. Ecological studies in cultural anthropology*, S. 47—79, Andrew P. Vayda, Hrsg. — Garden City, New York: Natural History Press.

— und Irven DeVore. 1968. "Problems in the study of hunters and gatherers", in *Man the hunter*, S. 3—12, R. B. Lee und I. DeVore, Hrsg. — Chicago: Aldine.

— (Hrsg.). 1968. *Man the hunter.* — Chicago: Aldine.

Liedke, Gerhard. 1983. *Im Bauch des Fisches. Ökologische Theologie.* — Stuttgart: Kreuz Verlag (3. Auflage).

Lindig, Wolfgang. 1978. „Nordamerika von der Beringstraße bis zum Isthmus von Tehuantepec", in Wolfgang Lindig und Mark Münzel: *Die Indianer.* — München: dtv.

Linton, Ralph. 1964. *The study of man.* — New York (2. Auflage).

Löffler, Lorenz G. 1960. Bodenbau und Ertragsfaktor im Brandrodungsbau. *Tribus*, 9: 39—43.

Love, T. F. 1977. Ecological niche theory in sociocultural anthropology: A conceptual framework and an application. *American Ethnologist* 4: 27—41.

Lovelock, James E. 1979. *Gaia: A new look at life on earth.* — Oxford: Oxford University Press.

Luhmann, Niklas. 1977. *Funktion der Religion.* — Frankfurt/Main: Suhrkamp.

MacArthur, R. H.; und E. O. Wilson. 1967. *The Theory of Island Biogeography.* — Princeton: Princeton University Press.

Mair, Lucy. *Primitive government.* — Harmondsworth: Pelican Books.

Malinowski, Bronislaw. 1922. *Argonauts of the Western Pacific.* — London.

Malo, David. 1951. *Hawaiian antiquities (Moolelo Hawaii)* (2. Auflage). — Honolulu: Bishop Museum Press.

Margalef, Ramón. 1968. *Perspectives in Ecological Theory.* — Chicago: The University of Chicago Press.

Marx, Karl. 1890. *Das Kapital* (Band 1). — Hamburg.

— 1983. *Grundrisse der Kritik der politischen Ökonomie.* (Karl Marx, Friedrich Engels, Werke Band 42). — Berlin: Dietz.

May, Robert M. 1975. "Stability in ecosystems: some comments", in *Unifying Concepts in Ecology*, W. H. van Dobben und R. H. Lowe-McConnell (Hrsg.), S. 161—67. — The Hague: Dr. W. Junk.

McEvedy, Colin; und Richard Jones. 1978. *Atlas of world population history.* —Harmondsworth: Penguin Books.

McGlone, M. S. 1983. Polynesian deforestation of New Zealand: A preliminary synthesis. *Archaeology in Oceania*, 18(1), S. 11—25.

Mead, Margaret. 1928. *Coming of Age in Samoa.* — New York: Morrow.

Meggers, Betty J. 1954. Environmental Limitation on the Development of Culture. *American Anthropologist*, 56: 801—24.

— 1957. Environmental Limitation on Maya Culture: A Reply to Coe. *American Anthropologist*, 59: 888—90.

Mehringer, Jakob. 1986. *Pajonal-Asheninka (Campa-Indianer): Ihre kul-*

turelle Stellung im Rahmen der ostperuanischen Proto-Aruak Stämme (Dr. phil.-Dissertation). – München.

Mikesell, M. 1967. Geographical Perspectives in Anthropology. *Annals of the Association of American Geographers,* 57: 617–34.

Miller, George A.; Eugene Galanter; und Karl H. Pribram. 1960. *Plans and the structure of behavior.* – New York: Holt, Rinehart & Winston.

Mischung, Roland, 1980. Meo und Karen: Die Umwelt-Anpassung zweier hinterindischer Bergvölker. Ein Beitrag zur ethnologischen Ökologie-Diskussion. *Paideuma,* 26: 141–56.

– 1984. Seßhaftigkeit und Intensivierung beim Brandrodungsfeldbau. Eine Fallstudie aus Nordwest-Thailand. *Paideuma,* 30: 241–55.

Moore, Omar Khayyam. 1957. Divination – a new perspective. *American Anthropologist,* 59: 69–74.

Morley, Sylvanus G. 1956. *The ancient Maya* (3. Auflage, bearbeitet von George W. Brainerd). – Stanford: Stanford University Press.

Muller, Jean-Claude. 1981. *Political systems as transformations.* (MS). Paper presented at the first International Union of Anthropological and Ethnological Sciences Intercongress, Amsterdam, April 1981.

Murdock, George Peter. 1963. "Human influences on the ecosystems of high islands of the tropical Pacific", in *Man's place in the island ecosystem: A symposium,* S. 145–52, Francis R. Fosberg, Hrsg. – Honolulu: Bishop Museum Press.

Nardi, Bonnie Anna. 1981. Modes of explanation in anthropological population theory: Biological determinism vs. self-regulation in studies of population growth in Third World countries. *American Anthropologist,* 83(1): 28–56.

Newcomb, W. W., jr. 1950. A Re-Examination of the Causes of Plains Warfare. *American Anthropologist,* 52: 317–30.

Newcomer, Peter J. 1972. The Nuer are Dinka: An Essay on Origins and Environmental Determinism. *Man (N. S.),* 7: 5–11.

Odum, Eugene P. 1980. *Grundlagen der Ökologie in 2 Bänden.* –Stuttgart: Thieme.

O'Reilly Sternberg, Hilgard. 1964. Land and man in the tropics. *Academy of Political Science Proceedings,* 27(4): 11–21.

Peebles, Christopher; und Susan M. Kus. 1977. Some Archaeological Correlates of Ranked Societies. *American Antiquity,* 42(3): 421–48.

Peoples, James G. 1982. Individual or group advantage? A reinterpretation of the Maring ritual circle. *Current Anthropology,* 23(3): 291–300.

Piddington, Ralph. 1960. *An Introduction to Social Anthropology.* – Edinburgh (3. Auflage).

Pimentel, David; und Marcia Pimentel. 1979. *Food, Energy and Society.* – London: Edward Arnold.

Price, Barbara J. 1977. Shifts in production and organization: A cluster-interaction model. *Current Anthropology,* 18(2): 209–21.

Pytlik, Anna; und Rolf Gehlen. 1984 Mit der Wahrheit auf Kriegsfuß. *Natur,* Nr. 7, S. 76–83.

Rappaport, Roy A. 1968. *Pigs for the ancestors. Ritual in the ecology of a New Guinea people.* – New Haven: Yale University Press.

234

– 1971. The sacred in human evolution. *Annual Review of Ecology and Systematics,* 2: 23–42.
– 1971 a. Ritual, sanctity, and cybernetics. *American Anthropologist,* 73: 59–76.
– 1976. "Adaptation and maladaptation in social systems", in *The ethical basis of economic freedom,* S. 39–82, Ivan Hill, Hrsg. – Chapel Hill, N. C.: American Viewpoint.
– 1977. "Maladaptation in social systems", in *The evolution of social systems,* S. 49–71, J. Friedman und M. J. Rowlands, Hrsg. – London: Duckworth.
– 1979. *Ecology, meaning, and religion.* – Richmond, Calif.: North Atlantic Books.
Rathje, William L. 1973. "Classic Maya development and denouement: A research design", in *The classic Maya collapse,* T. Patrick Culbert, Hrsg., S. 405–54. – Albuquerque: University of New Mexico Press.
Redman, Charles L. 1978. *The rise of civilization. From early farmers to urban society in the ancient Near East.* – San Francisco: Freeman.
Renner, Egon. 1980. *Die Kognitive Anthropologie: Aufbau und Grundlagen eines ethnologisch-linguistischen Paradigmas.* (= Forschungen zur Ethnologie und Sozialpsychologie, Band 12). – Berlin: Duncker & Humblot.
Riches, David. 1979. "Ecological variation on the Northwest Coast: Models for the generation of cognatic and matrilineal descent", in *Social and ecological systems* (= A. S. A. Monograph 18), Philip Burnham und Roy F. Ellen, Hrsg., S. 145–66. – London: Academic Press.
Ritz, Hans. 1983. *Die Sehnsucht nach der Südsee. Bericht über einen europäischen Mythos.* – Göttingen: Muri Verlag.
Romer, Alfred Sherwood. 1954. *Man and the vertebrates* (Band 1). – Harmondsworth: Penguin Books.
Rosenblueth, Arturo; Norbert Wiener; und Julian Bigelow. 1943. Behavior, purpose and teleology. *Philosophy of Science,* 10: 18–24.
Rudolph, Wolfgang; und Peter Tschohl. 1977. *Systematische Anthropologie.* – München: Wilhelm Fink.

Sacks, Karen. "Engels Revisited: Women, the Organization of Production, and Private Property", in *Toward an Anthropology of Women,* Rayna R. Reiter (Hrsg.), S. 211–34. – New York: Monthly Review Press.
Sahlins, Marshall D. 1955. Esoteric efflorescene in Easter Island. *American Anthropologist,* 57: 1047–52.
– 1958. *Social Stratification in Polynesia.* – Seattle: The American Ethnological Society.
– 1963. Poor man, rich man, big-man, chief: Political types in Melanesia and Polynesia. *Comparative Studies in Society and History,* 5(3), S. 285–303.
– 1968. "Culture and environment: The study of cultural ecology", in *Theory in Anthropology. A Sourcebook,* S. 367–73, Robert A. Manners und David Kaplan, Hrsg. – London.
– 1968 a. "Notes on the original affluent society", in *Man the hunter,* Richard B. Lee und Irven DeVore, Hrsg., S. 85–89. – Chicago: Aldine.
– 1972. *Stone age economics.* – Chicago: Aldine.

Sanders, William T.; und Barbara Price. 1968. *Mesoamerica: The Evolution of a Civilization.* — New York: Random House.

— und David Webster. 1978. "Unilinealism, multilinealism, and the evolution of complex societies", in *Social archaeology. Beyond subsistence and dating,* S. 249—301, Charles L. Redman et al., Hrsg. — New York: Academic Press.

Schlee, Günther. 1984. Intra- und interethnische Beziehungsnetze nordkenianischer Wanderhirten. *Paideuma,* 30: 69—80.

— 1984 a. Nomaden und Staat. Das Beispiel Nordkenia. *Sociologus,* 34(2): 140—61.

Schmitt, Robert C. 1971. New estimates of the pre-censal population of Hawaii. *Journal of the Polynesian Society,* 80, S. 237—43.

Schulz, Reinhard. 1984. Gustav Mahler, Sinfonie Nr. 1 D-dur-Zitierte Musik und Naturklang. *Programmhefte der Münchner Philharmoniker,* 22. September 1984, S. 16—19.

Schwartz, Theodore. 1963. Systems of areal integration: Some considerations based on the Admiralty Islands in northern Melanesia. *Anthropological Forum,* 1: 56—97.

Schweizer, Thomas. 1980. Konsumverhalten im ländlichen Java. *Sociologus,* 30(2): 123—53.

— 1982. Die empirische Methode der Ethnologie: Feldforschung am Beispiel einer Dorfstudie auf Java. *Sociologus,* 32(1): 20—42.

Seaton, S. Lee. 1978. "The early state in Hawaii", in *The early state,* Henri J. M. Claessen und Peter Skalník, Hrsg., S. 269—88, — The Hague: Mouton.

Seiler, Signe. 1979. *Wissenschaftstheorie in der Ethnologie. Zur Kritik und Weiterführung der Theorie von Thomas S. Kuhn anhand ethnographischen Materials.* — Berlin: Dietrich Reimer.

Service, Elman R. 1962. *Primitive social organization: An evolutionary perspective.* — New York: Random House.

— 1968. The prime-mover of cultural evolution. *Southwestern Journal of Anthropology,* 24, S. 396—409.

— 1975. *Origins of the state and civilization. The process of cultural evolution.* — New York: Norton.

— 1978. *Profiles in ethnology* (3. Auflage). — New York: Harper & Row.

— 1979. *The hunters* (2. Auflage). — Englewood Cliffs, New Jersey: Prentice-Hall.

Shirokogoroff, S. M. 1933. *Social organization of the northern Tungus.* — Shanghai.

Shore, Bradd. 1978. Ghosts and government: A structural analysis of alternative institutions for conflict management in Samoa. *Man* (n. s.) 13: 175—99.

Sigrist, Christian. 1967. *Regulierte Anarchie. Untersuchungen zum Fehlen und zur Entstehung politischer Herrschaft in segmentären Gesellschaften Afrikas.* — Olten und Freiburg im Breisgau: Walter.

Slobodkin, Lawrence B. 1977. Evolution is no help. *World Archaeology,* 8(3): 332—43.

— und Anatol Rapoport. 1974. An optimal strategy of evolution. *The Quarterly Review of Biology,* 49(3): 181—200.

Smith, Mary Estellie. 1982. The process of sociocultural continuity. *Current Anthropology*, 23: 127–42.

Southall, Aidan. 1976. Nuer and Dinka are people. Ecology, ethnicity and logical possibilities. *Man (N. S.)*, 11: 463–91.

Speck, Frank G.1915. The Family Hunting Band as the Basis of the Algonkian Social Organization. *American Anthropologist*, 17: 289–305.

Spencer, J. E. 1966. *Shifting Cultivation in Southeastern Asia.* – Berkeley: University of California Press.

Spencer, J. E.; und G. A. Hale. 1961. The origin, nature, and distribution of agricultural terracing. *Pacific Viewpoint*, 2(1): 1–40.

Stegmüller, Wolfgang. 1975. *Hauptströmungen der Gegenwartsphilosophie* (Band 2). – Stuttgart: Kröner.

Steward, Julian H. 1938. *Basin-Plateau aboriginal sociopolitical groups.* (= Smithsonian Institution Bureau of American Ethnology, Bulletin 120). – Washington D. C.

– 1949. Cultural causality and law: A trial formulation of the development of early civilizations. *American Anthropologist*, 51: 1 – 27.

– 1955. *Theory of culture change.* – Urbana: University of Illinois Press.

Straube, Helmut. 1967. Der agrarische Intensivierungskomplex in Nordost-Afrika. *Paideuma*, 13, S. 198–222.

– 1971. Die traditionelle Landwirtschaft Afrikas in historischer Sicht. *Internationales Afrika Forum*, 7. Jahrgang, Heft 8, S. 449–54. – München.

Stugren, Bogdan. 1978. *Grundlagen der Allgemeinen Ökologie* (3. Auflage, erweitert und neubearbeitet). – Stuttgart: Gustav Fischer.

Suttles, Wayne. 1968. "Coping with abundance: Subsistence on the Northwest Coast", in *Man the hunter*, S. 56–68, Richard B. Lee und Irven DeVore. Hrsg. – Chicago: Aldine.

Swedlund, Alan C. 1978. Historical demography as population ecology. *Annual Review of Anthropology*, 7: 137–73.

Sweet, Louise C. 1969. "Camel pastoralism in north Arabia and the minimal camping unit", in *Environment and cultural behavior. Ecological studies in cultural anthropology*, S. 157–78, Andrew P. Vayda, Hrsg. – Garden City, New York: Natural History Press.

Thompson, Laura, 1949. The Relations of Men, Animals, and Plants in an Island Community (Fiji). *American Anthropologist*, 51: 253–76.

Tillich, Paul. 1975. *Wesen und Wandel des Glaubens.* – Frankfurt/Main: Ullstein.

Tischler, Wolfgang. 1979. *Einführung in die Ökologie* (2., überarbeitete und erweiterte Auflage). – Stuttgart: Gustav Fischer.

Tschayanoff, Alexander. 1924. Zur Frage nichtkapitalistischer Produktionsweisen. *Archiv für Sozialwissenschaft und Sozialpolitik*, 51: 577–613.

Turnbull, Colin M. 1961. *The Forst People.* – New York: Simon & Schuster.

Turner, B. L. II. 1974. Prehistoric Intensive Agriculture in the Mayan Lowlands. *Science*, 185: 118–24.

Turner, Paul R. 1977. Intensive agriculture among the highland Tzeltals. *Ethnology*, 16(2): 167–74.

Tyler, Edward B. 1963. „Die Culturwissenschaft“, in *Kultur,* Carl August

Schmitz (Hrsg.), S. 33—53. — Frankfurt/Main: Akademische Verlagsgesellschaft.

Vajda, Laszlo. 1968. *Untersuchungen zur Geschichte der Hirtenkulturen.* — Wiesbaden: Harrassowitz.

Valeri, Valerio. 1972. Le fonctionnement du système des rangs à Hawaii. *l'Homme,* 12(1), S. 29—66.

Vayda, Andrew P. 1956. Maori conquests in relation to the New Zealand environment. *Journal of the Polynesian Society,* 65: 204—11.

— 1961. Expansion and warfare among swidden agriculturalists. *American Anthropologist,* 63: 346—58.

— 1967. On the Anthropological Study of Economics. *Journal of Economic Issues,* 1: 86—90.

— und Roy A. Rappaport. 1968. "Ecology; cultural and non-cultural", in *Introduction to cultural anthropology,* S. 476—98, J. A. Clifton, Hrsg. — Boston: Houghton Mifflin.

Verdon, Michel. 1982. Where have All Their Lineages Gone? Cattle and Descent Among The Nuer. *American Antrhopologist,* 84(3): 566—79.

Wagner, Cosima. 1976. *Die Tagebücher. Band 1: 1869—1877.* — München: Piper.

Wagner, Helmuth O. 1969. Subsistence potential and population density of the Maya on the Yucatan peninsula and causes for the decline in population in the fifteenth century. *Verhandlungen des XXXVIII. Internationalen Amerikanistenkongresses,* Band I: 179—96.

Watters, R. F. 1958. Cultivation in old Samoa. *Economic Geography,* 34(4), S. 338—351.

Watzlawick, Paul; Janet H. Beavin; und Don D. Jackson. 1969. *Menschliche Kommunikation. Formen, Störungen, Paradoxien.* (4., unveränderte Auflage). — Bern: Hans Huber.

Webster, Paula. 1975. "Matriarchy: A Vision of Power", in *Toward an Anthropology of Women,* Rayna R. Reiter (Hrsg.), S. 141—56. — New York: Monthly Review Press.

Weiner, Annette B. 1980. Reproduction. A Replacement für Reciprocity. *American Ethnologist,* 7: 71—85.

Wendt, Albert. 1983. Three Faces of Samoa: Mead's, Freeman's and Wendt's. *Pacific Islands Monthly* (April), S. 10—14, 69.

Wesel, Uwe. 1980. *Der Mythos vom Matriarchat. Über Bachofens Mutterrecht und die Stellung von Frauen in frühen Gesellschaften.* — Frankfurt/Main: Suhrkamp.

White, Leslie A. 1959. *The evolution of culture: The development of civilization to the fall of Rome.* — New York: McGraw-Hill.

Williams, B. J. 1974. A Model of Band Society. *Memoirs of the Society for American Archaeology,* 29 und *American Antiquity,* 39 (4, part 2): 1—138.

Williams, George C. 1966. *Adaptation and natural selection: A critique of some current evolutionary thought.* — Princeton: Princeton University Press.

Wissler, Clark. 1922. *The American Indian.* — Oxford (2. Auflage).

— 1928. The Culture Area Concept as a Research Lead. *American Journal of Sociology,* 33(6): 894—900.

—   1929. *An Introduction to Social Anthropology.* — New York: Holt & Co.
Wittfogel, Karl A. 1957. *Oriental despotism.* — New Haven: Yale University Press.
—   1977. *Die Orientalische Despotie. Eine vergleichende Untersuchung totaler Macht.* — Frankfurt/Main: Ullstein.
Woodburn, James. 1972. "Ecology, Nomadic Movement and the Composition of the Local Group Among Hunters and Gatherers: An East African Example and Its Implications", in *Man, Settlement and Urbanism,* Peter J. Ucko, Ruth Tringham und G. W. Dimbleby (Hrsg.), S. 193—206. — London: Duckworth.
Wright, Henry T.; und Gregory Johnson. 1975. Population, Exchange, and Early State Formation in Southwestern Iran. *American Anthropologist,* 77: 267—89.
Wrong, D. H. 1961. The oversocialized concept of man in modern sociology. *American Sociological Review,* 26: 183—93.
Wynne-Edwards, V. C. 1962. *Animal dispersion in relation to social behavior.* — Edinburgh: Oliver & Boyd.
Zöbl, Dorothea. 1985. Die Transhumanz: Zur Prozeßhaftigkeit einer agrarischen Wirtschaftsform. *Historical Social Research/Historische Sozialforschung,* 36: 99—103.

Index
Namens-, Stich- und Schlagwortverzeichnis

Vorbemerkung:
Halbfett gedruckte Wörter bezeichnen ethnische Eigennamen; kursivgedruckte Seitenzahlen verweisen auf Stellen, an denen der jeweilige Begriff näher erläutert wird; Sternchen auf Fußnoten.

cultural species *162*

Dauernahrungsmittel
– po'i 142*
DAVENPORT, WILLIAM 152*
Demökologie 65
Demographie von Hawaii 137–138
DESCARTES, RENÉ 15, 17
Deszendenzgruppen
– allgemein 129–130, 140*, 141
– bilaterale 152
– kognatische *36*, 140*
– matrilineare *34*, 35, 42, 54
– patrilineare 35, 43, 54, 140*
– unilineare *35*, 36 ›
Determinismus 126–128
– technisch-ökologischer, bzw. technisch-ökonomischer *126*, 153–154
DeVORE, IRVEN 40
DIAMOND, J. M. 82
DIDEROT, DENIS 20,21
Disposition *212–213**
Diversität 76–79, 101, 114
Diversitätsindex 76, 96
DOLUKHANOV, PAUL A. 205
Domestikation *45**
Dowayo 218
„Dritte Welt" 59–60

EARLE, TIMOTHY K. 125, 126, 131, 133*, 135, 136, 143, 144, 148
ECKHOLM, ERIK P. 112*, 113, 114
ecology of mind 184
eco-sociosystem 205
edaphisch 109*
„Edle Wilde" 20–21, 26, 219
EIBL-EIBESFELDT, IRENÄUS 213*
ELLEN, ROY 169*, 208, 209, 215, 216
Energiekreislauf 61, *72*
Energieträger, fossile 58, 60–61
Energieverbrauch 63
Energieverlust in der Nahrungskette 74
ENGELS, FRIEDRICH 216
Entropie *72*
Entvölkerung durch Transhumanz 48
Entwaldung 36, 48
Entwicklungshilfe, agrarische 59–66
Ernte 61, 110–111, 114–116
Erosion 48, 112–113, 116–117, 119, 132, 139, 150
Eskimo-Völker 41
established swidden-farming *104, 118–121*

ethno-ecology (s. a. Kulturmaterialismus) 29
„ethnographischer Präsens" *43*
Ethnologie
– Forschungstradition der 14
– ökologischer Ansatz der 19–20, *68*
– und Theorien 156–157
– und Umweltdeterminisums 24
– Wissenschaftsentwicklung der 18–19
euryök *212*
Evolution (s. a. soziokulturelle Evolution)
– als Begriff *91–92*
– bio-ökologische 195
– biotische *163*, 212
– der Landtiere *177–178*
– des Lebens 200
– Erklärung der 71, 167
– Faktoren der 187, 192, 194
– und Fehlentwicklung 192
– konservativer Charakter der 178
– und Nischen 69–70
– und „Ökologie des Geistes" 199
– und Teleologie 90, 163
Evolutionsfähigkeit soziokultureller Systeme 173
Evolutionsprozeß
– als Konzept 29
– als „well managed programme" 207
– Ansetzen des Evolutionsprozesses 163
– kulturelle Evolutionsprozesse 28, 30, 187
– Mechanismen der Evolutionsprozesse 187, *192–194*
– und Gruppenselektion 160
– und Teleologie 201–202
Evolutionsrichtung
– als Evolutionsziel 90, 163
Evolutionstheorie
– biologische, und Kulturwandel 30, 126
Evolutionszeiträume 173

Familie
– Kern- und erweiterte 42, 132, 142
family hunting bands 43
Feuchtgebiete
– Umwandlung in 139
FINNEY, BEN 148*
FISHER, J. L. 152
FLANNERY, KENT V. 18, 187, 188, 192, 193, 195, 198, 217
Fleischverbrauch
– US-amerikanischer 59
Fließgleichgewicht s. Homöostasie

243

Wolfgang Haberland
ICH, DAKOTA
Pine Ridge Reservation 1909
Photographien von Frederick Weygold
ca. 105 Seiten mit ca. 110 Abbildungen. Format 20 × 29 cm
Englische Broschur ca. DM 39,80 / ISBN 3-496-01038-X

Im Sommer 1909 bereiste der deutsch-amerikanische Maler Frederick Weygold im Auftrag des Hamburger Museums für Völkerkunde die Pine Ridge Reservation, das Reservat der Oglala, einer Untergruppe der Sioux-sprachigen Dakota-Indianer. Zu diesem Zeitpunkt waren die alten Vorstellungen unter den Oglala noch erstaunlich lebendig, obwohl sie schon mehr als eine Generation auf der Reservation eingesperrt waren. Weygold sammelte, photographierte und zeichnete dort für das Museum, in dessen Besitz auch heute noch die Negative der 150 eindrucksvollen Photographien sind. Der größte Teil der Aufnahmen wird in diesem Band erstmals einer breiteren Öffentlichkeit vorgestellt und im begleitenden Text kommentiert.

Günther Hartmann
XINGÚ
Unter den Indianern in Zentral-Brasilien
Zur einhundertjährigen Wiederkehr der Erforschung des Rio Xingú
durch Karl von den Steinen
324 Seiten mit 72 vierfarbigen und 247 schwarz-weiß Abbildungen
Format 21,5 × 22,5 cm
Broschiert DM 39,80* / ISBN 3-496-01033-9
Gebunden DM 49,– / ISBN 3-496-01034-7

Hundert Jahre nach der Erforschung des Rio Xingú durch Karl von den Steinen werden erstmals die materiellen Ergebnisse der ersten deutschen Xingú-Expeditionen zusammen mit Sammlungen der jüngsten Expedition von 1983 präsentiert. Insgesamt sieben deutsche Expeditionen erforschten bisher den zentralbrasilianischen Strom und die indianischen Stämme in seinem Einzugsgebiet. Die Forscher kartierten den Haupt-Flußlauf mit den angrenzenden Gebieten und führten dort intensive völkerkundliche Forschungen durch.

Peter Lerche
HÄUPTLINGSTUM JALCA
Bevölkerung und Ressourcen bei den vorspanischen Chachapoya im Häuptlingstum Jalca – Peru
230 Seiten mit 50 Abbildungen
Broschiert DM 38,– / ISBN 3-496-00859-8

Mit dieser Arbeit leistet Peter Lerche einen Beitrag zur Geschichte der Nutzung des äquatorialen Bereichs und der Ostabdeckung der peruanischen Anden durch den Menschen. Seine Analyse des Häuptlingtums Jalca ermöglicht ein gründlicheres Verständnis der vorspanischen agrarwirtschaftlichen Bedingungen im Untersuchungsgebiet.

* unverbindliche Preisempfehlung

DIETRICH REIMER VERLAG BERLIN

David Warren Sabean
DAS ZWEISCHNEIDIGE SCHWERT
Herrschaft und Widerspruch im Württemberg der frühen Neuzeit
Aus dem Amerikanischen von Brigitte Luchesi
ca. 300 Seiten mit 6 Abbildungen
Gebunden ca. DM 48,– / ISBN 3-496-00865-2

Zwischen 1580 und 1800 trugen sich in den Dörfern und Kleinstädten des Herzogtums Württemberg eine Reihe von Episoden zu, die die Obrigkeit veranlaßten, die betreffenden Vorgänge zu prüfen und detailliert zu dokumentieren. Bei der Analyse dieses faszinierenden Materials verbindet Sabean die Untersuchung der politischen und ökonomischen Verhältnisse der Zeit mit der Erforschung des dörflichen Alltagslebens und der bäuerlichen Handlungs- und Vorstellungsstrukturen in Schwaben. Er eröffnet damit nicht nur ein neues Verständnis der bäuerlichen Gesellschaft im nachreformatorischen Deutschland, sondern liefert auch einen wesentlichen Beitrag zur gegenwärtigen Debatte um die Volkskultur.

Barbara Beck
MAIS UND ZUCKER
Zur Geschichte eines mexikanischen Konflikts
ca. 208 Seiten mit 20 schwarz-weiß Abbildungen
Broschiert ca. DM 29,80 / ISBN 3-496-00864-4

Mais und Zucker: in Mexiko bezeichnet dieses Verhältnis den sozialen Konflikt zwischen traditionellen Dorfgemeinschaften und spanischen Haciendas (Großgrundbesitz), das heißt zwischen indianischem Gemeineigentum und dem auf römischem Recht basierenden Privateigentum der spanischen Eroberer. Der Mais wird seit jeher auf den Gemeinschaftsfeldern des indianischen Dorfes angebaut, Mais ernährt die Bevölkerung. Den Zuckerrohranbau brachten die Kolonialherren nach Mexiko. Zucker begründete den Reichtum der Hacendados, aber seine landfressende Monokultur bedroht die Ernährungsgrundlage der Dörfer.

Josep Martí i Pérez
L'ALGUER
Kulturanthropologische Monographie einer sardischen Stadt
V und 453 Seiten
Broschiert ca. DM 58,– / ISBN 3-496-00872-5

L'Alguer, eine mittelgroße Stadt an der Nordwestküste Sardiniens, ist kulturanthropologisch so beachtenswert, da hier eine ethnische Minderheit innerhalb der sardischen Minderheitsbevölkerung lebt. Die Alguereser sprechen einen archaischen Dialekt des Katalanischen, aber auch ihre traditionelle Kultur weist darauf hin, daß die Stadt eine katalanische Gründung aus dem 14. Jahrhundert ist. Die kultursoziologische Untersuchung von Martí i Pérez stellt die Stadt in ihrem geschichtlichen und kulturellen Kontext dar und gibt einen Einblick in eine kaum bekannte mediterrane Gesellschaft.

DIETRICH REIMER VERLAG  **BERLIN**